Compact Commentary on the Constitution of Japan

憲法を読み解く

渋谷秀樹
SHIBUTANI Hideki

有斐閣

はしがき

本書『憲法を読み解く』は、日本国憲法の条文を記したあと、条文ごとにその内容を解読していくコンパクトな憲法の入門書です。法典を最初の条文から一つひとつ解説していく本には『注釈』、『註解』、『条解』、『コンメンタール』（＝Kommentar〔ドイツ語〕・commentary〔英語〕。「逐条解説書」という意味）などのタイトルがつけられるのが一般的です。日本国憲法についてもこのような解説書の類が多く公刊されています。しかしそのほとんどは、法を専門的に学ぶ人を対象とし、憲法を基本から知りたいと思う一般人にとっては難しいものが多かったように思います。本書は、専門家ではないけれども日本国憲法に書かれてあることをもっと知りたいと考える人を想定し、その基本から知ってほしいという気持ちで書き進めました。わかりにくいと思う専門的な言葉には「（＝○○）」といった形の解説をつけました。

＊　＊　＊

憲法も他の法令と同じく、言葉によって人間の行動をコントロールしようする法規範（＝ルール）です。ですから理解の出発点は、まず憲法の条文を正確に読むことです。次にその条文が、何について、何のために、何を定めたのか、を大まかにイメージする必要があります。これを本書では「趣旨」として記しました。現在、世界の多くの国々には「憲法」があります。憲法の各条文はある日突然現れたものではなく、それぞれが過去に生きた人々の経験と知恵を背景としています。日本国憲法九七条も「この憲法が日本国民に保障する基本的人権は、人類の多年にわたる自由獲得の努力の成果であつて、これらの権利は、過去幾多の試錬に堪へ、現在及び将来の国民に対し、侵すことのできない永久の権利として信託されたものである」とします。また一二条前段は「自由及び権利は、国民の不断の努力によつて、これを保持しなければならない」としています。このような努力の歴史を知ることは、各条文を正確に理解するための手掛かりになるのです。本書は、外国における憲法の歴史、明治憲法の内容と問題点、そして日本国憲法制定時の考え方を「背景」として記しました。そして、「趣旨」、「背景」を踏まえたうえで、各条文をどのように理解（＝解釈）すべきか、つまり各条文が定めたルールの「内容」について、具体的な事例を紹介しながら、現時点における判例（＝裁判所が示した判決・決定の内容）と学説（＝憲法の研究者が示した考え方）を中心に解説しました。

本書はこのような構成をとっていますが、「憲法とは何か」（＝憲法の定義）について、ここで説明しておきます。この問いの答えは本書全体から導き出されるものですが、あらかじめそのおおまかな答えを知っておく方が理解は進むと考えるからです。

＊　＊　＊

憲法の定義として、「国のかたち表すもの」と文学的に表現した小説家もいますが、この定義はきわめて不正確です。それは「かたち」という言葉の意味があいまいだからです。「国を治める政府（＝government）の基本構造と、政府の活動の基本原則を定めるもの」というべきでしょう。このように定義される憲法（＝「固有の意味の憲法」）は、「憲法」という言葉を知らない時代でも、「国」が成立した以上、必ず存在するものでした。どんな国でもそれを治める政府の仕組みと活動原則は必要であったからです。

「憲法」が意識されるようになったのは、歴史的には近世（＝一七世紀ごろ）に入ってからです。このころ国を治める政府（王政）が整い、経済活動も活発になって、政府の下で統治活動（＝立法・行政・司法）はどのようにあるべきかが意識されるようになったのです。この意識は、政府が暴走を始めたヨーロッパで、市民革命として政治の表舞台に登場します。政府の暴走を食い止め、一般人の生命・自由・財産をいかに守るかについてのアイデアが、「立憲主義」・「自由主義」・「民主主義」などの政治思想として広まっていき、それが各国の憲法（＝「固有の意味の憲法」のうち上記の政治思想を中核とする「立憲的意味の憲法」）の条文の中に書き込まれました。本書は、これらの政治思想が「日本国憲法」の条文にどのように具体化されているかを説明するものといってもよいでしょう。

＊　＊　＊

一九四七年五月三日に日本国憲法が施行されてから、七四年の歳月が流れようとしています。その間、日本は戦争の当事者にはなりませんでした。治安警察や軍の銃口が国民に向けられることもほとんどなくなりました。理不尽に生命や財産を奪われることもほとんどなくなりました。これが明治憲法の時代と一番異なるところです。日本国憲法は時代遅れの古いものになったので改正すべきである、という論調も見られます。しかしその前に、日本国憲法が何を定め、何を守ろうとしているのかを知ることが重要です。果たして日本国憲法は本当に時代遅れになったのでしょうか。本書には、その答えを探す手掛かりを読者の皆さんに提示しようとする意図もあります。

＊　＊　＊

本書を刊行するにあたっては、私の以上のような思いを共有する有斐閣法律編集局書籍編集部の笹倉武宏さんに大変お世話になりました。ここに感謝の気持ちを記したいと思います。

＊　＊　＊

表紙のウジェーヌ・ドラクロア（Eugéne Delacroix）の『民衆を導く自由の女神（La Liberté guidant le peuple）』（一八三〇年）は、私の執筆した『憲法への招待 新版』（岩波新書、二〇一四年）の一部が高等学校国語科用教科書『新 精選 現代文B』（明治書院、二〇一八年）に採録された際に、挿絵として登場しました。このような不思議で素敵な出会いから、本書の表紙になりました。

二〇二一年三月八日

国際女性デー（ミモザの日）に、「個人の尊重」の理念が世界中にあまねく行きわたることを願って

渋谷　秀樹

凡　例

1　掲載法令について

(1)　本文中、「本条」とあるのは、解説している当該日本国憲法の各条項のことを指します。

(2)　長い名称の法令については、通称を用いたものがあります（例えば「児童買春、児童ポルノに係る行為等の規制及び処罰並びに児童の保護等に関する法律」は「児童買春・ポルノ禁止法」と表記）。

(3)　括弧書きの中では、有斐閣六法にならって法令名略語を用いました（例えば「公選」は「公職選挙法」のこと）。主なものは次の通りです。

学教	学校教育法	教基	教育基本法
行組	国家行政組織法	刑訴	刑事訴訟法
検察	検察庁法	皇経	皇室経済法
公選	公職選挙法	国会	国会法
国公	国家公務員法	裁	裁判所法
財	財政法	裁限	裁判官分限法
裁弾	裁判官弾劾法	自衛	自衛隊法
自治	地方自治法	地公	地方公務員法
内閣	内閣法	民訴	民事訴訟法
明憲	大日本帝国憲法	労組	労働組合法

2　掲載判例について

(1)　次のような略語を用いて、その裁判所名・言渡日・掲載判例集（代表的なもの）を示しました（例えば「最大判昭和四九年一一月六日刑集二八巻九号三九三頁」は、「最高裁判所大法廷」が「昭和四九年一一月六日」に言い渡した「判決」で、それは「最高裁判所刑事判例集」の「二八巻九号三九三頁」に掲載されていることを意味します）。なお、主な判例原文は裁判所ウェブサイト（http://www.courts.go.jp/）でも見ることができます。

最	最高裁判所
最大	最高裁判所大法廷
高	高等裁判所
地	地方裁判所
支	支部
判	判決
決	決定
民集	最高裁判所民事判例集
刑集	最高裁判所刑事判例集
下民集	下級裁判所民事裁判例集
判時	判例時報
判タ	判例タイムズ

(2) 判決原文を引用するときは「　」で括りましたが、言葉を補った場合はその部分を〔　〕で示しました。

3 憲法関連史料の解説

(1) **ポツダム宣言**　一九四五年七月二六日にイギリス・アメリカ・中国（八月八日にソビエトも名を連ねる）が発した「日本降伏の条件を定める宣言書」のこと。軍国主義の除去、平和的傾向を有する政府の樹立、基本的人権の尊重、国民主権の確立などを内容とする一三項目から構成されています。同年八月一四日にこの宣言を日本政府が受諾し、翌一五日に天皇の肉声を録音した音源をラジオ放送で国民に告知すること（終戦の玉音放送）によって日本の敗戦は確定しました。同年九月二日に日本政府全権代表の外務大臣・重光葵と大本営参謀総長・梅津美治郎が降伏文書に調印し、それが即時発効に至り、戦争は法的な終結をみました。

(2) **ＧＨＱ**　連合国最高司令官総司令部（General Headquarters, the Supreme Commander for the Allied Powers）のこと。アジア太平洋戦争に敗北した日本を連合国が占領管理するためにワシントンに置いた最高政策決定機関である極東委員会（Far Eastern Commission）の下、ポツダム宣言を執行するため日本に置かれた機関。

(3) **マッカーサー・ノート**　ＧＨＱ最高司令官マッカーサーが一九四六年二月三日に日本政府に示した大日本帝国憲法改正に関する原則。①天皇の地位、②戦争の廃止、③封建制度の廃止の三つから構成されているので、マッカーサー三原則ともいいます。

(4) **マッカーサー草案**　マッカーサー・ノートに基づきＧＨＱ民政局が起草し、一九四六年二月一三日に日本政府に手交した大日本帝国憲法改正案。ＧＨＱ草案ともいわれます。

(5) **三月二日案**　マッカーサー草案に基づき作成された日本政府側の改正案で、一九四六年三月二日にまとめられ、同月四日にＧＨＱ民政局に提出されました。ＧＨＱとの審議を経て、同月六日に「憲法改正草案要綱」として公表されました。

(6) **内閣草案**　憲法改正草案要綱を、ＧＨＱとの交渉の中で若干修正しつつ、条文化・ひながな口語体化し、一九四六年四月一七日、憲法改正草案として枢密院への諮詢とともに公表したもの。その後同年六月二〇日に帝国議会の衆議院に「帝国憲法改正案」として勅書をもって提出されました。

執筆者　渋谷秀樹（しぶたに・ひでき）

一九五五年　兵庫県加古川市生まれ
一九七三年　兵庫県立加古川東高等学校卒業
一九七八年　東京大学法学部卒業
一九八四年　東京大学大学院法学政治学研究科博士課程単位取得満期退学
一九九六年　大阪府立大学経済学部教授
一九九七年　明治学院大学法学部教授
二〇〇〇年　立教大学法学部教授
二〇〇四年　立教大学大学院法務研究科（法科大学院）教授
二〇一三年　博士（法学）（大阪大学論文博士）
二〇二〇年　立教大学定年退職
現　在　立教大学名誉教授・弁護士

主　著
『憲法訴訟における主張の利益』（大阪府立大学経済学部、一九八八年）
『憲法訴訟要件論』（信山社、一九九五年）
『日本国憲法の論じ方〔第二版〕』（有斐閣、二〇一〇年）
『憲法への招待〔新版〕』（岩波新書、二〇一四年）
『憲法判例集〔第一一版〕』（有斐閣、二〇一六年）〔補訂〕
『憲法〔第三版〕』（有斐閣、二〇一七年）
『憲法起案演習——司法試験編』（弘文堂、二〇一七年）
『憲法１　人権〔第七版〕』（有斐閣、二〇一九年）〔共著〕
『憲法２　統治〔第七版〕』（有斐閣、二〇一九年）〔共著〕

1

〔上　諭〕

朕は、日本国民の総意に基いて、新日本建設の礎が、定まるに至つたことを、深くよろこび、枢密顧問の諮詢及び帝国憲法第七十三条による帝国議会の議決を経た帝国憲法の改正を裁可し、ここにこれを公布せしめる。

御名　御璽

昭和二十一年十一月三日

内閣総理大臣兼外務大臣　吉　田　　茂
国務大臣　男爵　幣原喜重郎
司法大臣　木村篤太郎
内務大臣　大村清一
文部大臣　田中耕太郎
農林大臣　和田博雄
国務大臣　斎藤隆夫
逓信大臣　一松定吉
商工大臣　星島二郎
厚生大臣　河合良成
国務大臣　植原悦二郎
運輸大臣　平塚常次郎
大蔵大臣　石橋　湛山
国務大臣　金森徳次郎
国務大臣　膳　桂之助

趣旨　現行憲法の冒頭にあるこの文章は「上諭《じょうゆ》」と呼ばれるものです。明治憲法の上諭には、明治憲法制定の由来や趣旨などが長文で記されていて、本文と同様の効力をもつとされていました。

明治憲法の下で、法律や予算などの方式や国書・条約批准書その他の天皇の文書による行為の様式の基準や国民に知らせる方法は、「公式令」という名称の付された勅令（＝天皇の定めた法規範）によって定められていました。

公式令における憲法改正の条文は以下のとおりです。

「第三条　帝国憲法ノ改正ハ上諭ヲ附シテ之ヲ公布ス

前項ノ上諭ニハ枢密顧問ノ諮詢及帝国憲法第七十三条ニ依ル帝国議会ノ議決ヲ経タル旨ヲ記載シ親署ノ後御璽ヲ鈐シ内閣総理大臣年月日ヲ記入シ他ノ国務各大臣ト倶ニ之ニ副署ス」。

公式令の下で、憲法改正の際に付される上諭は天皇主権を前提としていました。しかし天皇主権は現行憲法が新たに採用した国民主権とはその根本から違います。そこで現行憲法の上諭は公式令に外形上はしたがい明治憲法など関連法規に定められた改正手続にのっとって制定されたことのみが記され、現行憲法制定の由来や趣旨は前文として別に記されました。

背　景　明治憲法の下での憲法改正は、まず国務各大臣の輔弼に基づき（明憲五五条）天皇が勅命をもって議案を帝国議会に付します（明憲七三条一項）。そして枢密院の諮詢を経た（明憲五六条、枢密院官制六条）のち勅書で帝国議会に提出され、そのあと両議院各々総議員三分の二以上の出席で議事が開かれ、出席議員の三分の二以上の多数でそれぞれ可決されてから（明憲七三条二項）天皇が裁可し公布するとされていました。

公式令は一九四七年五月三日、つまり現行憲法施行とともに廃止されました。しかし現行憲法の公布日（一九四六年一一月三日）には公式令はなお法的効力があったので、現行憲法は、公式令の定めるところにしたがい上諭を付し、明治憲法改正の際に必要とされる手続を踏んだことのみを簡明に記しました。

内　容　天皇が主権を行使して制定した明治憲法の改正権は当然のことながら天皇にありました。現行憲法の制定が外形上とはいえ明治憲法の改正という体裁をとる以上、改正の主体は天皇以外にはありませんでした。そこでこの上諭の主語は天皇にする必要がありました。

天皇が一人称で語るとき、文章の主語に「朕」を使うのが慣例でした。そこで「朕は」から現行憲法の上諭は始まります。しかしこの文章には「日本国民の総意に基いて」ともあるので、主権者はもはや天皇ではなく国民であることが示されています。ここに登場する「枢密顧問」は「天皇ノ諮詢ニ応ヘ重要ノ国務ヲ審議ス」（明憲五六条）とされたことを受けています。明治憲法下で枢密院という合議機関が枢密院官制（勅令）によって設けられ、同六条は憲法改正を枢密顧問の諮詢を経なければならないとしていました。「諮詢」は意見に過ぎず法的拘束力はありませんが、枢密顧問から構成された枢密院は維新の功労者などから構成されたので、強力な事実上の拘束力をもちました。この諮詢を経た憲法改正案を天皇は明治憲法七三条に基づき帝国議会の議に付し所定の議決を得たのち天皇の裁可（＝天皇の承認）を経て、現行憲法が公布されたことを上諭として記したのです。

「御名」とは天皇の名前で、この憲法の原本には天皇の自筆の「裕仁」の署名があり、「御璽」とは天皇の印鑑で「天皇御璽」とある公印が押してあります。

昭和二一年一一月三日はこの憲法の公布された日付です。後に列挙された氏名はこの日に内閣の構成員として在職していた大臣の職務担当と署名（副署）です。

〔前　文〕

日本国民は、正当に選挙された国会における代表者を通じて行動し、われらとわれらの子孫のために、諸国民との協和による成果と、わが国全土にわたつて自由のもたらす恵沢を確保し、政府の行為によつて再び戦争の惨禍が起ることのないやうにすることを決意し、ここに主権が国民に存することを宣言し、この憲法を確定する。そもそも国政は、国民の厳粛な信託によるものであつて、その権威は国民に由来し、その権力は国民の代表者がこれを行使し、その福利は国民がこれを享受する。これは人類普遍の原理であり、この憲法は、かかる原理に基くものである。われらは、これに反する一切の憲法、法令及び詔勅を排除する。

日本国民は、恒久の平和を念願し、人間相互の関係を支配する崇高な理想を深く自覚するのであつて、平和を愛する諸国民の公正と信義に信頼して、われらの安全と生存を保持しようと決意した。われらは、平和を維持し、専制と隷従、圧迫と偏狭を地上から永遠に除去しようと努めてゐる国際社会において、名誉ある地位を占めたいと思ふ。われらは、全世界の国民が、ひとしく恐怖と欠乏から免かれ、平和のうちに生存する権利を有することを確認する。

われらは、いづれの国家も、自国のことのみに専念して他国を無視してはならないのであつて、政治道徳の法則は、普遍的なものであり、この法則に従ふことは、自国の主権を維持し、他国と対等関係に立たうとする各国の責務であると信ずる。

日本国民は、国家の名誉にかけ、全力をあげてこの崇高な理想と目的を達成することを誓ふ。

趣　旨　法律などにある各条項（本文）を「正文」と呼び、その前に記された文章を「前文」と呼びます。前文は憲法だけに付されるのではなく、重要な法律、例えば教育基本法などにも付されています。現行憲法の前文にはこの憲法の制定の由来、趣旨・目的、基本原理などが記されています。この前文は形式的な公布文の意味しかない上諭とは違い、正文の諸条項とともに現行憲法の実質的内容の一部を構成するので、改正するには憲法九六条の定める手続を踏む必要があります。

背　景　明治憲法には前文はなく、「告文《こうもん》」（＝皇祖皇宗に対して天皇が憲法制定の事実を報告した文章)、「憲法発布勅語」(＝臣民に対して天皇が憲法制定の目的と精神を明らかにした文章)に続いて、その基本原理を記す上諭(「上諭」というタイトルはありません)が付されていました。

現行憲法は憲法制定の形式的説明を上諭として記し、その実質的説明、つまり憲法制定の由来・趣旨・目的・原理などを上諭とは別建てで前文として記したのです。

内　容　前文は、四つの段落から構成されています。

(1)　天皇主権から国民主権へ　第一段には現行憲法の由来と基本的原理が記されています。第一文に代表民主政の採用、平和への決意、国民主権の原理が簡潔に記されています。この文章の主語と述語に注目してください。明治憲法は天皇が制定する欽定憲法ですが、「日本国民は……確定する」とします。現行憲法は国民が制定した民定憲法であることを明らかにしたのです。

ここに一つの問題があります。上諭には現行憲法は、明治憲法をその手続にのっとって改正したと記しました。ところが憲法は政府の組織と活動方針を決める権力(＝憲法制定権力)をその手に握った者が定めるので、その改正は論理的にそれを定めた者しかできません。憲法を制定した者以外の者が改正するのは、この論理に照らせば矛盾します(↓第九章)。

(2)　八月革命説　この問題を説明する有力な考え方が八月革命説です。この説はアジア太平洋戦争末期に連合国が日本に突きつけた降伏勧告「ポツダム宣言」を日本政府が受諾すること(一九四五年八月一四日)によって天皇主権が廃棄され国民主権が確立されたとみます。明治憲法の基本原理が根本から覆されたので、いわば法的革命とでもいうべき事態が発生したとみます。新たに主権者となった日本国民がこの憲法を制定したとするのです。ただしこの革命は明治憲法全体を破棄したものではなく、明治憲法の意味内容が新たな原理に矛盾する限度で重要な変革を受けたと解して、明治憲法の改正手続にのっとって制定された現行憲法の有効性を基礎づけました。

八月革命説に対しては、日本の降伏によって日本の憲法制定権力を掌握したのは日本国民ではなく日本を占領統治した連合国軍最高司令官総司令部(ＧＨＱ)ではないか、憲法の原案を示したのもＧＨＱでその後の政府案の作成過程にもＧＨＱが深くかかわったので現行憲法はＧＨＱに押しつけられたものではないか、との批判がありました。

確かに現行憲法は日本国民とその代表者が隅から隅まで自主的に制定したものでないことは歴史的事実です。しかし現行憲法の正統性はやはり歴史的事実によって説明することができます。日本がサンフランシスコ平和条約（正式名称は「日本国との平和条約」）の発効（一九五二年四月二八日）によって独立を回復して完全な意味での主権を獲得したのち、なお現行憲法をそのまま憲法として維持するという日本国民と日本政府の自由意思に基づく承認があったのです。この歴史的事実の中に、その正統性の源泉を求めることができるでしょう。

(3)　社会契約説と民主主義　第一段第二文は、日本政府が日本を統治する根拠は「国民の厳粛な信託」、つまり国民と政府との間の契約（＝社会契約）にあることを宣言します。明治憲法は天皇の日本を統治する根拠を「告文」において「神霊ニ誥《つ》ケ白《もう》サク」とか、「惟神《ただがみ》ノ宝《ほう》祚《そ》ヲ承継シ」などとして神話に根拠を置く天孫降臨説をとったのですが、ここに社会契約説への転換を示したのです。続いて民主主義の原理を採用したことを宣言します。「その権威は国民に由来し、その権力は国民の代表者がこれを行使し、その福利は国民がこれを享受する」という文章は、アメリカ合衆国大統領リンカーンのゲティスバーグでの演説にある「人民の人民による人民のための政府」を想起させます。第三文は社会契約説と民主主義が人類普遍の原理であること、第四文はこれらの原理が憲法改正の対象にできない憲法の根本原理であることを確認します。

(4)　平和主義と自由主義　第二段には「平和」という言葉が四ヵ所登場します。これは軍国主義が席巻した明治憲法の下での近隣諸国に対する侵略戦争とそれらの国の人々に対する蛮行、満州や戦闘地域など国外にいた人々の想像を絶する苦難や国内における沖縄や広島・長崎をはじめとする全国各地の夥しい犠牲への悔恨と反省の下に、何よりも平和を現行憲法の柱とすることを世界に向かって誓い、それが戦後の日本の国際政治と外交政策の基調に置くことを高らかに宣言したのです。とりわけ「平和のうちに生存する権利」が記されたことが重要です。この権利が裁判の基準となる規範かどうか、判例は分かれます。しかし「全世界の国民」が平和に生きることが権利であること、つまり戦争にノーと言える権利があることを宣言したことに画期的な意義があります。「専制と隷従、圧迫と偏狭を地上から永遠に除去しようと努めてゐる国際社会において、名誉ある地位を占めたいと思ふ」という文章は全体主義を否定して戦後の日本が個人の自由な生き方を認める個人主義の原理を採用したことを宣言しました。

第三段も、明治憲法下の偏狭な自国中心主義の反省に立って、国際協調主義が普遍的原理であることを確認し、他国の主権を尊重することを宣言しています。

(5) **理想主義**　第四段は国民がそれまでの三つの項で示した基本原理を日本の原理として高く掲げ、日本のあるべき姿としてその理想に向かって新たに歩んでいくことを世界に向けて宣誓したのです。

第一章　天　皇

(1) **天　皇**　「天皇」という言葉は政府機関としての天皇の地位を意味する場合と、その地位を占める人を意味する場合があります。本章の諸条項は前者の機関としての天皇のあり方を定めたものです。

(2) **主　権**　現行憲法はその前文で明治憲法の天皇主権から国民主権への統治原理の転換を記しました。これを本章一条が改めて確認しています。

さて主権とは何でしょうか。主権は三通りの意味で使われます。第一は統治権と同じ意味です。ポツダム宣言八項には「日本国ノ主権ハ本州、北海道、九州及四国並ニ吾等ノ決定スル諸小島ニ局限セラルベシ」とあり、ここにいう主権はその意味です。第二は統治権の性質の意味で、前文第三段に「自国の主権を維持し」として登場する主権は統治権の対外的独立性を表します。第三は統治活動の最高決定権の意味で、前文第一段第一文の「主権が国民に存することを宣言し」と一条の「主権の存する日本国民」にある主権はこの意味です。

(3) **君主・元首**　現行憲法の下で天皇は君主か否か、元首か否かといった問題があります。「朕は国家なり」という言葉で有名なルイ一四世が君臨した近世絶対主義時代のフランスでは王の地位は神によって授けられたもので、その意思はその国の意思とイコールとされました。つまり君主はその国の意思を誰にも遠慮せずに決定できる存在であり、かつその国の意思を代表できる元首でした。

現行憲法は天皇の地位を国民の総意に基づくとし、かつ国の最高決定権をもつ主権者は国民と規定しました。「国事に関する行為」（以下「国事行為」）は行うとする（六条・七条）ものの、それはすべて「内閣の助言と承認を必要」（三条）とされ、「国政に関する権能を有しない」（四条一項）とされて形式的・儀礼的な行為しか行うことができません。ですから天皇は先にみたような意味での君主または元首と呼ぶことはできないでしょう。

第一条　天皇は、日本国の象徴であり日本国民統合の象徴であつて、この地位は、主権の存する日本国民の総意に基く。

趣　旨　本条は国民主権の原理を宣言しました。つまり①天皇は、日本国と日本国民統合の象徴という役割を担う存在になったこと、②国政（＝統治活動）の最高決定権という意味の主権は国民がもつこと、③その地位は主権者たる国民の総意に基づくことを定めます。本条が天皇を象徴としたことによって天皇が明治憲法の下でもった軍隊の最高司令官などの過剰な権能は削ぎ落とされて明治維新前の姿に戻ったともいえるでしょう。

背　景　明治憲法一条は「大日本帝国ハ万世一系ノ天皇之ヲ統治ス」とし、天皇が国政の最高決定権者つまり主権者と定めていました。ところがポツダム宣言の受諾によって天皇は主権者の地位を降り一九四六年一月一日に天皇自らその神格性を否定しました（「人間宣言」）。天皇制の存続につき否定的な意見もある中、ＧＨＱの示した草案は天皇を象徴として存続させるとし、それが本条の原型になりました。

内　容　⑴　**象　徴**　象徴とは抽象的で形のないものを表す具体的で形のあるものをいいます。例えばハートのマークは愛を、白鳩は平和を想起させます。本条は天皇を「日本国」の象徴とし、天皇を日本という国を想起させる機能をもつ存在としました。「日本国民統合」の象徴ともしています。日本国民のいない日本国は想定できないので両者を区別する意味はないとする考え方もあります。しかしこの文言は天皇が日本国民の特定の人に利用され、日本国民を分断する存在になってはならない、つまり天皇に政治的・社会的中立性を要請する規定と解すべきでしょう。

⑵　**象徴としての行為**　政府機関としての天皇は国事行為を、人としての天皇は私的行為を行います。人としての天皇は国事行為以外にも公的色彩を帯びる活動を実際に行っています。国会の開会式に参列して行う「おことば」の朗読、外国元首の接受・接待、信書・親電の交換、各種行事への出席、国内巡行などがその例です。このような行為をどのように位置づけるかにつき議論があります。本条が天皇を「象徴」とするので、象徴を地位ととらえ、その地位に基づく行為と位置づける象徴行為説、象徴という立場に伴い社交上要請される儀礼的な行為と説明する公人行為説などが唱えられました。

このような議論が生まれる原因は、現行憲法が旗や紋章などそれ自体が意思をもたない無機物ではなく、生命と意思のある自然人を「象徴」としたことにあります。象徴は何か形のあるもの見たときに心の中で起きる内心の動きをとらえる言葉です。内心に働きかける機能から法的地位を導き出すことができるでしょうか。この点は国事行為について定める三条・六条・七条の趣旨・内容を確認したあとで言及します。

第二条　皇位は、世襲のものであつて、国会の議決した皇室典範の定めるところにより、これを継承する。

趣　旨　本条は皇位の継承方法を「世襲」と定め、その具体的なルールを国会の議決する「皇室典範」という名称の法典で定めるべきことを規定します。皇位の継承方法の細則など天皇とその家族（＝皇族）に関するルールを定める法典として、明治憲法の下でも「皇室典範」がありました（明憲二条）。しかしこの典範は天皇が一八八九年に制定したもので、その改正も皇室の家長である天皇が行い帝国議会は関与できないとされました（明憲七四条一項）。本条は皇室典範を制定し改正する権限をもつ者を国会に改め民主的統制が及ぶようにしました。

背　景　明治憲法二条は「皇位ハ皇室典範ノ定ムル所ニ依リ皇男子孫之ヲ継承ス」と定めていました。本条は皇位の世襲（＝血筋に基づいて継承すること）とそのルールが皇室典範によるとする点でこの条項と同じですが、「皇男子孫」につき言及しておらず、女性天皇の可否について議論の余地を残しました。また明治憲法下の皇室典範は天皇が定め明治憲法と並ぶ形式的効力をもつ法典とされました。古くはイギリスの名誉革命の終結時に制定された一六八九年の『権利章典』の正式名称が「臣民の権利および自由を宣言し、王位継承を定める法律」であったように、この革命前には王位継承法を定める権限が国王にあったものを国会に移しました。この点でも『権利章典』には革命的意味があります。国民主権の原理を採用した現行憲法の下で皇位の継承方法を国会が決めるのは、国民主権の原理からすれば論理的帰結でした。

内　容　(1)　**皇位の定め方**　憲法一四条一項は法の下の平等を定め、「門地」すなわち血筋・家柄によって「政治的……関係において、差別されない」としています。しかし本条は皇位つまり天皇の地位は世襲と定めたので、一四条一項の例外を定めたことになります。

本条を受けて皇室典範が皇位の継承方法を具体的に定

めています。皇室典範の各条項は機関としての天皇ではなくその地位を占める人としての天皇に焦点を合わせて規定されました。

(2)　**女性天皇**　本条を具体化するのは「皇位は、皇統に属する男系の男子が、これを継承する」と定める皇室典範一条です。「男系の男子」とは天皇の男子の系統に属する者でその性別が男であるものをいい、明治憲法二条の「皇男子孫」と同じです。本条はこの趣旨を明文で規定していないので、皇室典範を改正して女系または女子が継承する道を開くべきとする議論もあります。これは現行憲法の下での天皇の地位をどのように考えるかという議論まで行き着く難問です。その地位を明治憲法以前の天皇の地位の継承のあり方を前提として考えるとすれば、古代に六人、江戸時代に二人の女性天皇はありましたが、いずれも幼少の皇子の成長までの臨時措置で、摂政に類似する特殊な例外と考えられ、また皇位が女系に移ることはありませんでした。現行憲法がこの歴史を前提としているとすれば、皇室典範を改正するだけでは女系または女子に皇位の継承権を認めることは困難でしょう。しかし現行憲法一条は天皇の地位を「日本国民の総意に基く」としています。ですから国民の直接の意思を問う国民投票によって、女系または女子に皇位継承権を認める道を開くことは可能でしょう。

(3)　**生前退位**　皇室典範四条は「天皇が崩じたときは、皇嗣《こうし》が、直ちに即位する」とします。これは旧皇室典範一〇条の「天皇崩スルトキハ皇嗣即チ践祚《せんそ》シ」とする規定を継承して天皇の生前退位（＝譲位）を認めないことを前提としたものです。旧皇室典範が制定されるまでは譲位が一般的でしたが、明治維新政府が政治的混乱を回避するために新たに導入した制度です。ですから生前退位を認める手続と要件を皇室典範の改正によって定めれば、それは可能というべきです。なお二〇一七年に天皇の生前退位を特定の天皇に限定して認める「天皇の退位等に関する皇室典範特例法」が定められました（↓四一条）。

第三条　天皇の国事に関するすべての行為には、内閣の助言と承認を必要とし、内閣が、その責任を負ふ。

趣旨　現行憲法の下、天皇は憲法で定められた「国事に関する行為」（以下「国事行為」）のみを行い、統治活動に実質的決定権はなくなりました（↓四条）。本条はすべての国事行為に内閣の助言と承認を要するとし内閣がそれに伴う責任を負うことを定めました。

背　景　君主の意思が法に拘束されない絶対君主政から、法に拘束される立憲君主政に移行するに伴い、大臣が君主を補佐する大臣助言制と、君主が責任を負わない（＝「君主の無答責」）代わりに大臣が責任を負う大臣責任制が、イギリスを典型として形成されました。明治憲法の下、天皇は統治権の総攬者として実質的決定権をもちました（明憲四条）が「国務各大臣ハ天皇ヲ輔弼《ほひつ》シ其ノ責ニ任ス」（同五五条一項）として、大臣助言・責任制を名目上採用しました。現行憲法の下、天皇に実質的決定権はないので、現行憲法は立憲君主政ではありません。しかし象徴としての天皇が憲法に定められた国事行為を行うので、表面上は明治憲法五五条一項の規定にならい本条のように定めました。

内　容　⑴　**内閣の助言と承認**　天皇の政府機関としての活動は憲法六条と七条に定められた国事行為に限定されます。これらの国事行為は天皇がその自由意思に基づいて行うことは許されず「内閣の助言と承認」を必要とします。この点は憲法七条の列挙事項の前の文章（＝「柱書《はしらがき》」）で再度確認しています。内閣の助言と承認には、他の政府機関の決定事項を伝える場合（例えば六条一項の国会による内閣総理大臣の指名）と、内閣が決定権限をもつ事項を決定して伝える場合（例えば六条二項の最高裁判所長官の指名）があります。

天皇は国事行為のほかに人間として諸々の活動をします。そのうち純粋な私人としての行為（以下「私的行為」）、例えば学問研究、スポーツ観戦や観劇、私的旅行や避暑、友人との交歓については内閣の助言と承認は必要とされません。

⑵　**国事行為の責任**　天皇の国事行為はすべて内閣の助言と承認の下で行われるので、その行為の結果については内閣が責任を負うのが道理です。この責任には政治責任のみならず法的責任も含まれます。絶対主義時代には、「王は悪をなしえず（king can do no wrong）」、「主権免責（sovereign immunity）」などとして、君主は一切責任を負いませんでした。国民主権原理に転換した現行憲法下でこのような免責は公平性の原理から認められなくなりました。

天皇の私的行為の責任について、皇室典範二一条は摂政につき「その在任中、訴追されない。但し、これがため、訴追の権利は、害されない」とし、臨時代行についても同様の規定があります（国事行為の臨時代行に関する法律六条）。これは訴追によって生じる国政の停滞を回避するためと考えられ、天皇に刑事責任がないことを前提としています。

天皇の民事責任は明治憲法下でも認めるのが通説でした。天皇は財産権の主体となり私有財産の売買は可能とされ、また当時の皇室財産令は宮内大臣またはその代理官を当事者とみなしました。もっとも現行憲法の下で天皇を被告として提起された民事訴訟において、最高裁は、「象徴であることにかんがみ、天皇には民事裁判権が及ばない」とした（最判平成元年一一月二〇日民集四三巻一〇号一一六〇頁）ので、結果として民事責任を否定したことになります。

第四条　① 天皇は、この憲法の定める国事に関する行為のみを行ひ、国政に関する権能を有しない。
② 天皇は、法律の定めるところにより、その国事に関する行為を委任することができる。

趣　旨　本条は一条が現行憲法における天皇の果たす機能を「象徴」としたことに照応して、天皇の果たす法的権限を憲法が限定列挙した国事行為に限定し「国政に関する権能」（＝統治権）をもたないことを明言した規定です。

背　景　明治憲法四条は、「天皇ハ国ノ元首ニシテ統治権ヲ総攬《そうらん》シ此ノ憲法ノ条規ニ依リ之ヲ行フ」としていました。明治憲法は帝国議会（第三章）、内閣（規定上は「国務大臣及枢密顧問」）（第四章）、司法（第五章）の規定を置き、外見上は権力分立原理を採用しましたが、「天皇ハ帝国議会ノ協賛ヲ以テ立法権ヲ行フ」（五条）、「国務各大臣ハ天皇ヲ輔弼シ其ノ責ニ任ス」（五五条）、「司法権ハ天皇ノ名ニ於テ法律ニ依リ裁判所之ヲ行フ」（五七条）としたように立法・行政・司法の統治の三権は天皇の手に「総攬」、つまりすべて掌握されていたのです。

内　容　(1)「国政に関する権能」を有しない

本条一項は天皇主権の原理から国民主権の原理に移行したことを受けて、「国政」すなわち統治活動に関する実質的決定権はもたず、憲法が具体的に列挙した形式的・儀礼的な国事行為のみを行う旨を定めました。

(2) 国事行為の委任　本条二項は天皇の長期にわたる傷病のための療養、外国旅行などの間、国政が停滞するのを避けるため国事行為を委任できる旨を定めます。その詳細を定める「国事行為の臨時代行に関する法律」二条は「精神若しくは身体の疾患又は事故があるときは、摂政を置くべき場合を除き、内閣の助言と承認により、〔国事行為〕を……摂政となる順位にあたる皇族に委任して臨時に代行させることができる」として委任の要件・手続、委任の相手方につき定めています。内閣の助言と承認を必要とした理由は、委任行為自体が国事行為であるからです。

第五条　皇室典範の定めるところにより摂政を置くときは、摂政は、天皇の名でその国事に関する行為を行ふ。この場合には、前条第一項の規定を準用する。

趣　旨　本条は摂政《せっしょう》すなわち天皇に代わってその権能に属する行為を行う機関について定めています。摂政を置く場合には摂政となるべき資格および順序などは皇室典範に定めること、摂政は天皇の名でその国事に関する行為を行うこと、摂政は天皇に代わってこの憲法の定める国事に関する行為のみを行い、統治に関する実質的決定権はないことを明らかにしています。

背　景　明治憲法一七条一項は「摂政ヲ置クハ皇室典範ノ定ムル所ニ依ル」とし、同条二項は「摂政ハ天皇ノ名ニ於テ大権ヲ行フ」としました。現行憲法の下、天皇には統治権はないので、国政を摂行するという意味をもつ「摂政」の呼称を用いるのは適当ではないともいえますが、天皇も人間である以上、若年または病気などの理由でその職務を果たせないとき、その職務を代行する者が不在であると統治活動の遂行に支障をきたすので、明治憲法下と同じ呼称の代行機関が設けられました。

内　容　(1)　**摂　政**　前条二項が天皇の委任に基づく代行機関の定めであるのに対して、本条は天皇の法定代行機関の摂政について定めています。法定代行機関なのでその行為は天皇の名で行われ、天皇が行うことのできる行為つまり国事行為のみを行うことができ、それは法的に天皇の行為とみなされます。本条後段は摂政が天皇の代行機関として行う行為についても内閣の助言と承認を要することを確認的に定めました。法定代理は一般的に本人の法的行為のみを行うことができるのですが、本条は「天皇の名でその国事に関する行為を行ふ」と定めたので、憲法の定める事実行為も行うことを想定しています。ですから法定代理機関と説明することもありますが、法定代行機関とした方が正確でしょう。なお前条二項は準用していないので、摂政はその権能をさらに他の者に委任すること（＝再委任）はできません。

(2)　**摂政を置く要件と手続**　本条は摂政を置く要件・手続等について皇室典範にその詳細を定めることを委任しています。摂政が置かれる要件として①「天皇が成年に達しないとき」（皇室典範一六条一項）、②「天皇が、精神若しくは身体の重患又は重大な事故により、国事に関する行為をみずからすることができないとき」とし、②のときはこの要件に該当するか否かを決定する必要があるため「皇室会議の議」を要するとしています（同条二項）。

摂政が天皇の名で行う国事行為は、天皇と同じく責任を負いません。しかしそれ以外の行為は他の皇族と等しく法的責任を負います。ただし摂政は「その在任中、訴追されない」とされています（皇室典範二一条）。国政の停滞を回避するためです。

第六条　① 天皇は、国会の指名に基いて、内閣総理大臣を任命する。
② 天皇は、内閣の指名に基いて、最高裁判所の長たる裁判官を任命する。

趣　旨　本条は七条とともに天皇の国事行為を定めます。七条と別個の条文とした理由は、内閣総理大臣が行政権を担う内閣（六五条）、最高裁判所の長たる裁判官（最高裁判所長官）が司法権を担う裁判所（八〇条一項）のそれぞれの最高の地位にあり、その任命行為は憲法上の重要な機関を充足する特別の意義があるからです。なお国会は立法権を担いますが、衆議院・参議院の各議長は各議院の長ではなく会議の運営を主宰する地位にあり各議院が選任するので（五八条一項）、本条の対象から除かれています。

両者の任命は国事行為なので内閣の助言と承認を要します。なお天皇には両者の罷免権はありません。

背　景　明治憲法には内閣総理大臣の任命に関して特別の規定はなく、他の官吏と同様、天皇が任免権をもちました（一〇条）。もっとも運用としては元老または重臣会議、内大臣の推挙によって決定する慣例がありました。

明治憲法下の裁判所には違憲審査権がなく（↓八一条）、現行憲法の下での裁判所と単純に比較することはできません。明治憲法下の最上級司法裁判所である大審院の長（大審院長）の任命についても明治憲法に規定はなく、裁判所構成法に親任判事の中より親補される旨の規定があるだけでした（同法六八条）。「親任」とは天皇が任命すること、「親補」とは天皇が職務の担当を命じることです。実際は司法大臣の輔弼によってなされるのですが、天皇の権限とされていました。

内　容　⑴ **内閣総理大臣の任命**　内閣総理大臣

は国会の議決によって指名されます（六七条一項）。国会が実質的決定権をもっているので、天皇はその指名にしたがって任命しなければなりません。助言と承認は従前の内閣によって行われます。なおその他の国務大臣は内閣総理大臣によって任命されます（六八条一項本文）。内閣総理大臣は天皇の任命によりはじめてその地位に就き、その時点で従前の内閣は職務を行うことをやめ（七一条）、新内閣がその職務を行うことになります。

(2)　最高裁判所長官の任命　最高裁判所の長官以外の裁判官は内閣が任命します（七九条一項）。長官の指名の実質的決定権の所在は憲法第六章「司法」に明文規定はありませんが、「内閣の指名」の中に実質決定権が内閣にあることが含まれています。

第七条　天皇は、内閣の助言と承認により、国民のために、左の国事に関する行為を行ふ。
一　憲法改正、法律、政令及び条約を公布すること。
二　国会を召集すること。
三　衆議院を解散すること。
四　国会議員の総選挙の施行を公示すること。
五　国務大臣及び法律の定めるその他の官吏の任免並びに全権委任状及び大使及び公使の信任状を認証すること。
六　大赦、特赦、減刑、刑の執行の免除及び復権を認証すること。
七　栄典を授与すること。
八　批准書及び法律の定めるその他の外交文書を認証すること。
九　外国の大使及び公使を接受すること。
十　儀式を行ふこと。

趣旨　本条は四条二項と六条以外の国事行為を明文で定めています。これらは四条一項の趣旨から限定列挙したもので、それ以外の行為はできません。

背景　本条に列挙された行為は明治憲法の下ではいずれも天皇大権に含まれるもの、つまり天皇に実質的決定権があるものでした。本条はこれらの行為に天皇がなお関与する継続性を維持しつつ天皇の実質的決定権は内閣の手に移して、形式的・儀礼的性質の行為のみを残し国民主権の原理に沿うものとしたのです。本条柱書に「国民のために」とあるのは憲法九六条二項に「国民の名で」とあるのと同様に、天皇の国事行為もその究極的根拠は国民の意思にあることを確認する趣旨です。

内容　(1)　憲法・法令等の公布（一号）　憲法改正は国会の発議と国民の承認（九六条）、法律は国会の議決（五九条）、政令は内閣の決定（七三条六号）、条約は内閣の締結と国会の承認（七三条三号）によってそれぞれ決まります。

本号は天皇がこれら各法形式の内容の実質的決定権がないことを前提として、公布（＝その内容を広く一般に周知させるために公示する行為）のみを天皇の国事行為として残したのです。

(2)　国会の召集（二号）　明治憲法の下では天皇が帝国議会の召集を決定する権限をもちました（明憲七条）。

現行憲法の下、国会には「常会」（五二条）、「臨時会」（五三条）、「特別会」（五四条一項）の三種があります。臨時会の召集は内閣に決定権がある旨の条項（五三条）があるのですが、他の二つについては明文の規定はありません。常会と特別会についても国会の召集は統治活動にかかわる重要な事項なので、臨時会と同様に内閣が決定権をもつと解されています。その根拠条項は本条柱書の「内閣の助言と承認」に求めることができます。

天皇には召集の詔書によって国民に公示する形式的行為が残されました。

(3)　衆議院の解散（三号）　明治憲法の下、天皇には衆議院を解散する権限がありました（明憲七条）。選挙によって選ばれた衆議院議員を全員罷免する行為である解散は統治活動にかかわる重要事項です。現行憲法は衆議院の解散も国会の召集と同様に内閣が実質的決定権をもつことに改めました。内閣による衆議院の解散権に言及する条項は内閣不信任決議の衆議院による可決または内閣信任決議の衆議院による否決の場合とする六九条だけです。しかしこれらの議決のない場合でも本条柱書の「内閣の助言と承認」に内閣の解散権の根拠を求めるのが実務の先例です。

国会の召集と同様に、内閣の決定を解散の詔書によって国民に公示する形式的行為が天皇に残されました。

(4)　国会議員の選挙施行の公示（四号）　代表民主政をとる現行憲法の下、選挙は国民の意思と代表者の行為をつなぐ要となります。衆議院議員の選挙を総選挙と呼び参議院議員の選挙を通常選挙と呼ぶのが通例ですが、この規定にある「国会議員の総選挙」には衆議院議員の総選挙のみならず、三年ごとに半数改選される参議院議員の通常選挙も含みます。選挙の期日と公示の時期の大枠は法律で定められています（公選三一条・三二条）が、この枠内で内閣が決定し天皇が国民に対して選挙の施行を公示します。

⑸　国務大臣任免等の認証（五号）　明治憲法の下では大臣を含む「文武官」の任免権（明憲一〇条）は天皇にありました。現行憲法の下では国務大臣は内閣総理大臣が任免し（六八条）、最高裁判所の長官以外の裁判官は内閣が任命し（七九条一項）、その他の官吏（＝国家公務員）は内閣が任命する（七三条四号）ことになっています。本号は以上の国の政府機関に連なる公務員の任命等にかかわる権限を天皇はもはやもたないことを確認するとともに、これらの公務員のうちの一定のものについてその任命等を公に証明する「認証」という国事行為を天皇に残しました。「認証」は任命等の成立要件でも有効要件でもなく、単なる形式的行為にすぎません。「法律の定めるその他の官吏」として、現在は、最高裁判所判事、高等裁判所長官、検事総長・次長検事・検事長、検査官、人事官、特命全権大使・同公使、公正取引委員会委員長などがあります。

明治憲法の下、外交権は天皇にあり（明憲一三条）、国の代表を指名する全権委任状と国を代表する大使・公使の信任状の発行を決定する権限も天皇にありました。現行憲法の下では外交権は内閣にある（七三条二号）ので全権委任状と信任状の決定権は内閣に移りましたが、それを公に証明する「認証」は天皇の国事行為として残しました。

⑹　恩赦の認証（六号）　本条六号の定める「大赦、特赦、減刑、刑の執行の免除及び復権」は、まとめて恩赦と呼ばれます。「大赦」は政令で罪の種類を定めて行われるもの、「特赦」は有罪の言渡しを受けた特定の者に対して行われるもの、「減刑」は刑の言渡しを受けた者に対して政令で罪若しくは刑の種類を定めて行い、または刑の言渡しを受けた特定の者に対して刑を減軽しまたは刑の執行を減軽するもの、「刑の執行の免除」は刑の言渡しを受けた特定の者に対して刑の執行だけを免除するもの、「復権」は有罪判決の言渡しを受けたため資格を喪失しまたは停止された者に対して資格（例えば、選挙権、就職資格）を回復するものです（恩赦法参照）。

恩赦は王の恩恵（仁慈）による赦免として歴史上発達し、王の威光を臣民に示す政治的効果がありました。明治憲法の下でも天皇が決定する大権事項とされました（明憲一六条）。しかし恩赦は、裁判所が法律を適用して下した裁判で確定した刑罰の効果の一部を消滅させ、または特定の犯罪について公訴できなくする行為なので、司法権と立法権を一方的に侵害するともいえます。

他方、画一的な法律の適用によって不条理な裁判を受けた者を救済する場合、訴訟手続によっては救済できない誤判からの救済の必要性がある場合、裁判がなされた時点からその犯罪に対する処罰感情が大きく変化した場合、有罪判決を受けた者のその後の行いなどから刑罰の執行内容を見直す必要性が生じる場合などもあります。そのような場合に対応するため現行憲法七三条七号は恩赦の決定権を内閣に認め、天皇がその決定に基づきそれを認証する行為を残しました。

(7)　栄典の授与（七号）　「栄典」とはその栄誉を顕彰するために特定人に対して認められる特殊な地位のことです。出生や社会的身分に伴う栄誉的な特別扱いを憲法一四条三項は認めませんが、個人の業績や功労などを理由としてその人をたたえる栄誉は諸外国でも存在し、憲法一四条三項も「栄誉、勲章その他の栄典の授与」は認めています。

明治憲法一五条も「天皇ハ爵位勲章及其ノ他ノ栄典ヲ授与ス」としました。「爵位」の授与は貴族制度が憲法一四条二項によって禁止されたため廃止されました。本号は天皇の国事行為としてその他の栄典の授与を定めました。授与の決定権の所在を明示する現行憲法の条項はありませんが、本条柱書に「内閣の助言と承認」とあるのを根拠として、内閣に決定権があると解されています。一九五五年、内閣は褒章条例（一八八一年の太政官布告）を政令で改正して、新しい種類の褒章を設けました。これに対しては、栄典授与の対象となる人の決定権は内閣にあるとはいえ、栄典制度自体は法律で定められるべきとする批判があります。

(8)　批准書等の認証（八号）　明治憲法の下、条約（＝国と国同士、または国と国際組織との間の文書による法的拘束力のある合意）の締結権は天皇にありました（明憲一三条）。条約の効果を最終的に確認する文書が批准書です。現行憲法は条約締結権を内閣に、その承認権を国会に移し（七三条三号）、批准書とその他法律の定める重要な外交文書（大使および公使の解任状など）の認証を天皇の国事行為としました。

(9)　外国の大使・公使の接受（九号）　外交使節団の長つまり大使・公使などを派遣しようとする国は、その者につき接受する国のアグレマン（同意）が与えられていることを確認しなければなりません（外交関係に関するウィーン条約四条一項）。アグレマンの付与のような国の意思表示は外交権の行使となるため内閣にその決定権があり（七三条二号）、天皇にはありません。本号にいう「接受」は、法的意味をもつアグレマンではなく、大使・公使などを接見する儀礼上の行為を意味しています。

⑽　儀式の挙行（一〇項）　「儀式」とは統治活動に関連する礼法にのっとった式典・行事です。「行ふ」を、このような儀式を主宰し執行することと狭く解する説と儀式に参列することも含まれると広く解する説がありま す。

⑾　国事行為以外の公的行為　一条の「⑵　象徴としての行為」で、六条と七条に列挙された国事行為以外の公的行為を象徴行為あるいは公人行為として認める考え方があることを紹介しました。

しかしこのような考え方は天皇の活動を可能な限り絞り込もうとした憲法四条一項の趣旨と矛盾します。また、国事行為には内閣と助言と承認が必要ですが、国事行為ではない行為にはそれは不要とされ、宮内庁のマネージメントを受けるだけです。これではその行為の範囲を画定できず際限なく広がる可能性があります。

この問題を解消するために、天皇の活動は純粋に私人として行う活動を除いて、憲法が列挙した国事行為に限定すべきとする国事行為説が、憲法の趣旨にもっとも適合するものと解されます。この説によると例えば国会開会時の「おことば」の朗読は「国会の召集」の冒頭に行われる儀式に関連して行われるもの、外国元首の接受・接待は外国の代表の接受という趣旨に含まれると解釈するのです。それ以外の行為は憲法に列挙した国事行為に解釈として含まれない限り、統治活動に関連しあるいは影響をもつ活動として、憲法によって禁止されると解すべきでしょう。

第八条　皇室に財産を譲り渡し、又は皇室が、財産を譲り受け、若しくは賜与することは、国会の議決に基かなければならない。

趣　旨　本条は財産に関する皇室（＝天皇と皇族）の行為能力（＝契約などの法律行為を単独で行うことのできる資格。民法四条以下参照）につき特別の制限を定めます。皇室の構成員である天皇・皇族も私人として私的財産（＝私産）の帰属主体となる権利能力（民法三条参照）をもちます。しかし皇室がその意思に基づいて自由に財産授受ができる行為能力を認めると、その行為を通じて皇室が特定の者と親密な関係となって日本国民統合の象徴としての政治的・経済的・社会的中立性を損なうおそれが生じます。現行憲法は、明治憲法下の皇室財産についてあいまいであった私産と公産を明確に分けた上で、皇室の公産と皇室経費について新たな規定（八八条）を置くと同時に、本条において皇室の私産につき皇室の構成員の財産授受に関する行為能力に制限を付して、国会の議決をその有効要件としました。

背　景　明治維新後の皇室は戊辰戦争において勝利を得て王政復古を果たし、その後の富国強兵策の波にのって莫大な財産を所有するようになりました。その資産の内容は山林・土地・有価証券などでした。また明治憲法の下、皇室財産は公産と私産の区別があいまいで、皇室に関する事項は皇室自らが処理し議会は関与できないとする皇室財政自律主義（↓八八条）がとられ、その内容は非公開でした。

GHQは占領政策の一環として天皇から国民への主権移行の経済的基盤を強固にするために、皇室財産の国有財産化を進めました。皇室の私産が再び増大し財閥のような経済力を回復して経済界を支配するようになること、また財産授受の相手方たる私人が皇室の権威を利用して社会的権力を行使することを防ぐため、本条が置かれました。

内　容　⑴　**国会の議決の対象となる行為**　「皇室に財産を譲り渡し」と「皇室が、財産を譲り受け」の文章は、前者は財産を譲り渡そうとする者の立場から、後者は財産を譲り受けようとする皇室の立場からとらえたもので、本条は皇室への財産の移転についてのルールを定めています。財産の移転には有償と無償の二つの場合がありますが、両者を含むと解されています。なお皇室内部における財産の移転は文言上含まれません。「賜与する」とは天皇または皇族から「贈与する」ことを意味しています。

⑵　**国会の議決の性質と内容**　「国会の議決」の内容は、財産の移転についての法的承認です。「国会の議決」の方法は衆議院と参議院の意思が一致して承認することによって成立します。この議決は個別具体的な財産移転の承認なので、二条にある皇室典範の議決のような立法（＝法規範の定立↓四一条）ではなく行政行為（＝処分）の類型でいう認可（＝法律行為を承認してその効力を完成させるもの）なので、衆議院の議決の優越（↓五九条二項）はありません。

本条の趣旨に反しない財産移転につき、個別の議決を不要とする法律を国会があらかじめ作ることにも合理性があります。そこで皇室経済法は一定の個別の議決を不要とする場合を定めます（同法二条・皇室経済法施行法二条参照）。

第二章　戦争の放棄

戦争は国際政治の問題なので正・不正（＝適法・違法）の判断はできないとする、それまでの常識を覆したのが、フーゴー・グロチウスの『戦争と平和の法』（一六二五年）でした。グロチウスは、自己防衛、財産などの回復、懲罰（制裁）を正しい戦争とし、それ以外の戦争を不正としました。

近世絶対主義時代に入ると主権国家が並立し、主権の行使としての戦争に正・不正の基準はないとし自由に戦争ができるとする、無差別戦争観の時代へと逆戻りします。

その後二〇世紀初頭の一般市民をも巻き込む第一次世界大戦を経験し、再び「不正な戦争」の判断基準を作ろうとする試みが復活します。国際連盟規約、不戦条約（戦争抛棄《ほうき》ニ関スル条約）などがこの時期に締結され、侵略戦争は違法とされました。

しかし侵略戦争の違法化の試みも第二次世界大戦の勃発で挫折し、この大戦終結後に新たな無差別戦争観が登場します。戦争の正・不正は判断不能という点は以前の無差別戦争観と同じですが、判断できないからできる、ではなく、判断できないからできない、と一八〇度舵をきるのです。国際連合憲章二条四項はこの新たな無差別戦争観に立脚します。同憲章は三九条以下が示すように武力行使を国際連合が独占し、国際紛争を解決するために安全保障理事会を組織しそれが統括する国際連合軍が紛争解決に当たるとしました。ただし同憲章五一条は国際連合軍が出動するまでの間「個別的又は集団的自衛の固有の権利を害するものではない」としました。真の意味での国際連合軍はいまだに創設されず、現行憲法九条もこのような戦争観の変化と国際情勢のもとで解釈が変わっていきます。

第九条　①　日本国民は、正義と秩序を基調とする国際平和を誠実に希求し、国権の発動たる戦争と、武力による威嚇又は武力の行使は、国際紛争を解決する手段としては、永久にこれを放棄する。
②　前項の目的を達するため、陸海空軍その他の戦力は、これを保持しない。国の交戦権は、これを認めない。

趣　旨　前文に掲げた平和主義の原理を正文の条項で具体化したのが本条です。特色は本条一項のあらゆる戦争を放棄する徹底的な平和主義と、二項の平和を実現する手段として非武装主義を貫く点です。

背　景　ポツダム宣言に、軍国主義者勢力の否定、戦争遂行能力の破砕、軍隊の武装解除などの要求（六項・七項・九項）がありました。その受諾を受けて起草された現行憲法九条の直接の原型は、マッカーサー・ノートにある戦争放棄、陸海空軍の不保持、交戦権の否認でした。このノートの作成に当たって、当時の幣原喜重郎首相の軍備撤廃の考え方が影響を与えたといわれています。

内　容　⑴　**自衛権**　自衛隊を違憲とした下級審判決（長沼事件一審・札幌地判昭和四八年九月七日判時七一二号二四頁）もありますが、この判決も国に自衛権があることは否定しません。ここでは自衛権を肯定するとしても、何を守るのかをまず明確にしなければなりません。領土ですか、人間ですか、それとも政府ですか（↓一〇条⑴）。過去の多くの戦争は、時の政権とそれに連なる政商の権益を守るためのものではなかったでしょうか。

自衛権行使の要件は三つあります。第二次安倍晋三内閣が二〇一四年七月一日に集団的自衛権行使を容認する閣議決定をする前の政府見解は以下の通りでした。①不正な侵害の存在（＝違法性の要件）、②他に手段がなくやむを得ずなされたこと（＝必要性の要件）、③侵害を排除する必要最小限度の手段（＝均衡性の要件）。ところが前記閣議決定によって①の要件は「我が国に対する武力攻撃が発生したこと、又は我が国と密接な関係にある他国に対する武力攻撃が発生し、これにより我が国の存立が脅かされ、国民の生命、自由及び幸福追求の権利が根底から覆される明白な危険があること」に変更されました。

個別的自衛権とは自国に対する攻撃に対して防衛する権利ですが、集団的自衛権はある国が攻撃を受けた場合に、その国と軍事同盟を結ぶ密接な関係のある国がこの攻撃を自国の平和と安全に対する脅威または平和と安全に対する一般的利益への脅威とみなして被攻撃国を援助し共同して防衛に当たる権利です。集団的自衛権は必要最小限度の実力行使の範囲を超えるから、日本国憲法は認めていないとするのが、それまでの政府見解でした。ところが上記閣議決定によって、集団的自衛権の行使を日本も可能としました。

⑵　**戦争放棄**　本条一項は、①「国権の発動たる戦争」、②「武力による威嚇」、③「武力の行使」を永久に放棄するとします。①「国権の発動たる戦争」と③「武力の行使」は現実に武力衝突が発生する事態です。①

「国権の発動たる戦争」は宣戦布告や最後通牒など正式な意思表示がなされる戦争です。③「武力の行使」は正式な意思表示がないもので、一九三一年の満州事変や一九三七年の日中戦争がその例です。②「武力による威嚇」は武力を背景とした、自国の要求の相手国への強要です。一八九五年の三国干渉、一九一五年の対華二一カ条の要求がその例です。戦争の誘因となるためこれも禁止しました。

(3) **自衛戦争は禁止されたか**　本条一項は「国際紛争を解決する手段としては」という限定をつけて戦争を放棄します。不戦条約一条は「締約国ハ国際紛争解決ノ為戦争ニ訴フルコトヲ非トシ且其ノ相互関係ニ於テ国家ノ政策ノ手段トシテノ戦争ヲ抛棄スルコトヲ其ノ各自ノ人民ノ名ニ於テ厳粛ニ宣言ス」としました。この条約が放棄した戦争は侵略戦争であるというのが共通理解でした。この用例にしたがい九条一項が放棄したのは侵略戦争であり、自衛戦争ではないと解されています（限定放棄説）。しかし本条二項が「戦力」の保持を禁止し日本が戦争するのは実際には不可能なので、結局九条は全体として自衛戦争も放棄したと解する遂行不能説が政府見解・通説となりました。

(4) **戦力不保持**　本条二項前段がその保持を禁止する「陸海空軍その他の戦力」とは何かが問題です。紛争を実力で解決する実力部隊・組織として①軍事力（＝軍隊）と②警察力（＝警察）があります。①軍事力は外国の侵略に対する国土防衛をその目的とし、②警察力は国内の治安の維持・確保を目的とします。人員・組織編成、装備、訓練内容もこの目的に応じて相違し、実際に設けられた実力部隊がどちらに該当するかの判定は比較的容易です。

政府見解は当初「戦力」とは①軍事力とし、極めて明快でした。ところが一九五〇年に朝鮮戦争が勃発するとＧＨＱは警察予備隊の設置と海上保安庁の増員を日本政府に指令し、それまでの方針を転換します。ただしこの段階ではこの措置はあくまで警察力を補うものとの位置づけでした。

やがて東西冷戦が進行する中、日本はサンフランシスコ平和条約を締結して独立を回復し、同時に独立国日本に外国軍が駐留する根拠を設けるため（旧）日米安全保障条約を締結し、一九五二年に警察予備隊を陸上の保安隊と海上の警備隊に改組・増強します。このころから実力部隊に①軍事力と②警察力があるとしつつ、①軍事力に憲法が保持を禁止する〝①「戦力」と、戦力に該当しない①「自衛力」があるとし、後者の保持は禁止されないとする三分法に説明を変えます。第四次吉田茂内閣は近代戦争遂行能力をもつ実力部隊こそが憲法がその保持を禁止している′①「戦力」であり、それにみたない実力部隊は′①「戦力」ではなく憲法も肯定する自衛権を担保する実力（＝″①自衛力）としました。

この見解に立ち一九五四年に保安隊・警備隊を自衛隊に改組する自衛隊法が制定され「自衛のための必要最小限度の実力」は′①「戦力」に当たらず自衛隊は違憲でないとする政府の解釈が確立し、この見解は現在も維持されています。

下級審の判決には、自衛隊を違憲としたもの（前記長沼事件一審判決）、高度の政治判断を要する統治行為であるとして判断を回避したもの（百里基地訴訟一審・水戸地判昭和五二年二月一七日判時八四二号二二頁）がありますが、最高裁はなお自衛隊の合憲性につき判断をしていません。

(5)　在日アメリカ軍の合憲性　日本の自衛隊が′①戦力でない″①自衛力という実力部隊であるとしても、日本の領土には世界最強といわれるアメリカ軍が駐留しています。かつて、アメリカ軍の日本駐留が戦力の保持か否かが争われました。この事案の下級審（砂川事件・東京地判昭和三四年三月三〇日下刑集一巻三号七七六頁）は、駐留軍の存在は他国の武力紛争に巻き込まれるおそれがあり憲法の精神にもとる疑念があること、日本の安全保障は国際連合軍によることを想定していること、アメリカ軍の駐留は日本政府の要請とアメリカ政府の承諾に基づき日本政府の行為によること、それは指揮権の有無、アメリカ軍の出動義務の有無にかかわらず憲法九条が禁止する戦力の保持であるとしました。

検察側の跳躍上告に対して上告審（最大判昭和三四年一二月一六日刑集一三巻一三号三二二五頁）は、「戦力」とは日本が主体となって指揮権・管理権を行使しうる戦力を指し、日本に駐留するアメリカ軍に対して日本政府にはこれらの権限はないこと、安全保障条約は主権国日本の存立の基礎に極めて重大な関係をもつ高度の政治性を有し、内閣・国会の高度の政治的ないし自由裁量的判断と表裏をなす点が少なくないので、それが違憲か否かの法的判断は純司法的機能をその使命とする司法裁判所の審査には原則としてなじまない性質のもので、一見極めて明白で違憲無効と認められない限りは裁判所の司法審査権の範囲外であるとした上で、違憲無効であることが一見極めて明白であるとは到底認められないとしました。

(6)　交戦権の否認　本条二項後段が否認する「交戦

権」の意味は、国が戦争を行う権利と解する説と、交戦者の権利と解する説に分かれます。国際法上の用例から後者とするのが通説・政府見解です。この説によると交戦者の権利の内容は戦時国際法によって決まります。その具体的内容は、相手国兵力を殺傷・破壊する権利、占領行政権、中立国の船舶を拿捕《だほ》する権利などです。ただし日本は自衛戦争もできないので交戦権が発生する状況はありえません。そこで海洋上で行使される警察権の一つの形態として事実の確認のために乗船して船舶内の調査を行うことは自衛権の行使の一環として認められると解されています。

第三章　国民の権利及び義務

一七八九年のフランス人権宣言は「権利の保障が確保されず、諸権力の分立が定められていない社会はおよそ憲法をもたない」（一六条）としました。近代市民革命以降成文化された憲法には政府の組織原理としての権力分立と政府の活動原理としての権利保障が、不可欠の要素として含まれました。明治憲法もこの二つの要素を明記しました。

現行憲法第三章「国民の権利及び義務」は権利保障として各種の基本的人権を定めています。

(1)　人権の意義

人権は人間がただ人間であるということのみに基づいて生まれながらに当然にもっている権利と位置づけられます。近代自然権思想家、例えばトマス・ホッブスは自然状態における自己保存の権利を原型とし、またジョン・ロックは生命・自由・財産に対する権利をプロパティーへの権利と呼び、それぞれにこのような権利を人間は生まれながらもつとしました。この思想は、一七七六年のアメリカ独立宣言の「われわれは……すべての人は平等に造られ、造物主によって、一定の奪うことのできない天賦の権利を付与され、そのなかに生命、自由および幸福の追求の含まれることを信じる」とする文章にも登場します。

日本でも明治維新後、自然権思想に基づく天賦人権論が加藤弘之によって唱えられました。しかし明治憲法で保障された権利は「我カ臣民ノ権利」とされ（明憲上諭第三段）、天皇によって与えられた権利と位置づけられました。

憲法一三条後段には「生命、自由及び幸福追求に対する国民の権利」とこの権利は定められました。この文言表現から、現行憲法の保障する基本的人権はジョン・ロックやアメリカ独立宣言にみられる近代自然権思想に由来するととらえることもあります。

(2) **人権の根拠**　近代自然権思想による古典的な人権の根拠論の背景には神が人間の理性に自然法を植えつけたからという、キリスト教的人間観があります。しかしこれはキリスト教とは異なる思想をもつ人にとっては受け容れがたいものです。そこで、日本では「人間性」または「人間の尊厳」から論理必然的に発生する権利であるとする根拠づけが有力に説かれました。

ところがこの説は何ゆえに人間は尊厳性をもつのかという問いに答えていません。そこで人間に普遍的な道徳、つまり人間社会の普遍的なあり方に根拠づけようとする方向への模索が学説において精力的になされています。例えば二〇世紀の代表的哲学者であるジョン・ロールズは、自分についての情報がまったくない、いわば無知のヴェールにつつまれた状態におかれたとき、人は自分にも他人にも平等に自由が保障されることを選択するであろうとしてここから人権を根拠づけようとしました。

しかしこのような学説もあくまで仮説にすぎません。現行憲法はその根拠を条文に書き込んでいます（→九七条）。

(3) **人権の名宛人**　憲法の人権条項は個人に権利を保障して、個人の対極にある政府に義務を課すものなので、人権規定の名宛人は政府になります。しかし例えば差別は個人と個人との間でも問題になります。人権規定がこの個人同士の関係でどのような効力をもつかという問題は「人権規定の私人間効力」として議論されました（「私人」とは権利義務が帰属する主体で、自然人、その集合体である団体、法的に擬制された法人などのうち統治権力をもたないものをいいます）。

私人間に人権規定は無力なのでしょうか。民間企業が、採用に当たって学生時代の行動を隠していたとして、三ヵ月の試用期間後の本採用を拒否したことが思想・良心に基づく差別ではないかと争われました。最高裁は人権規定は「もつぱら国または公共団体と個人との関係を規律するものであり、私人相互の関係を直接規律することを予定するものではない」とした上で、「私人間の関係に……おけるその対立の調整は、近代自由社会においては、原則として私的自治に委ねられ、ただ、一方の他方に対する侵害の態様、程度が社会的に許容しうる一定の限界を超える場合にのみ、法がこれに介入しその間の調整をはかるという建前がとられている」としました。ただし「個人の基本的な自由や平等に対する具体的な侵害またはそのおそれがあり、その態様、程度が社会的に許容しうる限度を超えるときは、これに対する立法措置によってその是正を図ることが可能であるし、また、場合によっては、私的自治に対する一般的制限規定である民法一条・九〇条や不法行為に関する諸規定等の適切な運用によって、……その間の適切な調整を図る方途も存する」としました（三菱樹脂事件・最大判昭和四八年一二月一二日民集二七巻一一号一五三六頁）。結局、私人間の人権侵害の問題は法律の制定や現行法律の規定の適用を通じて間接的に解決をはかるとしたのです。

(4)　人権の体系　各種の人権はさまざまな視点から分類・整理されています。政府と私人の関係からみた古典的な分類は「国家からの自由」を保障する自由権、「国家への自由」を保障する参政権、「国家による自由」を保障する社会権とします。そのほかに、権利の現れ方の視点から、①受動的地位、②消極的地位、③積極的地位、④能動的地位とする分類もあります。

憲法には人類史を踏まえ実際に必要とされたさまざまな権利が書き込まれ、また権利の現れ方も場面によって異なるので、一つの視点から単純にすべての人権を分類することは困難です。ただし人権全体を俯瞰《ふかん》する必要は否定できません。そこで分類の視点を明確にして現行憲法が保障する権利の全体像のとらえ方の一つを提示しておきます。

(5)　生活に基づく分類　まず人権全体に関係するものとして「法の下の平等」「法定手続の保障」を分けます。これらの権利・原則は人権全体、さらに、明記された人権以外の法的利益にも関係するからです。その際、実体的内容をもつ権利について憲法が具体的に列挙する権利規定によってはカバーできない「新しい人権」が必要とされるときの対応策も視野に入れる必要があります。

次に人間の生活領域によって権利を分類することが、個々の権利内容を理解するために有効です。まず、個人の生活領域を、身体の所在、経済生活、精神生活を分けることにしましょう。身体の所在は人間の物理的な行動の場面を想定しています。経済生活は生命の維持に必要な食料などを獲得するために行われる活動、さらに富を追求する活動を念頭に置いています。精神生活は人間の内面を充実させる活動です。そして他者とともに共同生活をする場面として、他の人との交わり、家族や他の継続的組織の結成、政府の政策決定への参加、政府の設営する制度の利用などをまとめました。憲法の条文との対応関係も示した一覧表を、二八頁に掲げておきます。

第一〇条　日本国民たる要件は、法律でこれを定める。

趣　旨　国民がいない国はありません。現行憲法の第三章の冒頭に本条を置いたのは、権利義務の主体となる国民の範囲を定める法律がまず必要とされるからです。

背　景　明治憲法第二章「臣民権利義務」の冒頭一八条は「日本臣民タルノ要件ハ法律ノ定ムル所ニ依ル」としました。内閣草案には本条の規定はありませんが、衆議院で憲法の必要最小限度の事項として追加されました。

内　容　(1)　**国の三要素**　国は三つの要素から構成されています。①物理的空間つまり「領域」の要素です。地球を空間的に分割して国が割拠するという現状において領土・領海・領空からなる領域の要素は不可欠です。②人間つまり「定住者」の存在です。これまでは「国民」の要素とされました。本条はこの要素に関係します。③支配つまり「統治権」の要素です。領域と定住者が存在するだけでは「烏合の衆」が居住する原始社会です。国というためには一定の領域の定住者を統治する権力とこの権力を掌握する「政府」が必要です。政府という言葉は現行憲法では前文にしか登場しません。政府に代わって国会・内閣・裁判所が国の政府（中央政府）として、また地方公共団体が地方政府として登場します。

(2)　**国籍法の規定**　本条を受けて日本国籍をもつ人を定める法律として国籍法が制定されました。この法律は国籍につき以下のように定めます。

国籍の決定根拠として出生による先天的取得と、帰化による後天的取得があります。先天的取得には血統つまり親の国籍により決定する血統主義と、生まれた場所により決定する出生地主義があり、世界でこの二つが並存しています。

日本の国籍法は、一八九九年に制定された旧国籍法以来、出生の時に父が日本国民であることを要件とする父系優先血統主義を原則としました。しかし女子差別撤廃条約批准の条件整備の一環として、一九八四年に父母両系血統主義に移行しました（国籍法二条一号・二号）。ただし日本で生まれた場合に父母がともに知れないとき、または国籍を有しないときは例外的に出生地主義によるとします（同法二条三号）。

二〇〇八年改正前の国籍法三条一項は、「父母の婚姻及びその認知により嫡出子たる身分を取得した子」につき届出によって国籍を取得できるとしていました。これは一九八四年の国籍法改正の際に血統主義を補完するために新たに設けられた条項です。しかしこの条項の下では外国人女性を母として出生し、出生後日本人男性たる父の認知を受けた子は、「準正」つまり認知後父母が婚

一　人権総論

人権総論	
人権の根拠・性質、人権の享有主体、人権保障の範囲と限界	人権の享有主体・理念・性質（一〇条・一一条・九七条） 人権の本質と限界（一二条・一三条）
新しい人権	包括的基本権（一三条）
人権通則	平等原則（一四条） 手続保障（三一条）

二　人権各論（個別の人権の分類）

人間活動の場面		活動の具体的内容	日本国憲法との対応関係
身体の所在	移動の自由	国内転居・外国移住、旅行、国籍離脱	居住・移転・外国移住・国籍離脱の自由（二二条）
	人身の自由	身体の非拘束	奴隷的拘束・苦役からの自由（一八条）
	刑事手続上の権利	犯罪捜査・刑事裁判における身体の拘束、科刑の適正	刑事手続上の権利（三三条～三八条） 事後法の禁止・一事不再理（三九条） 残虐な刑罰の禁止（三六条）
経済生活	社会権	最低限の生活維持 生計の維持 働く環境の保障	生存権・環境権（二五条） 義務教育の無償（二六条） 職業選択など職業の自由（二二条） 労働条件・労働基本権の保障（二七条・二八条）
	経済的自由権	利潤の追求 財産の保有	営業の自由（二二条・二九条） 財産権（二九条）

精神生活	精神的自由権	心の内部（内面的精神活動）	思想・良心の自由（一九条） 信仰の自由（二〇条） 研究の自由（二三条） 学習権（二六条）
		外部への表現活動、情報の流通（外面的精神活動）	表現の自由・知る権利・自己情報コントロール権（二一条） 宗教活動の自由（二〇条） 研究結果発表の自由・教授の自由（二三条）
共同生活	集う自由	他の人とのつながり	集会・結社の自由（二一条） 家族形成の自由（二四条）
	参政権	政府の政策決定への参加	選挙権（一五条・九三条） 投票権（九五条・九六条） 最高裁判所裁判官の国民審査（七九条二項～四項） 請願権（一六条）
	救済の保障	裁判制度の利用	裁判を受ける権利（三二条） 国家賠償請求権（一七条） 刑事補償請求権（四〇条）

姻して事後的に嫡出子となる（民七八九条）ことのない限り日本国籍を取得できず、なお帰化の許可を求める条項（国籍法八条）の適用を受けました。

両者の処遇の区別の合憲性が争われた事案において、最高裁は、準正を届出による国籍取得の要件としたのは、それが日本との「密接な結び付き」の指標となるとしたからと解され、それは立法当時には合理的根拠があったが、その後社会的・経済的環境等の変化に伴い家族生活・親子関係に関する意識も一様ではなくなってきて、準正という要件は日本との「密接な結び付き」を示すという立法目的との間にもはや合理的関連性はなくなり、また子にとって自らの意思や努力によっては変更不能の父母の身分関係によって生来的にも届出によっても国籍取得を認めないのは、立法目的との合理的関連性の認められる範囲を著しく超える手段を採用しており不合理な差別であるとして、違憲と判断しました（最大判平成二〇年六月四日民集六二巻六号一三六七頁）。

⑶　**外国人の人権**　憲法第三章のタイトルは「国民の権利及び義務」なので、憲法上の権利は日本国籍のない人（＝外国人）には保障されないとする説もありました。しかし憲法の基礎にある自然権思想は人間が人間である以上当然に権利を享有するとしていること、憲法前文第二段と九八条二項が国際協調主義を採用していることからして、外国人も憲法上の権利は原則として保障されるべきです。最高裁も早くから「いやしくも人たることにより当然享有する人権は不法入国者と雖もこれを有するものと認むべきである」としました（最判昭和二五年一二月二八日民集四巻一二号六八三頁）。その後、最高裁は、「基本的人権の保障は、権利の性質上日本国民のみをその対象としていると解されるものを除き、わが国に在留する外国人に対しても等しく及ぶものと解すべき」としました（マクリーン事件・最大判昭和五三年一〇月四日民集三二巻七号一二二三頁）。

⑷　**法人の人権**　憲法の保障する権利は自然権思想に由来し、権利の享有主体は自然人を想定していました。法人の概念は自然人のみに権利能力（＝権利義務の帰属主体となることができる資格）を認めることからくる法的処理の不便さを克服する（存在の永続性、活動規模の拡大、責任財産の制限など財産上の法的処理の便宜）ための法的フィクションとして誕生しました。しかし、例えば新聞社などの報道機関などの法人が個人の努力によってはその取得がほぼ不可能な情報を組織的に収集して自然人に提供しています。自然人の憲法上の権利の享有にとって法人の存在が有益かつ必要不可欠と認識されるよ

うになって、法人が憲法上の権利を享有するかの問題が意識されるようになりました。

法人が憲法上の権利を享有するか否かを判定する基準について最高裁は「憲法第三章に定める国民の権利および義務の各条項は、性質上可能なかぎり、内国の法人にも適用されるものと解すべき」として、権利の性質ごとに保障の有無・程度を判定すべきであるとする考え方（権利性質説）を示しました（八幡製鉄政治献金事件・最大判昭和四五年六月二四日民集二四巻六号六二五頁）。

第一一条　国民は、すべての基本的人権の享有を妨げられない。この憲法が国民に保障する基本的人権は、侵すことのできない永久の権利として、現在及び将来の国民に与へられる。

趣　旨　本条は現行憲法が保障する権利の性質、つまり前段は①固有性と②普遍性、後段は②永久不可侵性を宣言した規定です。

背　景　明治憲法の上諭に「朕ハ我カ臣民ノ権利及財産ノ安全ヲ貴重シ及之ヲ保護シ此ノ憲法及法律ノ範囲内ニ於テ其ノ享有ヲ完全ナラシムヘキコトヲ宣言ス」とあることが示すように、明治憲法にある諸権利は自然権思想に基づくものではなく、君主の恩恵に基づくものとする前近代的性格をもち、そこに不可侵性はありませんでした。

本条はポツダム宣言一〇項に「言論、宗教及思想ノ自由並ニ基本的人権ノ尊重ハ確立セラルベシ」とあるのを受けて、憲法が保障する権利は自然権思想が想定した性格を有すべきものとして規定されました。

内　容　⑴　**人権の固有性**　本条後段は「基本的人権は……与へられる」とし、九七条も「基本的人権は……信託されたものである」とします。これは人権の固有性（＝本来備わっていること）を語っています。固有性から生来性（または生得性）のほか、本人の意思によっても放棄・譲渡できないという不可譲性・一身専属性が導き出されます。「固有」という言葉は一五条一項にも登場します。これは客観的事実として存在する性質を語っているのではなく人間には人権が備わっていなければならないという思想に基づいて書き込まれました。

「与へられる」という文章はアメリカ独立宣言にある「造物主によって、一定の奪うことのできない天賦の権利を付与され」という一節を想起させます。これは初期の自然権思想の神から与えられたという比喩の名残です。「与へられる」という文章は九七条と同じく、人権保障が不完全であった時代に生きた人々から、現在と未来に生きる人々に「信託された」と理解すべきでしょう。

(2)　**人権の普遍性**　本条前段は「国民は、すべての基本的人権の享有を妨げられない」とし、人権の普遍性を語っています。普遍性とは人間であれば誰もがあまねく享有する性質をいいます。人権は人種・性別・身分などの区別に関係なく保障されます。

(3)　**未成年者**　民法三条一項は「私権の享有は、出生に始まる」と規定しています。憲法上の権利の享有も同様に出生に始まると考えられます。ただし民法五条と六条が未成年者の行為能力（＝単独で法的関係を他人と取り結ぶ資格）に制限を付すのと同様に、現行憲法一五条三項は選挙権を未成年者に認めていません。他方二六条二項は「子女」つまり息子と娘〔息女〕（＝boys and girls）」に普通教育を受ける権利を保障し、また二七条三項は「児童は、これを酷使してはならない」として特別な保護を与えます。未成年者を特別扱いする理由は、未成年者が人間としての肉体・精神の発達途上・形成過程にあり、成人に比べて判断力も未熟であることに求められます。

(4)　**天皇・皇族**　天皇とその家族たる皇族も人間ですから当然に人権を享有します。しかしその地位の特殊性つまり憲法が天皇を象徴とし（一条）、その地位の世襲制を認めた（二条）ので、一般国民とは異なる扱いを受けます。

天皇は日本国および日本国民統合の象徴（一条）なので政治的中立性が要請され、また「国政に関する権能を有しない」（四条一項）ので選挙権、被選挙権、政治活動の自由（二一条一項）は認められません。財産の授受も制限され（八条）、また地位の世襲制から職業選択の自由（二二条一項）と外国移住・国籍離脱の自由（二二条二項）も制限されます。立后（＝天皇の婚姻）も皇室会議の議を経なければない（皇室典範一〇条）ので「両性の合意」（憲法二四条）以外の要件が課されています。

(5)　**人権の永久不可侵性**　本条後段は九七条とともに「基本的人権は、侵すことのできない永久の権利」であること、つまり人権の永久不可侵性を規定します。「永久」は人権理念の時間を超えた普遍性を表しています（この点は後述します。→九七条(2)）。

例えば明治憲法二九条は「日本臣民ハ法律ノ範囲内ニ於テ言論著作印行集会及結社ノ自由ヲ有ス」としていました。帝国議会の制定する法律によって、この条項にある各種の自由の内容・限界等を恣意的に定めることができる（＝「法律の留保」）と定めました。

本条後段が九七条と重ねて人権一般の不可侵性を定めた理由は、立法権のみならず行政権・司法権からも恣意的に制限されてはならないことを確認し、さらには主権の一側面を構成する憲法改正権によっても侵害されないこと、つまり憲法改正権の限界を確認するためでした。

もっとも不可侵性は権利の絶対性・無限界性を意味してはいません。フランス人権宣言四条も「自由とは、他人を害しないすべてのことをなしうることにある。その結果、各人の自然権の行使は、社会の他の構成員にこれらと同種の権利の享有を確保すること以外の限界をもたない。これらの限界は、法律によってのみ定められうる」とし、同五条も「法律は、社会に有害な行為しか禁止する権利をもたない。法律によって禁止されていないすべての行為は妨げられず、また何人も、法律が命じていないことを行うように強制されない」としました。同様にこの点につき一二条後段前半が「濫用」の禁止を、また一二条後段後半と一三条後段が「公共の福祉」による制約可能性を定めています。

33　第12条

第一二条　この憲法が国民に保障する自由及び権利は、国民の不断の努力によつて、これを保持しなければならない。又、国民は、これを濫用してはならないのであつて、常に公共の福祉のためにこれを利用する責任を負ふ。

趣　旨　本条前段は前条（一一条）に引き続き現行憲法の保障する権利の本質を明らかにするとともに、後段はその限界を一般的に宣言しています。

背　景　明治憲法には本条のような定めはありません。明治憲法にある諸権利は自然権思想を背景とする権利と本質的に異なり、天皇が臣民に与えたものとされたので、本来的な限界がありました。明文で定められた権利にも法律による制限を認める文言があり、法律によってその内容と限界が定められ、憲法改正により削除すら可能でした。

内　容　(1)　**権利保持の不断の努力の必要性**　本条前段は人権の固有性の一側面につき注意を喚起します。憲法に人権規定が書き込まれた理由は、政府の活動の基本原則が成文化された時代に有力であった正義の思想（＝人間は生まれながらにして人権をもつと説く自然権思想）が当時の人々の支持を得たからでした。

現行憲法にある諸々の権利も自然権思想にその淵源があることは一三条の文言からも読み取れます。しかし思想のみに根拠を求めるのは脆弱すぎます。人間には固有の権利があるという命題を自然科学のように論証することは不可能だからです。この命題を公理とする思想が支持を失えば、権利は泡沫《うたかた》のように消え去る宿命から免れることはできません。この思想の脆弱さを補うために憲法九七条は、人権が保障されない時代の経験と記憶にその根拠を求めました。人間にはつらい経験は忘れようとする習性があります。圧政（専制と隷従、圧迫と偏狭）（前文第二段第二文）、戦争、飢餓などのつらい記憶は、とりあえずそこから解放されて平穏な日々が続くようになると、封印しようとする心理が働きます。しかし歴史は様相を少しずつ変えつつ繰り返すという真理も否定できません。本条前段は、つらい記憶を忘れない不断の努力義務を国民に課したのです。

前段には「自由及び権利」として、自由と権利を並列的に規定しますが、両者は論理的には別次元のものです。自由は政府によって妨害や強制されない状態を表す言葉、権利はそれが法的にもつ力、つまり侵害されたときに政府、特に裁判所に救済を求めることができる力を表す言葉です。ここでは慣用語的に並べられています。

(2)　濫用禁止という限界　本条後段前半の規定する「権利の濫用」禁止は民法一条三項にもあります。この言葉ほど説明が難しい法律用語はありません。「濫用」を説明するためには、濫用される「自由及び権利」の内容を明確にしなければならないからです。本条にある「自由及び権利」の濫用とは、憲法がそれらを保障した目的以外の目的のために使用する状態との説明にとどめます。

(3)　「公共の福祉」という限界　本条後段後半の「公共の福祉」のために利用する責任は「自由及び権利」の限界につきそれを享有する者の視点から表しています。次条（一三条）後段にも「公共の福祉」の限界があります。これはその限界につきそれを制限する政府の視点から表しています。問題は「公共の福祉」の内容ですが、二二条一項と二九条二項にある「公共の福祉」も含め次条で説明します。

> 第一三条　すべて国民は、個人として尊重される。生命、自由及び幸福追求に対する国民の権利については、公共の福祉に反しない限り、立法その他の国政の上で、最大の尊重を必要とする。

趣　旨　個人の尊重は個別の人権すべての出発点です。独立し自律した個人を尊重することから、人が相互に対等の関係にあること、人が相手方たる人を肉体的存在としても精神的存在としても尊重することが導き出され、そこから必然的に他人の身体的・精神的活動の自由を認めることへと至るからです。政府は個人を肉体的・精神的に粗略に処遇してはならず、その精神活動を有害なものとして抑圧し抹殺してはならない義務を課され、奴隷的拘束の禁止、表現や宗教の自由などが個別の人権として派生します。

本条後段の「生命、自由及び幸福追求に対する国民の権利」は一四条以下に具体的に規定された個別の人権ではカバーできない権利、つまり新しい人権の源泉ととらえるのが現在一般的になりました。そしてこの権利は「幸福追求権」と略されて人権の一般法的根拠として補充的機能を果たす包括的基本権条項とも呼ばれています。

「尊重」という言葉が二度登場しますが、前段は「個人」という主体の尊重、後段は個人の基本的人権の尊重、つまりその人が享有している権利の尊重を規定し、個人と権利の二つを重層的に保障する構造になっています。

背　景　本条前段が「人」（person）ではなく「個人」（individual）という言葉を使ったのはなぜでしょうか。フランスの首相なども務めた歴史学者フランソワ・ギゾーはその著書『ヨーロッパ文明史』（一八四〇年）において、文明（civilisation）の基本的要素は「社会（société）の発展」と「個人（individu）の発達」であるとしました。当時、ヨーロッパでも「人」は身分としては存在するが「個人」は存在しないとしました。しかしヘンリー・メインがその著書『古代法』（一八六一年）に近代法の特質として述べた「身分から契約へ」という言葉が示すように、人はすべての法的関係が身分によって決まる地位、そしてギルド・教会などの中間団体や部分社会からも解放されて、全体社会たる国を統べる政府と直接に対峙し、自ら考えた上で参政権を行使して政府に対して物申せる個人となったのです。人はこの時、独立自律した個人となり、社会は見知らぬ多くの人々相互の対等な人間関係となって自由と平等が確立し、文明が進展して個人の尊重を究極目標とする立憲主義が確立しました。

「生命、自由及び幸福追求に対する国民の権利」はアメリカ独立宣言中の文章をモデルとしています。その淵源をたどれば自然権思想家ジョン・ロックの「生命、自由及び財産」にまで行き着きます。しかしロックの思想にあるこの文章に格別の意味はなく、全体として自然権、現行憲法にこの文章に相当する他の言葉を探すと「基本的人権」の言い換えといってもよいでしょう。

明治憲法には本条に相当する条項はありません。それは、国民一般を天皇の臣民ととらえ、国家あるいは全体を重んじる思想が支配していたからです。

内　容　⑴　**人格的利益説と一般的行為自由説**　個別の人権条項には登場しませんが、本条後段に根拠を求めて何らかの行動または法的利益を新しい人権とみなす基準について、以下の二つの考え方が示されています。

①人権という以上は個人の人格的生存に不可欠の利益を内容とする権利でなければならないとする人格的利益説です。具体的には、プライバシー権、名誉権、環境権、自己の生命・身体の処分に関する権利、結婚・妊娠・出産など家族形成に関する権利がこれに当たるとします。

②あらゆる生活領域における行動の自由とする一般的行為自由説です。この説はすべての人間行動が一応憲法で保障されるとした上で、そこから例えば殺人や強盗など他人に対する明確な加害行為が除かれるとします。

①人格的利益説に対しては、人格的生存という概念があいまいである、価値観の異なる人の共存を認める現行憲法の前提の価値相対主義に反するなどの批判があります。②一般的行為自由説に対しては、あまりにも憲法の保障範囲が広がり肝心の重要な権利の保障が手薄になるなどの批判があります。今のところ①人格的利益説が日本の多数説なので、この説の内容を見てみましょう。

⑵　**人格権**　人格権の代表としてプライバシーの権利があります。プライバシーの権利はマス・メディアの記事が有名人の私生活を暴くことに対抗するため、アメリカ合衆国で「ひとりで放っておいてもらう権利」として誕生しました。日本でもモデル小説をめぐる裁判(『宴のあと』事件・東京地判昭和三九年九月二八日下民集一五巻九号二三一七頁)でこの権利を認めました。その後妨害排除的な側面ばかりでなく、自分の情報はその収集・管理・利用・開示などにつき自分がコントロールできる作為請求権的な側面も含むとする、自己情報コントロール権説が有力になりました。現在の個人情報保護法制の基本にはこのような考え方があります。

そのほかに名誉権、肖像権なども人格権に入るとされています。環境権も人格権に位置づけられて環境人格権と呼ぶこともあります。環境権は、一九六〇年代の半ばごろから注目を集めた深刻な公害問題に対応するため、一九七〇年ごろに良き環境を享受しかつそれを支配できる権利として提唱されました。この権利の根拠として憲法二五条の生存権をあげる説もありますが、憲法一三条と憲法二五条双方から導き出されるとする説が多数説となっています。

⑶　**自己決定権**　自己決定権もアメリカ合衆国で避

妊・妊娠中絶に関する権利として登場しました。この国ではこの権利もプライバシー権の内容の一つとして議論されています。日本ではこの問題は自己決定権として考える説がまず有力となりました。最近では避妊・妊娠中絶や人工授精・体外受精など生殖の問題は家族のあり方に関する重要な内容なので、婚姻の自由や家族形成の平等を定める憲法二四条の解釈問題として扱う説が有力です。

そのほか安楽死・尊厳死・臓器移植など自己の生命・身体を処分する権利も自己決定権の領域に入ります。

一般的行為自由説をとると、服装・髪型の選択など日常の生活様式や趣味の領域も自己決定権に含まれることになりそうです。しかし人格的利益説はこのような権利を憲法は保障しないと解することになります。

(4)「公共の福祉」という限界　ある人が憲法上の権利を行使し外部社会と関係をもつと、その社会の構成員に何らかの影響力を及ぼすことがあります。この影響力が無視できない害悪などをもたらす事態になるとその権利行使を制限すべきか否かを考える必要が生じます。この制限を正当化できる理由を憲法一二条後段後半と一三条後段は抽象的に「公共の福祉」と表わしています。

「公共の福祉」が個別に書き込まれた四条項（一二条・一三条・二二条一項・二九条二項）は各種の人権保障にどのように位置づけられるのでしょうか。憲法制定当初の考え方は憲法一二条と一三条の規定する「公共の福祉」が権利全体にかかる制限で、しかも「公共の福祉」という言葉自体はきわめて抽象的なので、例えば判例は、刑法一七五条の規定するわいせつ物頒布罪が憲法二一条で保障された表現の自由を侵害するのではないかと問題となった事件においても、「性的秩序を守り、最少《ママ》限度の性道徳を維持すること」が「公共の福祉の内容をなすことについて疑問の余地がない」として、簡単にその制限を認めました（チャタレー事件・最大判昭和三二年三月一三日刑集一一巻三号九九七頁）。この考え方では憲法二二条一項と二九条二項にある「公共の福祉」は意味のない規定となるでしょう。

つまり、これでは憲法上の権利に「法律の留保」（＝法律による恣意的制限可能性）を認めていた明治憲法下と状況はほとんど変わりません。そこで憲法上の権利に対する制限は条文に直接の根拠をもつのではなく権利自体に内在するものとし、憲法上の権利が他人の権利と衝突する可能性のある場合にその可能性を調整する原理を「自由国家的公共の福祉」ととらえる一方、生存権などの社会権を保障する場合は各人の自由権、特に財産的な自由権に対する制約を必然的に含むからこの制約を「社会国家的公共の福祉」ととらえて、権利の種類によって制約のあり方を変える学説が有力となりました。

その後、この学説に立脚しつつそれを発展させて以下のように説かれました。憲法一二条と一三条にある「公共の福祉」はすべての人権に共通に存在する限界を定め、消極的制約つまり国民の生命・健康・安全を守りまたは社会に対する害悪発生の防止を目的とする制約として人権の一般的制約原理の「他者加害禁止の原理（harm principle）」を明らかにしたととらえます。経済生活に分類される権利の憲法二二条一項と二九条二項に規定される「公共の福祉」は政府が社会国家の観点から社会的・経済的弱者の保護、またはより積極的に快適な生活を目指して課される社会・経済政策的制約を明らかにしたととらえます。

しかし裁判所が考える「公共の福祉」はこのように単純では決してありません。古典的な他者加害の禁止にしても、加害の内容もそのレベルも多様です。特に社会に有害か否かは曖昧で、例えば性道徳の維持、有害環境の浄化、美観風致の維持などは社会的法益の保護といわれますが、このような抽象的な理由による人権の制約は許されるのかという批判があります。社会・経済政策的制約も経済的弱者保護の必要性によって正当化されるといわれますが、そもそも経済的弱者とは誰か、弱者保護はどこまで政府の役割かなど判断は難しいものです。

従来明確に意識されなかった制約根拠として「自己加害の禁止」があります。権利を行使すると本人自身を傷つけるとしてその人のために権利を制約してよい場合もあるとするパターナリズムの観点からする制約です。例えば青少年の成長の保護、精神の退廃の防止、生命・健康の保護などです。喫煙は喫煙者の健康を害するからとして喫煙を禁止するのがわかりやすい例です。受動喫煙によって喫煙者の周辺にいる人の健康が蝕まれるからとして喫煙を禁止するのは他者加害の禁止の類型に入るので事情は異なります。

その他にも犯罪捜査や法廷内の秩序の維持のため、裁判の公正をはかるため、選挙の自由と公正のためなどといった理由で各種の人権制約を裁判所は認めています。このような理由は国家的法益の保護とくくることもできますが、このような理由をもち出して安易に人権の制約を認めるのは本来は想定されてはいませんでした。

(5)　**「国政の上で、最大の尊重を必要とする」**　本条後段の最後に「立法その他の国政の上で、最大の尊重を必要とする」とあります。憲法には「国政」という言葉が、この規定も含めて四ヵ所登場します（前文第一段第二文・四条一項・本条後段・六二条）。その意味を単純に「国の政治」ととらえる見方もありますが、本条は「国政」の例として、「立法」を示すので、現行憲法にいう「国政」は立法・行政・司法つまり統治活動を指していることが分かります。

　基本的人権の制限は立法活動の産物である法律によるものであっても、それが「公共の福祉」として説明できなければなりません。同様に、行政活動（法の執行）、司法活動（裁判）においても同様のことが要請されるのです。

　なお、「最大の尊重」をするのは政府なので視点を私人の側に一八〇度転回すると、私人の権利の制限は必要最小限でなければならない、とする比例原則が導き出されます。

第一四条　①　すべて国民は、法の下に平等であつて、人種、信条、性別、社会的身分又は門地により、政治的、経済的又は社会的関係において、差別されない。

②　華族その他の貴族の制度は、これを認めない。

③　栄誉、勲章その他の栄典の授与は、いかなる特権も伴はない。栄典の授与は、現にこれを有し、又は将来これを受ける者の一代に限り、その効力を有する。

趣　旨　平等は自由と並ぶ人権の柱です。本条は平等の保障を一般的に定めました。

　本条一項は法の下の平等を規定し五つの具体的な事項をあげてそれに基づく分類に基づく異なる処遇を差別として禁止します。二項は平等に反する戦前の華族制度をはじめ貴族制度を認めないとします。三項前段は特権を伴う栄典授与を、三項後段は栄典授与の世襲をそれぞれ禁止します。

背　景　平等の理念は古典古代のギリシャ哲学の正義論や世界法をめざしたローマ法思想にまでさかのぼることができます。しかし当時のギリシャやローマにも奴隷が存在したように平等は身分制度を前提とした理念でした。身分制度を前提とする平等観に根本から再考を迫る思想が近代啓蒙期の自然権思想と社会契約説でした。人間は生まれながら権利をもち平等に社会契約に参加する存在としたからです。平等は自由・友愛と並んで近代立憲主義の幕開きを告げるフランス革命のスローガンとなりました。

明治憲法は華族という身分制度を前提としたので平等に関する一般規定はなく、官吏（＝国家公務員）になる資格の平等のみを定めました（明憲一九条）。近代立憲主義の主要な原則である「平等」の保障が極めて貧弱であったので、本条は貴族制度を含む一切の差別を禁止して平等の理念の貫徹を求めました。

内　容　⑴　**法適用の平等と法内容の平等**　本条一項の「法の下に平等」という言葉から、法律など法規範の適用局面の平等を本項は義務づけると解されるかもしれません。この規範の名宛人は法律の適用に当たる行政機関や裁判所に限定され、法律を作る立法者は義務づけられないとするのです（立法者非拘束説）。そうすると法律でAグループ（例えば男）とBグループ（例えば女）に分けて異なる扱い（例えば、男女の婚姻適齢に差をつける）を設けて、AグループとBグループそれぞれ属する人（a_1、a_2……、またはb_1、b_2……）にそれを平等に適用しても、Aグループに属するa_1とBグループ属するb_1との間の不平等は残ります。平等の理念は不平等な内容の法律を平等に適用しても実現できないのです。「法の下に平等」とは法適用の平等だけではなく法内容の平等をも意味しています。本項の名宛人には立法者も含まれているのです（立法者拘束説）。

⑵　**形式的平等と実質的平等**　近代市民革命の時代、平等は「形式的平等」でした。革命の担い手たる市民階級は身分制度が自由な活動を妨げていると考え「生まれ」による差別の撤廃、政治への平等な参加を求めました。各人を均等に扱い自由競争への公平な参加を保障すること、つまり「機会の平等」が平等と考えました。人生を徒競走に例えれば「スタート・ラインの平等」が平等の中身でした。

形式的平等を基礎とした近代社会は結果として個人の不平等を生みます。貧富の格差は産業革命を経た一九世紀後半に頂点に達しました。人間は外形・性別・性格・価値観・体力・能力・年齢が違うのはもちろん、生まれ育った環境の影響で多種多様というのが現実です。現実の違いを無視してすべての人間を同じに扱うことがむしろ不平等な結果を招くことも明らかになりました。そこで社会的・経済的弱者に対して実質的公平の観点から政府が保護を与え、他の人々と同様の自由と生存を保障すべしとする「結果の平等」の考え方が徐々に浸透していきます。この平等を「実質的平等」といいます。

実質的平等はときに「ゴール・ラインの平等」のかたちをとります。ただしこれはあくまで例外的措置です。スタート・ラインから懸命に走ってきてやっとの思いでゴールした人から見ると、車で伴走してきてゴール・ライン上で止まった自動車から降りてきた人が同じといわれても逆に不公平な気持ちを抱くでしょう。そこでスタート・ラインを少し前にずらしてスタートさせる措置がとられることもあります。例えばアメリカ合衆国では、歴史的に構造的差別の対象であったアフリカ系アメリカ人その他のマイノリティに属する人々に、大学進学や就業などに際してアファーマティブ・アクションと呼ばれる優遇策をとることがあります。このような平等を「条件の平等」といいます。

二〇世紀に入って制定された憲法は、人間の価値観・能力の多様性を前提として、現実の社会に存在する社会的・経済的弱者にも配慮する平等へと、その理念を修正していったのです。

(3)　絶対的平等と相対的平等　平等は常に比較を伴います。各人・各グループの個性や能力などの相違を一切無視して一律均等に取り扱うことがあります。これが絶対的平等で人間価値の平等からいうとこれが平等理念の出発点です。しかし各人・各グループの相違を無視することが逆に不公平になることもあります。そうしたとき各人・各グループの相違を考慮して取扱いに差異を設けて実質的公平をはかる必要があります。これが相対的平等です。例えば租税を例にとって考えると、消費税は財やサービスを購入する人の個性や能力を無視して一律に同じ率の税を徴収します。これが絶対的平等です。これに対して所得税は所得額が多い人には所得が増加するにつれて高額の部分につき税率が高くなります（累進課税）。これは相対的平等の視点からは正しいといえるのです。

いずれにしても絶対的平等が原則なので相対的平等をとる場合にはその合理的根拠を示すことが要請されます。

(4)　人種・信条・性別・社会的身分・門地　本条一項はグループ分けの基準として「人種、信条、性別、社会的身分又は門地」を用いる区別を禁止しています。

「人種」とは黒人・白人・黄色人種などの人類学的種類を指しています。そのほかに言語・宗教・文化などを共有するグループである民族もここでいう人種に含まれます（人種差別撤廃条約一条一項）。「信条」は憲法一九条の「思想及び良心」と同じで、内心におけるものの見方ないし考え方です。「性別」とは男女の別とＬＧＢＴ（Lesbian、Gay、Bisexual、Transgender）など性的志向・性自認の相違のことです。「社会的身分」の理解には諸説あります。狭義説は生来（＝生まれつき）の身分とします、広義説は社会における継続的地位とします。

中間説は生来の身分のほかに社会における継続的地位のうち自分の意思で離脱できず社会的にマイナス評価を伴うもの（例えば破産者）も含むとします。判例は広義説をとります（最大判昭和三九年五月二七日民集一八巻四号六七六頁）。「門地」とは家柄のことで、生来の身分のうち社会的にプラス評価を伴うものです。

判例は、ここに掲げられた五種の列挙事由は例示に過ぎないとして特別な法的意味を認めません。しかし憲法が明文で書き記した理由はこれらの事由に基づく区別は歴史の経験上特に排斥する必要があると認めたものです。学説はこれらの事由に基づく区別は「疑わしい区別」として合理的区別ではないと推定されるとします。合理的であるとする根拠は、区別を設定した政府が示す必要があるとし、厳格な審査が裁判所においてなされるべきとします。

なお四四条但書は、「両議院の議員及びその選挙人の資格」について、以上の五つの事項に加えて「教育、財産又は収入」が禁止される分類とします。

(5)　禁止される場面　　差別が禁止される場面につき一項は「政治的、経済的又は社会的関係」とします。具体的な場面がここに規定された三種の関係のいずれに該当するかという分析もできますが、その分析の実益はなく「あらゆる関係」を指すと考えれば足ります。

(6)　裁判例　　①刑法旧二〇〇条（一九九五年削除前）は、「自己又ハ配偶者ノ直系尊属ヲ殺シタル者ハ死刑又ハ無期懲役ニ処ス」としていました（尊属殺人罪）。当時の普通殺人罪の刑罰は「死刑又ハ無期若クハ三年以上ノ懲役」でしたので、殺人の罪を犯した者と殺害された者との関係によって違いを設けるのは違憲であると争われました。最高裁の多数意見（八名）は、「尊属に対する尊重報恩は、社会生活上の基本的道義」であるとし、このようなグループ分けの立法目的は不合理ではないとしましたが、死刑または無期懲役のみを規定する刑罰が立法目的達成手段としてははなはだしく均衡を失するから違憲であるとしました。これに対して六名の裁判官はその規定の立法目的自体が封建的な忠孝の倫理に基づいているから違憲としました（最大判昭和四八年四月四日刑集二七巻三号二六五頁）。

②民法旧七三三条一項（二〇一六年改正前）は「女は、前婚の解消又は取消しの日から六箇月を経過した後でなければ、再婚をすることができない」としていました。この規定は民法七七二条二項の「婚姻の成立の日から二百日を経過した後又は婚姻の解消若しくは取消しの日から三百日以内に生まれた子は、婚姻中に懐胎したものと

推定する」と連動しています。再婚禁止期間を設けた立法目的は父性の推定の重複を回避し父子関係をめぐる紛争の発生を未然に防ぐことにあるとして、最高裁はその合理性を認めました。しかし計算上一〇〇日の再婚禁止期間を設ければ父性の重複は回避できるとして、一〇〇日超過部分は合理性を欠いた過剰な規制であるとして違憲としました（最大判平成二七年一二月一六日民集六九巻八号二四二七頁）。

③民法九〇〇条旧四号（二〇一三年改正前）は、「子、直系尊属又は兄弟姉妹が数人あるときは、各自の相続分は、相等しいものとする。ただし、嫡出でない子の相続分は、嫡出である子の相続分の二分の一と……する」と規定していました。同じ相続人でありながら嫡出子と非嫡出子との間の法定相続分に違いがあるのが不平等であるとして争われました。最高裁は、法律婚の制度は日本で定着しているとしても子にとっては自ら選択ないし修正する余地のない事柄を理由としてその子に不利益を及ぼすことは許されないなどとして、法定相続分を区別する合理的な根拠は失われたとして違憲としました（最大決平成二五年九月四日民集六七巻六号一三二〇頁）。

④国籍法旧三条一項（二〇〇八年改正前）を違憲とした最高裁の判決（最大判平成二〇年六月四日民集六二巻六号一三六七頁）はすでにみました（➘一〇条(2)）。

以上の裁判例からみると、一四条に違反するか否かについて、そもそもある事項に基づいてグループ分けする目的に合理的根拠があるのか、仮に目的に合理的根拠があるとしても、その目的を達成する手段が目的との間に整合性・実効性があるのか、またその手段自体に問題がないかを検討していることがわかります。

(7)　**貴族制度の禁止**　明治憲法の下、「華族」とは公候伯子男の爵を有する者を指していました。爵は世襲され、公爵と侯爵は当然に貴族院議員となり、伯爵・子爵・男爵は同爵者から貴族院議員を選挙していました。その資格の維持に必要な範囲で世襲財産を設定することができ、また家範（「家」のルール）を定めることができるなど特別の階級とされていました。貴族とは一般の国民から区別された世襲的特権をもつ者または階級をいいます。本条二項は明治憲法下にあった華族制度を廃止し、また華族制度に類似する特権階級を認める制度（＝貴族制度）を将来設けることも禁止しました。

(8)　**栄典は一代限り**　栄典とは国や社会に対する功労や業績を表彰するために特定人に与えられる特別の待遇をいいます。明治憲法の下では栄典として爵・位・勲章・褒章がありましたが、本条二項で華族制度とそれに伴う爵は廃止され、三項で栄典の授与に伴う特権や世襲が禁止されました。九条によって「陸海空軍その他の戦力」を日本は保持しないので、軍人のみを対象とする金鵄勲章も廃止されました。特権とは一般国民であれば負うべき負担の免除ないし軽減、または一般国民に与えられない利益の供与です。例えば租税の減免、政治的特典がこれに該当します。

第一五条　①　公務員を選定し、及びこれを罷免することは、国民固有の権利である。
②　すべて公務員は、全体の奉仕者であつて、一部の奉仕者ではない。
③　公務員の選挙については、成年者による普通選挙を保障する。
④　すべて選挙における投票の秘密は、これを侵してはならない。選挙人は、その選択に関し公的にも私的にも責任を問はれない。

趣　旨　本条一項は公務員の選定と罷免が国民固有の権利であるという公務員任用の基本原理を定め、二項は公務員が国民の一部の者に仕える者ではなく国民全体に仕える者であるという公務員の行動の基本原理を定めています。

三項は公務員につき行われる選挙の基本原則の普通選挙の原則を定め、四項は投票の基本原則である秘密投票の原則と自由投票の原則（＝投票結果の無答責）を定めます。

背　景　明治憲法の下で「文武官」（＝官吏と軍人）の任免は天皇大権に属しました（明憲一〇条）。主権者であり統治権の総攬者である天皇の意を受けてその手足として動く文武官を任命し罷免する権限は天皇にあるとされたのです。現行憲法では統治権（＝「国政に関する権能」）と官吏の任免権が天皇の手から離れ、新たに主権者となった国民が握りました。この原理的転換を本条一項は「国民固有の権利」と表しました。

選挙につき明治憲法に規定はなく、また選挙権の資格に納税要件を課すなどの制限選挙が行われました。一九二五年、衆議院議員選挙法を改正して成人男子すべてに選挙権を認める制度になりました。しかし文字通りの普通選挙、つまり女性も含むすべての成人に選挙権を認める制度になったのは一九四五年の敗戦後です。本条は「成年者による普通選挙」（＝性別を問わず成人にあまねく選挙権があること）を確認した規定です。秘密投票についてはー九〇〇年以来行われてきましたが、それを本条は明文化しました。

内　容　(1)　公務員の選定罷免権　一項の「公務員」には「官吏」（＝国家公務員）のほか戦前は天皇が任免権をもたなかった「吏員」（＝地方公務員）も本項の「公務員」に含まれます。国会議員・地方議会議員のほか国務大臣、裁判官、さらに国会と裁判所の事務職員も含みます。国会議員は憲法前文第一段第一文が「日本国民は、正当に選挙された国会における代表者を通じて行動し」とした趣旨からして国民が選定する権利をもつことは明らかで、この点は「国民固有」という文言に示されています。

一般の公務員を国民が直接「選定し、及びこれを罷免する」手続を定める法律も、国会議員を「罷免」する制度を定める法律もありません。文言と現実のギャップは、あらゆる公務員の終局的任免権が国民にあるとする国民主権の原理を表明したもので、必ずしもすべての公務員を国民が直接に選定し罷免すべきだとの意味ではなく、直接または間接に主権者たる国民の意思を依存するようにその手続が定められなければならないという趣旨と解されています。

(2)　公務員は「全体の奉仕者」　明治憲法の下、官吏は「天皇の使用人」でした。現行憲法の国民主権の原理の下での公務員は、国民の「一部の奉仕者」ではなく、国民「全体の奉仕者」と位置づけられました。二項の「公務員」は一項の「公務員」と同じく国会議員も含むと解されています。憲法四三条一項は「両議院は、全国民を代表する選挙された議員でこれを組織する」とし、国会議員も一部の地域、一部のグループの利益のみを追求してはならないとされたのです。

一般職の公務員に政治活動が許されるか否かの問題があります。政治活動は政治的メッセージを他者に発信する行為なので、表現行為として憲法二一条がその自由を保障しています。明治憲法の下では政府と私人との法的関係を一般権力関係、公務員の勤務関係などを特別権力関係と呼び性質が異なるとしました。一般権力関係には憲法上の権利保障は直接およぶが特別権力関係には憲法上の権利制約も許され、また個別的な法律の根拠がなくても命令・強制・懲戒等の包括的支配を受け、裁判による救済もないとする特別権力関係論が説かれました。

明治憲法下では人権は「法律の留保」がつきましたが、現行憲法は法律の留保なしに人権が保障されること、すべての行政活動を法の下に置きながら行政組織内部に法治主義が及ばないのは矛盾すること、個人に三二条で裁判を受ける権利が保障されること、以上の理由でいまや

第三章　国民の権利及び義務

特別権力関係論をとることは許されません。ただし公務員組織内における自律を完全に否定することもできません。仮に憲法上の権利が制約されるのであれば制約の正当性を明確にし、またその限界も明確にする理論構成が必要です。

公務員の「政治的行為」を制限し処罰する国家公務員法の規定（一〇二条・一一〇条一項一九号、地方公務員法三六条も同旨）と「争議行為」や「怠業的行為」を禁止する同法の規定（九八条、地方公務員法三七条も同旨）の合憲性が裁判で争われました（後者については↓憲法二八条(2)）。判例は本条二項を根拠に、公務のうちでも行政は「国民全体に対する奉仕を旨とし、政治的偏向を排して運営されなければならない」とし、「行政の中立的運営に対する国民の信頼が損われること」を理由にその合憲性を認めました（猿払事件・最大判昭和四九年一一月六日刑集二八巻九号三九三頁）。ただし、その後政治的中立性を損なうおそれは観念的なものにとどまらず現実的に起こりうるものとして実質的に認められるものを指すとして、処罰される範囲を限定しました（堀越事件・最判平成二四年一二月七日刑集六六巻一二号一三三七頁）。

(3)　選挙の原則　選挙とは有権者によって組織された機関が集合的行為によって公務を担当する者を指名、選定または選任する行為です。選挙に関する原則として普通選挙・平等選挙・直接選挙の原則があります。

本条三項は成年普通選挙（universal adult suffrage）を保障しています。普通選挙とは広義には人種・言語・職業・身分・財産・納税・宗教・政治的信条・性別などを有権者の資格つまり選挙権行使の要件としない選挙をいい、狭義には、財力の有無・多少、具体的には納税額・財産の程度によって選挙権の有無を決めない選挙のことです。普通選挙と平等選挙は質的には連続していて、選挙権の差を極大化して選挙権そのものを認めないのが制限選挙です。平等選挙については四四条但書、直接選挙については九三条二項がそれぞれ規定しています。

(4)　投票の原則　投票手続に関する原則として秘密投票と自由投票の原則があります。本条四項はこの二つの原則を保障しています。

本項前段は誰に投票したのか、つまり投票内容の秘密を保障し、投票したか否かの秘密も保障しています。本項後段は選挙人がその信じるところにしたがい投票する自由および投票しない自由（＝棄権の自由）を保障しています。秘密投票の原則は自由投票を間接的に担保して選挙人の真意が選挙に反映されることを目的とします。仮に秘密投票または自由投票の原則が侵され投票の内容または投票の有無が明らかになった場合でも「公的にも私的にも責任を問はれない」とします。公的責任とは政府に対して責任を負う場合を想定し刑罰や懲戒処分などを受けないこと、私的責任とは私人に対して責任を負う場合を想定し解雇などの不利益処分や損害賠償の請求などを受けないことを保障します。

⑸　**被選挙権**　明治憲法にも現行憲法にも被選挙権についての規定はありません。最高裁は「立候補の自由は、選挙権の自由な行使と表裏の関係にあり、自由かつ公正な選挙を維持するうえで、きわめて重要である。……憲法一五条一項には、被選挙権者、特にその立候補の自由について、直接には規定していないが、これもまた、同条同項の保障する重要な基本的人権の一つ」としました（三井美唄炭鉱労組事件・最大判昭和四三年一二月四日刑集二二巻一三号一四二五頁）。

> 第一六条　何人も、損害の救済、公務員の罷免、法律、命令又は規則の制定、廃止又は改正その他の事項に関し、平穏に請願する権利を有し、何人も、かかる請願をしたためにいかなる差別待遇も受けない。

趣　旨　本条は政府に対する各種の請願を権利として保障しています。この権利は政府の政策に対する参加を保障するので、参政権の一つと位置づけることができます。

背　景　民意を集約する議会制度が確立するまで、請願は政府の政策に被治者の意見や希望を述べる唯一の手段でした。日本では江戸時代の目安箱の設置など例外はありましたが直訴（越訴）は禁止されました。仮に直訴に及んだ場合その首謀者は厳刑をもって処断されました。

明治憲法三〇条も「日本臣民ハ相当ノ敬礼ヲ守リ別ニ定ムル所ノ規程ニ従ヒ請願ヲ為スコトヲ得」とし請願令がその詳細を定め、同五〇条は「両議院ハ臣民ヨリ呈出スル請願書ヲ受クルコトヲ得」とし議院法がその詳細を定めました。この請願は天皇への奉呈を想定し、その範囲は限定されました。本条はその範囲を広げてあらゆる事柄について請願ができるようにしました。

内　容　請願の内容は、「損害の救済」「公務員の罷免」といった個別的な案件のほかに「法律」（＝国会の定立する法規範）、「命令」（＝内閣以下行政各部の定立する法規範）、「規則」（＝国会の両議院または最高裁判所の定立する法規範）の制定・改廃のほか広範に及びます。

請願が権利として保障された結果、請願があったときはそれを受理する義務が提出された機関に生じ、かつ請願によって誰も法的または事実的不利益を受けないとします。ただし受理した諸機関にそれに対する審理・判定義務などを課してはいません。

本条は歴史上重要な役割を果たした請願権を保障していますが、政府の政策形成への参加はそもそも選挙権の行使によって認められるほか、集会や表現の自由も保障され、また政党の結成も結社の自由によって保障されています（↓憲法二一条一項）。さらに裁判を受ける権利が保障され（三二条）、国家賠償制度も確立しています（一七条）。したがって、請願権が登場する場面は少なくなったともいえるでしょう。

しかし政府の政策形成に国民の意思が必ずしも十分に反映されず、代表民主政が閉塞状況に陥る可能性があることを視野に入れると、国民の多様な意見や要望を直接政府諸機関に伝えることにはなお意義があり、請願権は選挙権の補完機能を現在ももち続けています。

第一七条　何人も、公務員の不法行為により、損害を受けたときは、法律の定めるところにより、国又は公共団体に、その賠償を求めることができる。

趣　旨　政府の違法な活動によって損害が発生したとき、その損害を金銭に見積もって補填するのが国家賠償制度です。国家賠償の考え方として①一切補填しない（国家無答責）、②公務員個人が補填する（個人責任）、③違法な活動の帰属する国または公共団体が補填する（代位責任）、の三種ないしその組み合わせがあります。本条は、被害者に実効的救済を保障するため③の考え方を採用しました。

背　景　明治憲法には本条に相当する規定はありません。裁判制度は司法部に属する司法裁判所と行政部に属する行政裁判所の二系統に分かれ、旧行政裁判法一六条が「行政裁判所ハ損害要償ノ訴訟ヲ受理セス」と定めていたので、政府と私人が支配服従の関係にある権力関係において生じた損害は救済されず、公務員の明白な職権濫用や無権限の行為のときは公務員個人が補填していました。

これに対して政府が私人と対等の立場で私人と取り交わす契約などの私経済関係においては司法裁判所が民法の使用者責任（七一五条・七一七条等）の条項に基づき救済しました。学校などの公の営造物（＝施設）の利用関係（＝管理関係）においては当初救済を否定しましたが、大審院は徳島小学校遊動円棒事件判決（大審院大正五年六月一日判決民録二二輯一〇八八頁）で私経済関係と同様の処理をするように判例を変更しました（小学校施設の事故による損害賠償責任を肯定）。しかし権力関係で生じた不法行為についてはなお①国家無答責の考え方を維持しました。

内　容　⑴　包括的救済制度の創設　本条は戦前の権力関係における国家無答責の状態を改め、政府の不法行為によって損害が生じたときは公権力の行使（＝権力関係）の場合を含めて包括的に救済することを規定します。本条を受けて国家賠償法が制定されました。

本条に反する法律の条項を違憲無効とした例がありま す。書留郵便と特別送達郵便の事故につき一定の範囲で免責する郵便法の規定が問題となった訴訟において、最高裁は「郵便官署は、限られた人員と費用の制約の中で、日々大量に取り扱う郵便物を、送達距離の長短、交通手段の地域差にかかわらず、円滑迅速に、しかも、なるべく安い料金で、あまねく、公平に処理することが要請」されていて、郵便法が「郵便物に関する損害賠償の対象及び範囲に限定を加えた目的は、正当」であるとしました。しかし書留郵便物につき故意または重大な過失による不法行為にまで免責または責任制限を認めること、特別送達につき軽過失による不法行為にまで免責または責任制限を認めることにそれぞれ合理性を認めることはできず、憲法一七条が立法府に付与した裁量の範囲を逸脱し違憲無効であるとしました（最大判平成一四年九月一一日民集五六巻七号一四三九頁）（郵政民営化前の事件）。

⑵　司法権と立法権の行使は国家賠償の対象となるか　国家賠償制度が想定していたのは行政権の行使によって生じた損害でした。国家賠償法一条一項は損害賠償を認める要件に「公権力の行使」を規定していますが、これも行政権の行使を念頭に置いたものでした。しかし統治活動には行政に限らず司法と立法も含まれます。最高裁は司法権の行使について裁判官が違法または不当な目的をもって裁判をしたなど、その付与された権限の趣旨に明らかに背いてこれを行使したと認めうるような特別の事情のある場合には損害賠償責任が認められるとしました（最判昭和五七年三月一二日民集三六巻三号三二九頁）。

立法権の行使それ自体が国家賠償の対象となることは普通ありません。立法権が行使されて制定された法律の内容とその法律の適用行為を争えば足りるからです。最高裁は、国会議員は立法に関して原則として国民全体に対する関係で政治的責任を負うにとどまり、個別の国民の権利に対応した関係での法的義務を負うものではない

第三章　国民の権利及び義務

としつつ、立法の内容が憲法の一義的な文言に違反しているにもかかわらず国会があえて当該立法を行うような例外的な場合に違法になるとして一般論として損害賠償を肯定しました（在宅投票廃止違憲国家賠償請求事件・最判昭和六〇年一一月二一日民集三九巻七号一五一二頁）。その後最高裁は、①立法の作為不作為の職務義務違反つまり行為の違法性と、②立法内容つまり立法の産物の違憲性を区別した上で、①または②について、ⓐ憲法上の権利を違法に侵害することが明白か、またはⓑ権利保障のために立法措置をとることが不可欠でそれが明白である場合、③正当な理由なく長期にわたってそれを怠るときには立法行為または立法不作為は違法になるとして損害賠償を認めました（在外日本人選挙権剝奪違法確認等請求事件・最大判平成一七年九月一四日民集五九巻七号二〇八七頁）。

第一八条　何人も、いかなる奴隷的拘束も受けない。又、犯罪に因る処罰の場合を除いては、その意に反する苦役に服させられない。

趣　旨　人間としての不自由の極限は奴隷とされることです。本条は「専制と隷従、圧迫と偏狭を地上から永遠に除去しようと努めてゐる国際社会において、名誉ある地位を占めたい」（前文第二段第二文）がために「隷従」を具体化して「奴隷的拘束」を禁止し、また「意に反する苦役」を犯罪による処罰の場合を除いて禁止する条項を「身体の所在」に関する自由の出発点として規定しました。

背　景　明治憲法には本条に相当する条項はありません。現行憲法は奴隷解放を大義として行われた南北戦争の北軍勝利の戦果を成文化したアメリカ合衆国憲法第一三修正一節「奴隷または意に反する苦役は、犯罪に対する処罰として当事者が適法に有罪宣告を受けた場合を除いて、合衆国またはその管轄に属するいずれの地域内においても存在してはならない」をモデルとして本条を定めました。

内　容　⑴　**奴隷的拘束の禁止**　奴隷とは物として使用・収益・処分の対象とされる人間です。本条前段は奴隷は日本には存在しないとして「奴隷」ではなく「奴隷的拘束」としました。奴隷的拘束とは自由な人格者であることと両立しない程度に身体が拘束された状態と説明されました。より正確には奴隷とみなされる使用・収益・処分の三つの要素すべてはみたしていないがどれかの要素をみたす状況に置かれた場合というべきでしょう。

本条は政府による奴隷的拘束を禁止しますが、アメリカ合衆国の奴隷制廃止に由来し私人間適用も想定した規定です。現実に刑法が逮捕・監禁罪（二二〇条）と略取・誘拐罪（二二四条から二二九条）を犯罪とし、労働基準法が強制労働の禁止（五条）を定めています。現に拘束状態にある人を救出する人身保護法も制定されました。

(2)　「意に反する苦役」の禁止　本条後段は「意に反する苦役」を「犯罪に因る処罰の場合」を除き禁止します。「役」とは労働のことで肉体労働を想定して規定されたのですが、現在は精神労働も含むと解されています。「苦」の意味は通常人を基準として苦痛に感じるか否かを基準とする主観説と、苦痛か否かではなく強制されるか否かを基準とする客観説が拮抗しています。主観説だとその基準の設定が難しいので客観説が最近は有力です。客観説をとると「意に反する」という文言の意味がなくなりそうですが、「意に反する苦」までを「強制」を意味するとし「強制労働」の禁止と解する方が基準の明確性の点ですぐれています。

(3)　法律による強制　懲役刑（刑法一二条）は「犯罪に因る処罰」ですが、その他の法律による強制もあります。議院証言法、民事訴訟法、刑事訴訟法などに基づき求める証言は、記憶・知識などの開示・開陳の強制なので労働ではなく本条には違反しません。裁判員法に基づく裁判員となる義務につき最高裁は、「司法権の行使に対する国民の参加という点で参政権と同様の権限を国民に付与するものであり、これに『苦役』ということは必ずしも適切ではない」としました（最大判平成二三年一一月一六日刑集六五巻八号一二八五頁）。参政権の中心に位置づけられる選挙権の行使には理由を問わず棄権の自由を認めるので参政権との比喩は的を射たものではありません。

災害時の応急的な労務提供義務を規定する各種法律（災害救助法七条・八条、消防法二九条五項など）はどうなるのでしょうか。非常事態下における労役強制は、緊急避難の法理の背景にある人命尊重の原則（憲法一三条の「生命……に対する国民の権利」）によって正当化されるでしょう。

(4)　刑事施設被収容者の人権　本条は刑罰に限定して「意に反する苦役」を科す根拠を示し、刑事施設に収容された者のその他の権利を制約する根拠を示したわけではありません。犯罪の容疑を受けた者（＝被疑者）は憲法三三条に示された手続にのっとり逮捕・勾留されて留置場または拘置所に身柄を拘束されます（＝未決勾留）。裁判所における公判手続を経て懲役、禁錮、拘留の自由刑を受けた者は刑務所に収監されます。死刑判決が確定した者は刑の執行まで拘置所に収監されます。

明治憲法の下、収監者は一五条でみた公務員の勤務関係と同様に特別権力関係にある者とされ、人権は原則として保障されないと解されました。現行憲法の下では権利行使の制限が必要かつ合理的として是認されるか否かによって判断すべきです。刑事施設に収容された状況、一般社会から隔離されかつ限定された空間で集団生活を送るという点から、その施設の規律と秩序の維持、逃亡の防止という目的からの権利の制約があります。裁判進行中であれば証拠隠滅の防止、自由刑の服役中であれば矯正教化という目的、死刑確定者であれば心情の安定というそれぞれの目的のために関係する権利の制約は可能でしょう。

最高裁は未決拘留中の者の新聞閲読の自由につき前記の目的による制限はあるがその制限は以上の「目的を達するために真に必要と認められる限度にとどめられるべきものである」としました（よど号ハイジャック新聞記事抹消事件・最大判昭和五八年六月二二日民集三七巻五号七九三頁）。

第一九条　思想及び良心の自由は、これを侵してはならない。

趣　旨　哲学者パスカルが「人間は考える葦《あし》」であるといったことは有名です。人間の肉体は有限ではかないものですが、パスカルは人間の考える力に肉体の限界を超える無限の可能性を見出しました。人間は精神が自由でなければ人間らしく生きていけません。本条は人間の内面における精神生活の自由を保障する規定です。

背　景　明治憲法には本条に相当する規定はありませんでした。外国の憲法で良心の自由というときは信仰の自由を意味する場合が多いので、明治憲法二八条の保障する信教の自由で足りると解されていたのかもしれません。しかし明治憲法下においては共産主義思想や無政府主義思想さらには自由主義思想が弾圧されました。この歴史的事実に基づきポツダム宣言一〇項は「言論、宗教及び思想の自由……は、確立されなくてはならない」とし、その趣旨はマッカーサー草案の「思想及良心ノ自由は不可侵タルへシ」に引き継がれ、本条の背景となりました。

内　容　(1)　**思想・良心の意味**　本条にいう「思想及び良心」とは内心における考え方ないし見方と

とらえる内心説が有力ですが、さらに絞り込んで信仰に準ずる世界観や人生観など個人の人格形成の核心ととらえる信条説を判例はとっていると考えられます。本条の良心は道徳に照らして正しい心という意味ではない点に注意してください。

(2)　禁止される侵害　思想・良心（以下「思想」）の自由の侵害は①特定思想の弾圧または強制、②特定思想に基づく不利益処遇、③思想の内容の告白強制のかたちで表れます。人間の精神は自由なので特定思想の強制は不可能と思うかもしれません。確かに実力行使による特定思想の強制は面従腹背があるにしても真の意味では不可能に思えます。しかし教育や宣伝によって特定思想に染め込まれることもあります。特に子どもの段階で受けた教育内容は正しいと信じ込むかもしれません。教育基本法改正や教科書検定が問題となるのは教育のこの機能が問題とされるからです。

(3)　具体例　判例に表れたこの自由の侵害の例は、謝罪広告の強制です。名誉毀損による不法行為が認められた場合、民法七二三条は損害賠償のほかに「名誉を回復するのに適当な処分を命ずることができる」とします。名誉毀損の判例は戦前からこの条項の「処分」とは謝罪広告であるとしてきました。ところが謝罪広告の強制は裁判所が謝罪する意思のない人にその内心に反する表示を強制することになるので、本条に違反すると争われました。最高裁はこの命令が「人格を無視し著しくその名誉を毀損し意思決定の自由乃至良心の自由を不当に制限する」ものになる場合があるとしつつ、「単に事態の真相を告白し陳謝の意を表明するに止まる程度のもの」は代替執行によって強制しても本条に違反しないとしました（最大判昭和三一年七月四日民集一〇巻七号七八五頁）。この判決に付された補足意見にも、本条の良心には「謝罪の意思表示の基礎としての道徳的の反省とか誠実さというものを含まない」とあることから、判例は信条説を前提としたと理解されています。

公立学校の卒業式等の式典において、君が代起立斉唱などを教師に命じる職務命令の合憲性が争点となった訴訟で、最高裁はこの命令は歴史観・世界観それ自体を否定するものではないこと、日の丸起立斉唱行為などは特定思想またはその反対思想の有無の告白の強要でもないとしつつ、個人の歴史観ないし世界観に由来する行動、つまり敬意の表明の拒否と異なる外部的行為を求める限りにおいて思想・良心の自由の間接的制約となる面があるとしました（最判平成一九年二月二七日民集六一巻一号二九一頁、最判平成二三年五月三〇日民集六五巻四号一七八〇頁など）。この判決は歴史観・世界観を本条の保障する思想とする信条説に依拠しつつ、その周辺部分の侵害も思想を間接的に制約することもありそれは違憲と評価するとしたと解され、内心説への移行を示唆しています。

第二〇条 ① 信教の自由は、何人に対してもこれを保障する。いかなる宗教団体も、国から特権を受け、又は政治上の権力を行使してはならない。
② 何人も、宗教上の行為、祝典、儀式又は行事に参加することを強制されない。
③ 国及びその機関は、宗教教育その他いかなる宗教的活動もしてはならない。

趣　旨　本条は個人に宗教の自由を保障し、さらに政府と宗教または宗教団体との関係を規律する政教分離原則を定めています。明治憲法が「宗教」ではなく「信教」としたため、現行憲法は「信教」の言葉を継承しました。

背　景　宗教の自由は近代憲法の歴史の中で人権条項の発展に大きな役割を果たしました。宗教は当時の人々の精神生活の中心を占めていたからです。ヨーロッパ諸国は中世における宗教弾圧の経験を踏まえて宗教の自由の重要性を人権関連文書と憲法に書き込みました。

明治憲法二八条も信教の自由を保障しました。しかしこの条項は「安寧秩序ヲ妨ケス臣民タルノ義務ニ背カサル限ニ於テ」という条件が付され、法律のみならず命令によっても制限できると解されました。神社神道は宗教ではなく祭祀であるとされ、国教のような地位が与えられたので戦後「国家神道」と呼ばれました。他の宗教には極めて弱い自由しか保障せず、昭和に入って弾圧された宗教もありました。

国家神道は国粋主義・軍国主義の精神的支柱になったこともあって、GHQの一連の命令・指導により宗教団体の設立を自由化するなど信教の自由の保障がはかられ、また政教分離原則が定められました。

内　容　⑴　宗教の自由の意味　憲法一九条が保障する思想・良心のうち宗教的な特徴をもつものが信仰です。本条一項前段は「信教の自由は、何人に対してもこれを保障する」とします。信教（＝宗教）の定義は難しいですが「超自然的、超人間的本質（すなわち絶対者、造物主、至高の存在等、なかんずく神、仏、霊等）の存在を確信し、畏敬崇拝する心情と行為」とした下級審判例（津地鎮祭訴訟・名古屋高判昭和四六年五月一四日行集二二巻五号六八〇頁）があり、学説もこの定義を引用し説明にかえています。

信教の自由には①信仰の自由、②宗教的行為の自由、③宗教的結社の自由が含まれています。信仰とは先の宗教の定義が示すように人知を超えたものを畏敬崇拝する心情です。信仰の自由の侵害には(a)特定宗教の信仰による弾圧またはその強制、(b)特定宗教を理由とする不利益処遇、(c)信仰の告白強制などがあります。②宗教的行為とは宗教上の祝典・儀式・行事を主催しまたは参加することや、宗教の布教や宣伝などをする行為です。本条二項は宗教上の祝典・儀式・行事などの宗教的行為を政府に強制されないという視点から宗教的行為の自由を保障しています。③宗教的結社とは二人以上の者が宗教目的をもつ継続的団体、つまり宗教団体を作り組織することです。

(2)　**保障の限界**　①信仰は内心のあり方なので絶対的な保障を受けます。②宗教的行為と③宗教的結社はその行使が外部社会と関係をもつので制約を受けます。

②宗教的行為であるとして他人の生命や身体に危害を加えることは許されません。治療のためと称して線香護摩の加持祈禱をしたけれども暴れだしたので暴行を加え結果的に死に至らせた事案がその例です（加持祈禱事件・最大判昭和三八年五月一五日刑集一七巻四号三〇二頁）。逆に外形的に刑法に触れる行為であっても宗教的行為の態様によってはその違法性が阻却されることもあります。例えば罪を犯して逃亡してきた高校生をかくまい犯人蔵匿罪に問われた牧師の行為が牧会行為として正当な業務行為（刑法三五条）とされ、無罪とされた事案もあります（牧会活動事件・神戸簡判昭和五〇年二月二〇日判時七六八号三頁）。

③宗教的結社に関係する法律として宗教法人法があります。この法律には宗教団体に対して法人格を付与してその活動基盤を強化する認証制度があります。しかし「法令に違反して、著しく公共の福祉を害すると明らかに認められる行為をしたこと」などがあった場合には裁判所がその解散を命じて法人格を剥奪できる旨の規定もあります（同法八一条一項一号）。最高裁は、この行為はもっぱら世俗的目的によるもので宗教的結社の自由を侵害するものではないとしました（オウム真理教解散事件・最決平成八年一月三〇日民集五〇巻一号一九九頁）。

(3)　**政教分離原則**　本条一項後段と三項は政教分離原則、つまり国・地方公共団体などの政府と宗教または宗教団体を分離すべきことを定めています。「財政」に関する第七章にある憲法八九条もこの原則を財政的側面から補完する規定です（→八九条）。

一項後段にある「特権」を受ける、とは特定の宗教団体が他の宗教団体に比して優遇されまたは宗教団体一般が他の団体に比して優遇されることです。古い神社仏閣などの宗教的建造物の修繕のための公金の支出は、文化財の側面に着目した支出なので問題ないとされています。「政治上の権力」とは本来政府が行使すべき統治権力に含まれる権限をいい、例えばドイツの特定の宗教団体に付与された徴税権などのことです。三項にある「宗教教育」とは特定宗教の信仰の奨励・批判を目的とする教育のことです。

(4)　原則違反の判定基準　日本の月行事には、初詣・彼岸会・盂蘭盆・七夕のように宗教的起源に由来するものもたくさんあります。このような各種の行事に政府がかかわったとき、それが宗教的活動になるか否かを判断することは容易ではありません。そこで政教分離原則に違反した宗教的活動か、違反しない単なる習俗または世俗的活動かを判断する道筋について、最高裁は以下のように判示しました。

政教分離原則は宗教の自由を間接的に保障するものと位置づけた上で、政府と宗教の完全分離は理想であるが宗教も社会的存在なので現実には不可能であり、かかわり合いをもたざるをえないことがある。そのような場合には政府は宗教に対して中立的であることが要求されるが、それは宗教とのかかわり合いをもつ行為の目的および効果に鑑みそのかかわり合いが相当とされる限度を超えるときは許されない、とします。そして問題となった政府の行為の目的が宗教的意義をもち、その効果が宗教に対する援助、助長、促進または圧迫、干渉等になるような行為か否かによって判断するとしました（津地鎮祭訴訟・最大判昭和五二年七月一三日民集三一巻四号五三三頁）。この判定基準を示した判決は、市が挙行した神式の地鎮祭は憲法が禁止する宗教的活動ではないとしました。

その後、県が靖国神社に玉串料・献灯料を、護国神社に供物料を公金から支出した行為は、この基準に照らせば違憲としました。これらの行為は時代の推移によって宗教的意義が希薄化し慣習化した社会的儀礼に過ぎないものになったとは到底いえず、地方公共団体が当該特定の宗教団体を特別に支援しておりそれらの宗教団体が他の宗教団体とは異なる特別のものであると印象を与え、特定の宗教への関心を呼び起こすとしたのです（愛媛玉串料訴訟・最大判平成九年四月二日民集五一巻四号一六七三頁）。

この判決の後、市から無償で提供された土地にその補助金によって建設した集会用の建物内に祠（神棚）を、またその敷地内に鳥居と地神宮を設置したことが政教分離原則に違反するとして争われた事案で、最高裁は国公有地を無償で宗教的施設の敷地用に提供することは一般的には八九条違反が問題となるが、具体的事案の判断に当たってはその宗教的施設の性格、土地が無償で敷地となった経緯、無償提供の態様、これらに対する一般人の評価など、諸般の事情を考慮し、社会通念に照らして総合的に判断すべきとしました。この事案の場合は八九条の禁止する公の財産の利用提供に当たり、ひいては本条一項後段の禁止する宗教団体に対する特権付与に当たり違憲としました（空知太神社訴訟・最大判平成二二年一月二〇日民集六四巻一号一頁）。また那覇市が管理する公園において孔子廟などを設置・管理する一般社団法人に対して敷地使用料（年五七六万円）を免除して使用させたことも違憲とされました（久米至聖廟訴訟・最大判令和三年二月二四日裁判所時報一七六二号一頁）。

　日本では江戸時代以降には儒教（＝儒学、とりわけ朱子学）が林羅山以来、幕府のいわば公認の学問とされ、また明治初期に神仏分離令が出され廃仏毀釈運動を経て神道が事実上の国教とされた政策の名残がなお残っています。明治維新後ヨーロッパ大陸型の所有権制度が急いで導入されたため、村の鎮守の森がある神社の敷地が、特定の個人や法人に帰属しない土地として官有地つまり国有地になった経緯もあります。このような歴史的経緯を視野に入れつつ判断する必要があります。

第二一条　①　集会、結社及び言論、出版その他一切の表現の自由は、これを保障する。
②　検閲は、これをしてはならない。通信の秘密は、これを侵してはならない。

趣旨　本条は集会・結社・表現という三種類の自由を保障しています。中でも表現行為は人間の精神生活の中心を占める重要な行為です。人類は直立して歩くようになると、脳が飛躍的に発達して道具と言葉を使用できるようになり、文化を発展させていきました。特に言葉は経験によって得た知識・情報を抽象化して時空を越えて伝達することを可能とします。人間は言葉を使って知的想像力と伝達力を増大させました。人間は自分が直接見聞したことばかりでなく、言葉によって伝えられた情報を知ることによって喜怒哀楽を感じ表わし自らの生きる意味を考えるようになりました。言葉が伝える情報は人間の心を揺さぶり社会を変革する力をもちます。それゆえに人類史は、時の権力者が情報の内容と情報の伝達過程をコントロールしようとした歴史でもありました。秦の始皇帝の行った焚書坑儒《ふんしょこうじゅ》、ガリレオ・ガリレイの地動説に対する弾圧など世界史上著名な出来事が想起されるでしょう。

集会と結社を同じく本条で保障したのは、明治憲法二九条に三種の自由が合わせて規定されていたことによるものです。集会の中でも「動く集会」といわれるデモ行進はデモ参加者が自らの主張を公言しながら道路を行進するので表現の一つのかたちとみることができます。しかし集会と結社そのものは基本的には多数者が外部とは無関係に行うこともできるので、他国の憲法では表現とは別の条文で保障するのが通例です。

背　景　言論などの表現の自由が憲法で保障されるようになったのは恣意的課税などを行う時の政府（国王など）の圧政に対する不平・不満の声が封殺され弾圧された経験などから、政治的表現の必要性と重要性が認識されたからです。フランス人権宣言一一条にも「思想および意見の自由な伝達は人の最も貴重な権利の一つである」とする一節があります。集会の自由についてもアメリカ合衆国憲法第一修正に「人民が平穏に集会する権利」が記されています。

明治憲法二九条も「言論著作印行集会及結社ノ自由」を保障していましたが「法律ノ範囲内ニ於テ」という法律の留保が付されていたので、法律によっていかようにでも制約できました。実際、出版法、新聞紙法、映画法などの表現内容のストレートな規制があったほか、治安警察法、治安維持法などの治安に関係する法律を根拠として特別高等警察などが恣意的に抑圧しました。本条は法律の留保を撤廃しました。上記の表現内容を規制する法律も廃止されました。

内　容　(1)　**表現の自由**　「表現」とはそれを受け取った人が理解できる内容をもつ情報を発信することです。本条二項にある「通信」はこのような表現のうち相手を限定し特定したものです。表現は心の中で考えたこと（思想）や見聞したこと（事実）などつまり情報を伝えようとする行為ですが、この行為もそれが読者や聴衆、つまり情報の受領者に届いてはじめてその内容が社会の中に広がります。絶海の孤島に一人で暮らしている人がいくら言葉巧みに演説してもそれは単なる独り言で誰にもそのメッセージは届かないでしょう。本条一項は言葉としては「表現の自由」つまり情報を発信する自由を保障していますが、この自由は発信された情報を受領する自由、つまり知る自由も保障していると考えられるのです。

情報を発信するには情報を収集する自由、つまり取材の自由も保障する必要があります。本条は情報流通過程を連鎖状に構成する行為のすべての自由、つまり情報流通の自由を保障すると解すべきです。最高裁は報道機関の取材の自由について「憲法二一条の精神に照らし、十分尊重に値いする」としました（博多駅事件・最大決昭和四四年一一月二六日刑集二三巻一一号一四九〇頁）。この微妙な言い回しは、取材は本条が直接保障するものではないとしたと理解されています。取材の自由は裁判における取材源の証言強制との関係でも問題になりました。報道機関にとって、取材源を明かさないで取材できることは極めて重要だからです。取材源は、証言拒否ができる民事訴訟法一九七条一項三号に規定する「職業の秘密」に原則として該当する場合があるとした判例もあります（最決平成一八年一〇月三日民集六〇巻八号二六四七頁）。

(2)　情報流通の自由が果たす役割　表現の自由は、憲法で保障された自由の中でもとりわけ重要な権利と考えられています。それはこの自由が果たす以下の四つの機能（役割）によると考えられています。①自己実現の機能つまり個人が表現活動を通じて自分の人格を発展させる機能、②自己統治の機能つまり政治的意思決定に参加する前提となる政治に関する情報を発信する機能、③思想の自由市場の機能つまりさまざまな情報を市場に登場させて何が真実であるかを判別する場を提供する機能、④社会の安全弁と呼ばれる機能つまり自由に自分の意見を述べることのできる社会を作ることによって柔軟で安定した社会を維持し実現する機能。より根本的には人間のすべての行動が情報に依存する点にその機能の源泉を求めるべきでしょう。

(3)　表現メディア　本条一項に登場する「言論」「出版」は表現の手段つまり情報を伝達するメディアの代表例です。「言論」は口頭、「出版」は印刷という手段です。しかし情報伝達の手段はこれに尽きません。他にも電波やDVDなど多種多様です。表現手段は情報技術の進展とともに予想外の展開をとげています。例えばインターネットの普及は憲法制定時には想像すらしなかった現象です。本条一項はこのような制定時には予期できない状況をも想定して「その他一切」の手段による表現を保障したのです。
二〇世紀中葉から急速に普及した電波メディアにつき電波法と放送法が制定されました。例えば放送法四条は放送編集準則を①「公安及び善良な風俗を害しないこと」（同条一項一号）、②「政治的に公平であること」（同二号）、③「報道は事実をまげないですること」（同三号）、④「意見が対立している問題については、できるだけ多くの角度から論点を明らかにすること」（同四号）と定めて放送内容を規制しようとします。しかしこれらの準則は法的効力はもたず放送関係者が自主的に守るべきものとされています。

電波メディアを格別に規制する根拠として、電波の公共性や周波数の有限性・稀少性、テレビやラジオの人間の感性に直接訴える社会的影響力の大きさなどが指摘されます。

⑷　検閲の禁止　本条二項前段は「検閲は、これをしてはならない」と定めます。検閲は、広い意味では公権力が外に発表されるべき思想の内容をあらかじめ審査し、不適当と認めるときはその発表を禁止する行為と解されていました。しかし最高裁はより狭く「行政権が主体となつて、思想内容等の表現物を対象とし、その全部又は一部の発表の禁止を目的として、対象とされる一定の表現物につき網羅的一般的に、発表前にその内容を審査した上、不適当と認めるものの発表を禁止すること」と定義し、絶対的に禁止されるとしました（税関検査事件・最大判昭和五九年一二月一二日民集三八巻一二号一三〇八頁）。

このような検閲の定義には当てはまらない規制でも、情報がそれを受け取る読者や視聴者などその受領者にまで届かないと情報流通は堰《せ》き止められます。このような制限は表現の事前抑制と呼ばれ、この規制は表現の自由を一般的に保障する本条一項が原則として禁止します。例えば名誉を毀損する記事が掲載された週刊誌の発売禁止の仮処分は、司法権の主体である裁判所が行うので判例の定義する検閲には該当しません。とはいっても表現の自由に対する厳しい制限なので、最高裁は厳格かつ明確な要件のもとに例外的な場合だけに認められるとしました（北方ジャーナル事件・最大判昭和六一年六月一一日民集四〇巻四号八七二頁）。

そのほかに教科書検定（→二六条）や青少年保護育成条例による有害図書規制も事前抑制か否か問題になりました。最高裁はこれらの規制はその発表を全面的に禁止するわけではないので、事前抑制的性格をもつが検閲でも事前抑制でもないこと、教科書検定は政府が福祉国家として児童・生徒の心身の発達段階に応じ必要かつ適切な教育を施し教育の機会均等・教育水準の維持向上を図る責任を果たすための必要かつ合理的な制限であること

（第一次家永教科書訴訟・最判平成五年三月一六日民集四七巻五号三四八三頁）、有害図書の規制は青少年の健全な育成を阻害する有害環境を浄化するための規制として必要やむを得ないこと（岐阜県青少年保護育成条例事件・最判平成元年九月一九日刑集四三巻八号七八五頁）などを理由として、それほど厳格に要件を定めなくても合憲であるとしました。

(5)　表現の内容規制　表現の規制方法には、表現行為が伝達しようとするメッセージの内容に着目した表現内容規制と、メッセージの内容ではなく表現行為の時・所・方法に着目した表現内容中立規制があります。表現内容規制としてコマーシャルやヘイト・スピーチの規制もありますが、代表例として性表現と名誉毀損をとりあげます。

性表現規制の代表として刑法一七五条のわいせつ物頒布罪があります。判例によると「わいせつ」とは「徒らに性欲を興奮又は刺戟《しげき》せしめ、且《か》つ普通人の正常な性的羞恥心を害し、善良な性的道義観念に反するもの」とします。表現行為であるにもかかわらず、わいせつ物頒布を処罰しても違憲とならない根拠として、判例は、性的秩序を守り、最少《（ママ）》限度の性道徳を維持する必要性を指摘し、また人間を他の動物から区別する本質的特徴の一つとして羞恥心をあげ、性行為の非公然性はこの人間性に由来するところの羞恥感情の当然のあらわれであるとしました（チャタレー事件・最大判昭和三二年三月一三日刑集一一巻三号九九七頁）。

名誉毀損につき刑法二三〇条は、公然と事実を摘示して人の名誉を毀損した者を処罰するとします。このような行為も表現であることに変わりはなく、憲法二一条は法律の留保なしに表現を保障するので、名誉と表現行為の調整をはかるために現行憲法施行に合わせて刑法二三〇条の二が追加されました。名誉（＝人の社会的評価）を毀損する表現であっても、摘示された事実が公共の利害に関する事実に係り、かつその目的が専ら公益を図ることにあった場合には、事実の真否を判断し、真実であることの証明があったときは違法性は阻却されるとします（同条一項）。最高裁は、私人の私生活上の行状であっても、その人の社会的活動の性質やその活動を通じて社会に及ぼす影響力の程度いかんによっては「公共の利害に関する事実」に当たる場合となること（月刊ペン事件・最判昭和五六年四月一六日刑集三五巻三号八四頁）、また真実性の証明がなくても公表者がその事実を誤って真実と信じていてかつ信じたことに相当の理由があるときには犯罪成立に必要な故意はなく無罪となること（夕刊和歌山時事事件・最大判昭和四四年六月二五日刑集二三巻七号九七五頁）などを判示しました。

⑹　**表現の内容中立規制**　表現内容ではなく表現形態に着目した規制もあります。道路における街頭演説は一般交通への影響の観点から道路交通法七七条一項四号に規定された許可制に服します。最高裁は「公共の福祉の為め必要あるときは、その時、所、方法等につき合理的に制限できる」とし、道路における演説などによる人寄せは「場合によつては道路交通の妨害となり、延いて、道路交通上の危険の発生、その他公共の安全を害するおそれがないでもないから」許可制をとることも無許可行為を処罰することも許されるとしました（街頭演説許可制事件・最判昭和三五年三月三日刑集一四巻三号二五三頁）。屋外のビラ貼りも屋外広告物法とその委任による屋外広告物条例や軽犯罪法一条三三号によって規制されます。この規制についても最高裁は、「都市の美観風致を維持する」という目的による「必要且つ合理的な制限」であるから許されるとしました（大阪市屋外広告物条例事件・最大判昭和四三年一二月一八日刑集二二巻一三号一五四九頁）。

選挙運動の規制は投票勧誘活動を対象とするので表現内容規制の性質もあり、また国民の参政権と密接に関係する行為の規制です。最高裁は公職選挙法一三八条の定める戸別訪問禁止について、①戸別訪問は買収・利害誘導など不正行為の温床となること、②選挙人の生活の平穏を害すること、③候補者の多額の出費を余儀なくすること、④投票が情実に支配されやすくなることを指摘し、その禁止目的は「意見表明そのものの制約」ではなく、以上の弊害を防止し「選挙の自由と公正を確保する」目的にでたもので、それ以外の方法による意見表明の自由を制約せず単に手段方法の禁止に伴う限度での間接的・付随的制約に過ぎない規制で、そのあり方は立法政策の問題であるとして、合憲としました（最判昭和五六年六月一五日刑集三五巻四号二〇五頁など）。

⑺　**集会の自由**　集会とは、二人以上の人が共通の目的で一時的に一定の場所に集うことです。集会は共通の目的がある点で群衆とは区別され、それ自体は必ずしも表現を目的とはしていません。集会の自由の重要性について最高裁は、集会は「国民が様々な意見や情報等に接することにより自己の思想や人格を形成、発展させ、また、相互に意見や情報等を伝達、交流する場として必要であり、さらに、対外的に意見を表明するための有効な手段」とし、集会の自由は「民主主義社会における重要な基本的人権の一つとして特に尊重されなければなら

ない」としました（成田新法訴訟・最大判平成四年七月一日民集四六巻五号四三七頁）。

集会は複数人が集合して一定の場所を物理的に占拠するので、他者の権利・自由・利益と競合し衝突する可能性を伴います。このような物理的な競合・衝突を未然に調整し予防するため必要最小限度の制約に服します。例えば集団行動につき許可制を設ける、いわゆる公安条例につき最高裁は①一般的な許可制を定めて事前に抑制することは許されない、②特定の場所または方法につき合理的かつ明確な基準の下での事前の許可制または届出制はただちに違憲とはならない、③公共の安全に対し明らかな差迫った危険を及ぼすことが予見されるときは不許可または禁止する規定を置くことができる、としました（新潟県公安条例事件・最大判昭和二九年一一月二四日刑集八巻一一号一八六六頁）。

地方自治法二四四条二項は「正当な理由がない限り、住民が公の施設を利用することを拒んではならない」とし、同条三項は、住民の利用につき「不当な差別的取扱いをしてはならない」とします。公の施設利用につきさらに条例を制定して利用手続や不許可事由を定めるのが一般的です。「公共の秩序を乱すおそれのある場合」といった抽象的な文言を用いた不許可事由を定めることもあります。最高裁はこのような文言の下になされた不許可が争われた事案で、不許可事由の限定解釈の必要性を指摘し、不許可とするには「人の生命、身体又は財産が侵害され、公共の安全が損なわれる危険を回避し、防止することの必要性が優越する場合」と解釈した上で、その危険性の程度は客観的事実よりみて「明らかな差し迫った危険の発生が具体的に予見されることが必要である」としています（泉佐野市民会館事件・最判平成七年三月七日民集四九巻三号六八七頁）。

(8)　結社の自由　結社とは二人以上の人が共通の目的で継続的に団体を形成することをいいます。

近世絶対主義時代の政府（国王）は、権力を集中させて掌握したい欲求から、政治的自律性を有する団体、多元的な権力構造の担い手であった中世以来の各種団体の統制を試みました。近代市民革命後の政府も国家と個人との間に存在するさまざまな中間団体、例えばギルド、教会などを解体して個人を解放することをその目標の一つとしました。この時代は結社の自由にはむしろ否定的な風潮が強かったのです。しかし活動に限界のある個人の枠組みを超えた展望を開く会社や労働組合などの団体の活動は、個人により多くの幸福と利益をもたらすことが広く認められ、また団体固有の利益追求が認められるとして、結社の自由について憲法的保障を与えるのが、一九世紀末葉から世界的傾向となりました。

結社も集会と同様に社会的な力をもつので、その活動が絶対的に保障されるわけではありません。例えば犯罪目的の結社は許されません。憲法秩序の基礎の破壊を目的とする結社は、現行憲法が「闘う民主主義」、つまり民主主義の価値を否認し破壊する勢力を許さない民主主義を採っていると解するか否かによって結論が異なります。ナチスを経験したドイツはそのような勢力は決して許さない立場を採りますが、日本ではその目的が「思想」にとどまる限り保障されると解されています。現行法で問題となるのは破壊活動防止法にある解散指定です。「団体の活動として暴力主義的破壊活動を行う明らかなおそれ」という包括的かつ不明確な規定のもとで集会の開催、機関誌の発行に加えて結社そのものを禁止することができるこの法律について、学説からは違憲であるとの指摘がなされています。

第二二条　① 何人も、公共の福祉に反しない限り、居住、移転及び職業選択の自由を有する。
② 何人も、外国に移住し、又は国籍を離脱する自由を侵されない。

趣　旨　本条一項は居住・移転・職業選択の三つの自由、二項は外国移住・国籍離脱の二つの自由を保障しています。計五つの自由のうち居住・移転・外国移住・国籍離脱の四つは、「身体の所在」に属する生活の本拠(＝住所→民法二二条)を移動する自由、残り一つの職業選択の自由は「経済生活」に属する生計維持活動を選択する自由を保障しています。

背　景　明治憲法二二条は「法律ノ範囲内ニ於テ居住及移転ノ自由ヲ有ス」として居住と移転の二つの自由を定めましたが、その他の三つの自由は定めていませんでした。この条文から解釈として営業の自由を導き出す考え方もありました。

一九一九年に制定されたドイツ共和国憲法(以下「ワイマール憲法」)一一一条は移転の自由の保障とともに「各人は国の任意の地において滞留し、定住し、土地を所得し、又いかなる営業もなしうる権利を有する」と規定しました。居住移転の自由と職業選択の自由が同じ条項に規定されているのは奇異に映るかもしれません。産業革命後急速に進展した工業化社会において、需要に即応する労働力となる人々を調達するため、工場などの施設のある土地への自由な移転を可能とする要請が、この条文構成の背景にありました。

日本では居住移転の自由を経済的自由の中で論じるのが今なお主流です。しかし今やさまざまな理由で人々は住所を変える時代になりました。子どもによい教育環境を求め、また自分の好きな自然や歴史などの環境を求めて移り住みます。居住移転の自由は職業の自由と切り離して「身体の所在」に位置づけられる自由となったのです。

外国への移住と国籍離脱の自由を憲法に規定する例はあまり見られません。明治憲法下の旧国籍法は、当初は帰化による離脱のみを認めていました。一九一六年の同法改正で国籍離脱制度が設けられましたが、兵役義務や主務大臣の許可等の制限がありました。

内　容　(1)　**居住・移転の自由**　国内での生活の本拠の移動を本条一項は居住と移転の自由として、国外への住所の移動を本条二項は外国移住の自由として保障しています。以上の移動は人間の事実としての移動を保障しています。二項の保障する国籍離脱の自由は法的に帰属する国を日本から他の国に移す自由なので法的な移動を保障していることになります。本条は国内の法的な移動には言及していません。しかし事実としての移動を保障しておきながら法的な移動を認めないのは矛盾するので、国内における法的な移動の自由も保障されると解されています。住民基本台帳法もこの自由を前提として定められ、生活実態に応じた異動の届出を拒否することは違法とされました（アレフ信者転入拒否事件・最判平成一五年六月二六日判時一八三一号九四頁）。

(2)　**移動の自由**　人間は一時的に滞在場所を移す旅にも出かけ、通勤・通学・買い物・散歩など日常生活でも移動しながら暮らしています。移転とまではいえない一時的な所在の変更を狭義の移動ととらえたとき、憲法はこのような移動の自由を保障しているのでしょうか。

外国旅行の自由を憲法は保障しているか否かが裁判で争われました。最高裁は本条二項の「外国に移住する自由」には「外国へ一時旅行する自由を含む」としました（帆足計事件・最大判昭和三三年九月一〇日民集一二巻一三号一九六九頁）。生活の本拠を移す大規模な移動の自由を本条が保障している以上、それより小規模な旅行の自由も当然その自由に含まれるとしたのです。人間は動物です。旅行は一時的な滞在場所の移動ですが、さらにより小規模な日常生活のおける移動も本条は保障していると解すべきでしょう。例えば身体に障碍のある人が安全に自由に外出できるようにするため公共施設をバリア・フリーに改造することを義務づける憲法上の根拠も移動の自由に求めることができるでしょう。近時、鉄道のプラットホームへのホームドア設置が進んでいます。これも目の不自由な人が安全に自由に移動できる権利を保障するための施策です。

⑶　**国籍離脱の自由**　本条二項が保障する国籍離脱の自由は日本国籍の人が日本国籍を離脱する自由です。国籍法は本条を受けて「日本国民は、自己の志望によつて外国の国籍を取得したときは、日本の国籍を失う」（同法一一条一項）、「外国の国籍を有する日本国民は、法務大臣に届け出ることによつて、日本の国籍を離脱することができる」（同法一三条一項）とします。国籍離脱の自由には無国籍になる自由は含まれません。重国籍の防止は、国籍唯一の原則という「確立された国際法規」（憲法九八条二項）とされ、外国の国籍を有する日本国民に国籍の選択義務が定められています（国籍法一四条）。ただしこの義務に違反した場合の制裁規定はありません。

⑷　**職業の自由**　現行憲法二九条の財産権の不可侵条項などは、日本が経済的自由主義と資本主義経済体制であることを前提としています。この体制は生計の維持は自らが行うことを原則とし、それは職業の遂行を通じて行われるとするのです。最高裁によれば「職業は、人が自己の生計を維持するためにする継続的活動であるとともに、分業社会においては、これを通じて社会の存続と発展に寄与する社会的機能分担の活動たる性質を有し、各人が自己のもつ個性を全うすべき場として、個人の人格的価値とも不可分の関連を有する」としました（薬局距離制限事件・最大判昭和五〇年四月三〇日民集二九巻四号五七二頁）。

本条一項の文言は職業の選択、つまり職業の開始の自由を保障していますが、この自由を保障する以上、選択した職業の遂行つまり職業活動の自由も論理的に導き出されます。本条一項は営利を目的とする職業を禁止していないので、自己の計算に基づいて営利を追求する職業活動、つまり営業の自由も保障しています。

⑸　**職業の規制のあり方**　職業に対する規制のあり方は、その職業が社会でどう位置づけられるかによって異なります。規制のあり方は①規制をしない放任、②実態を報告させる届出・登録制、③原則禁止として一定の要件をみたす場合に禁止を解除する許可制、③私人に本来はできないことを特に認める特許制、④政府のみが行う国家独占制、⑤全面禁止などがあります。職業は社会的かつ経済的な活動なので社会的相互関連性が大きく、表現の自由などの精神的自由に比較して公権力による規制の要請が強くなります。本条一項に「公共の福祉に反しない限り」とあるのはこの点を確認する趣旨ととらえられています。

(6)　裁判所における審査基準　職業の規制につきその合憲性が争われた事案がいくつかあります。職業の新規参入規制の手法として、既存の業者の店舗から一定の距離を置かないと新規営業は認めないとする距離制限規定が本条に違反するか否かが争われました。

最高裁は、距離制限規定による参入規制が積極目的つまり社会経済全体の均衡のとれた調和的発展を図る目的のものであれば、立法府の裁量的判断を尊重し、立法府がその裁量権を逸脱し当該法制措置が著しく不合理であることが明白である場合に限って違憲無効とできるとしました。小売市場設置についての距離制限規定はこの目的として審査され合憲とされました（小売市場距離制限事件・最大判昭和四七年一一月二二日刑集二六巻九号五八六頁）。この審査手法は「合理性の審査」と呼ばれ立法裁量を大幅に認めるので、緩やかな審査と位置づけられます。

他方、最高裁は新規参入規制が消極目的、つまり人の生命・安全・健康を守る目的の場合は、規制目的が重要な公共の利益を守るためか、そして目的がそうであればその目的達成手段が妥当か否かを、より制限的ではない他の手段によってはその目的を達成できないかという視点からその合憲性を審査するとします。薬局開設許可要件の距離制限規定は、この観点から審査され違憲となりました（前記薬局距離制限事件最大判）。この審査手法は精神的自由の規制の審査よりも緩やかですが、職業の積極目的規制の「合理性の審査」よりも厳しい審査なので「厳格な合理性の審査」と呼ばれ、中間審査と位置づけられます。

消極目的・積極目的という分類は必ずしも自明のものではありません。公衆浴場法に基づく規制の是非が争われた事案において最高裁はかつて消極目的規制とした（最大判昭和三〇年一月二六日刑集九巻一号八九頁）のですが、後に積極目的規制としました（最判平成元年一月二〇日刑集四三巻一号一頁）。消極目的・積極目的という二項対置的な分類ではとらえきれない規制もあります。例えば酒類販売免許制は租税の適正かつ確実な賦課徴収という財政目的なので消極目的・積極目的という分類とは角度が異なります。最高裁はこの免許制の合憲性については合理性の審査を用いてこの規制は合憲としました（酒税法事件・最判平成四年一二月一五日民集四六巻九号二八二九頁）。

第二三条　学問の自由は、これを保障する。

趣　旨　学問とは真理を実証的・体系的・論理的に

探究する人間の営みです。同じ精神的営みでも信仰とは異なり、一定の事象の分析を誰もが納得できる根拠を提示しながら矛盾なく体系的にしかも論理が破綻することなく組み立てられたものでなければなりません。

学問は一個人として真理を知りたいという知的欲求をみたすためのみにあるのではなく、直接・間接に人類の生活の質の向上に貢献するためにあるのです。

背　景　明治憲法には学問の自由に関する規定はなく、学問の自由を抑圧する事件がありました。一九一三年京都帝国大学総長・澤柳政太郎は専断で医・文・理工系の七名の教授を辞職させました。当時の法科大学（後の法学部）の教授・助教授は教授の任免が教授会の同意を得なければならないことの承認を総長に要求しました。総長はこれを拒否したので教授らは辞表届を提出しました。文部大臣は、「教授ノ任免ニ付テハ総長ガ職権ノ運用上教授会ト協定スルハ差支エナク妥当ナリ」として教授の任免について教授会の議を必要とする慣行が確立しました（京大澤柳事件）。

その後一九三三年、京都帝国大学法学部教授・瀧川幸辰の刑法学の著書を内務大臣が発売禁止処分とし、文部大臣が京都帝国大学総長に瀧川の辞職を要求しました。同教授会が反対の意向を表明したにもかかわらず文部大臣は瀧川を休職処分としました（京大瀧川事件）。さらには一九三五年、憲法学の当時の通説を代表する貴族院勅選議員・美濃部達吉の著書を内務大臣が発売禁止処分とし、この説を教室で教えることを禁止した天皇機関説事件もありました。学問の自由や大学の教授会自治を抑圧した歴史が、本条の背景にあります。

内　容　⑴　**学問の自由**　学問の自由は①研究の自由、②研究結果発表の自由、③教授の自由の三つの自由から構成されます。①研究は真理を追究する学問の中核となる営みですが、社会に直接影響を及ぼす活動ではないので内面的精神活動に分類され、憲法一九条が保障する思想・良心のうち学問の特徴をもつものです。研究が純粋に書斎や研究室でなされる思索にとどまれば絶対的に保障されるのですが、実験・フィールドワークなど対外的活動となると、他人の生活に直接影響を及ぼすこともあるので制約を受けることになります。また研究はそのテーマによっては、例えば原子力の研究が大量殺戮兵器の開発の基礎研究になるなど、人類全体に大きな影響を及ぼすものもあります。近時問題となるのは生殖技術など生命科学の領域の研究です。その統制について研究者の自主規制に委ねるべきとする考え方と、法的規制を施すべきとする考え方が対立します。

②研究結果発表は憲法二一条が保障する表現のうち学問の特徴をもつものです。研究とその結果発表の自由は大学など研究機関に属する研究者のみでなく、その内容が学問の特質を備わるものであればすべての人に保障されます。

③教授は学問研究成果を学校などの講義を通じて教える営みです。教授の自由の保障される場が大学等の高等教育機関に限定されるのか、それとも初等中等教育機関まで及ぶのか、考え方は分かれました。最高裁は当初沿革的に大学のみに教授の自由が認められたことを主な理由として、大学にのみ保障されるとしました（ポポロ事件・最大判昭和三八年五月二二日刑集一七巻四号三七〇頁）。しかし後に判例を変更して初等中等教育機関においても教授の具体的内容と方法についてある程度自由な裁量が認められなければならないとしました（旭川学テ事件・最大判昭和五一年五月二一日刑集三〇巻五号六一五頁）。

(2)　**大学の自治**　大学の自治は憲法に明文規定はありません。しかし京大瀧川事件が示すように、研究の自由を守るためには学問研究の中心的組織である大学が政府権力から独立していなければなりません。最高裁は「大学における学問の自由を保障するために、伝統的に大学の自治が認められている」としました（前出・ポポロ事件）。大学の自治の具体的内容は教員人事の自治、施設管理の自治、学生管理の自治と解されています。さらに研究教育の内容および方法の自主決定権、予算管理の自治も含むと解する考え方も有力に説かれています。自治を担う中心的組織は、教授その他の研究者の組織、例えば学部教授会・大学院研究科委員会・評議会などですが、学生も大学の不可欠の構成員として何らかの発言権をもつとする考え方もあります。

第二四条　①　婚姻は、両性の合意のみに基いて成立し、夫婦が同等の権利を有することを基本として、相互の協力により、維持されなければならない。

②　配偶者の選択、財産権、相続、住居の選定、離婚並びに婚姻及び家族に関するその他の事項に関しては、法律は、個人の尊厳と両性の本質的平等に立脚して、制定されなければならない。

趣　旨　本条は「個人の尊重」（→一三条前段）と「法の下の平等」（→一四条一項）という憲法の基本原理を家族関係に反映させる規定です。一項は婚姻と夫婦のあり方、二項は家族のあり方の基本原則をそれぞれ定めています。

背　景　明治憲法に本条に相当する条項はありませんでした。家族の規律は法律が定めるとされていたからです。一八九八年に施行された民法（以下「明治民法」）の家族の規定は、いわゆる家制度をとり、家長である戸主に家族の婚姻の同意権などさまざまな権限を与えました。本条は封建的な家制度を解体して憲法の理念に基づく新たな家族の構築をはかろうとしたのです。本条を受けて一九四七年、民法の親族・相続の二編は全面改正されました。

内　容　(1)　**婚姻の自由**　明治民法の規定は婚姻を家同士の問題と考え、戸主の同意や親の同意がなければ本人同士の合意があっても認めませんでした。しかしこの制限は個人の意思を無視するもので、本条一項は「婚姻は、両性の同意のみに基いて成立」するとしたのです。

「両性」とは、本条の制定当時は男性と女性を想定していたのでしょう。ところが近年、同性同士の婚姻あるいは婚姻に準ずる関係（パートナーなど）を認める国が急増しています。アメリカ合衆国最高裁判所は二〇一五年、同性同士の婚姻関係を承認しない州法を違憲としました。

「婚姻」とは何でしょうか。最高裁は「婚姻の本質は、両性が永続的な精神的及び肉体的結合を目的として真摯な意思をもって共同生活を営むこと」とします（最大判昭和六二年九月二日民集四一巻六号一四二三頁）。確かにこのような共同生活を男女が営むケースが多数派でしょう。しかし「真摯な意思をもって」このような共同生活を営もうとする同性カップルが現に存在します。それを多数派が否定するのは個人の尊重に反するでしょう。下級審判決に、同性婚を認めないのは本条と一三条に反しないとしつつ、一四条一項に反する差別的取扱いに当たり違憲としたものがあります（札幌地判令和三年三月一七日判例集未登載）。

当人同士の同意以外の要素を婚姻要件とすることも禁止されます。民法は①婚姻できる年齢を男性一八歳以上、女性一六歳以上とし（七三一条。この規定は二〇二二年四月一日から両性とも一八歳以上になります）、さらに未成年者（二〇歳未満の者）については父母のいずれかの同意を必要とし（七三七条。この規定は成年年齢を定める民法四条が二〇二二年四月一日から満一八年となることに伴い廃止されます）、②重婚を禁止し（七三二条）、③女性のみに再婚禁止期間（一〇〇日）を設け（七三三条）、④近親者間・直系姻族間・養親子等間の婚姻を禁止し（七三四条・七三五条・七三六条）、⑤戸籍法の定めるところにより届け出ること（七三九条）などを定めます。これらの諸規定も合理性があれば認められます。

③につき再婚禁止期間を六箇月とする旧規定は一〇〇日を超える部分は違憲とされました（最大判平成二七年一二月一六日民集六九巻八号二四二七頁）（→一四条⑹）。

⑵　家族内の平等　本条は「夫婦が同等の権利を有することを基本」とし（一項）、家族に関する諸々の事項についても「個人の尊厳と両性の本質的平等に立脚」すべきこと（二項）を要請しています。この要請に基づき、妻に行為能力を認めない明治民法の規定は廃止されました。明治民法の長男子優先家督相続制も廃止されて同じ親等の直系の尊属・卑属または兄弟姉妹の法定相続分は平等になりました。かつて法律婚保護の見地から兄弟姉妹でも嫡出子（婚内子）と非嫡出子（婚外子）の区別に応じて後者の相続分を前者の半分とする規定がありましたが、二〇一三年、違憲とされて（最大決平成二五年九月四日民集六七巻六号一三二〇頁）（→一四条⑹）撤廃されました。

民法七五〇条は婚姻届の際に「夫婦は、……夫又は妻の氏を称する」とし、戸籍法七四条は「夫婦が称する氏」を届書に記載すると規定しています。この規定のゆえに諸般の事情で夫婦別姓を望む男女は、やむをえずいずれかの姓（氏）を届け出て旧姓を通称として使用し続けるか、それとも事実婚を選択して社会生活を営まざるをえなくなります。しかも法律婚を選択した者のうち九六パーセント以上が夫の氏とするのが実態です。この規定は婚姻の成立要件を両性の同意のみとする憲法二四条一項の文言に明らかに違反しており、姓（氏）を家制度の「家」の呼称から「個人の尊厳」を原理とする個人の呼称への転換を要請した本条の基本理念にも違反していると考えられます。民法七五〇条は文言上、夫または妻のいずれかを選択すると規定して形式的には平等の体裁を取り繕いますが、明治民法制定時に創設された家制度と結合させた日本独特の夫婦同氏制の影響が残る社会の同調圧力を背景に、「性別」に基づく差別禁止（憲法一四条一項）に実質的に違反する状況を生み出しています。しかし最高裁は裁判官の内訳一〇対五でこの規定を合憲としました（最大判平成二七年一二月一六日民集六九巻八号二五八六頁）。

⑶　家族形成の自由　家族のあり方が多様化しつつある今、本条は家族を形成する、あるいは形成しない自由を保障する規定ととらえるべきでしょう。婚姻は家族形成の中心に位置づけられ、婚姻は当人同士の自由意思に基づき決めることができます。婚姻による夫婦の形成は二一条の保障する結社の自由の一類型といえるでしょ

う。これに対して親と子との関係は養親子関係を除いて、子の意思とは無関係に形成されます。親の側からみてこの問題は生殖（reproduction）の自由として一三条が保障する自己決定権の中で、主として避妊・妊娠中絶の自由の問題として議論されてきました。アメリカでは親の選択を優先する pro-choice と母胎に宿る生命を優先する pro-life の対立があり、宗教的な背景もあって政治的問題ともなっています。

その後、生命科学の進展による生殖技術の開発、例えば人工授精・体外受精や出生前診断などによって、母胎に宿った子（＝受精卵・胚・胎児）の生命を人為的にコントロールできる領域が広がってきました。そうすると、声なき受精卵・胚・胎児の生命の尊厳を「個人の尊厳」の中にどのように位置づけるかという難問に取り組まなければならなくなっています。

第二五条　①　すべて国民は、健康で文化的な最低限度の生活を営む権利を有する。
②　国は、すべての生活部面について、社会福祉、社会保障及び公衆衛生の向上及び増進に努めなければならない。

趣　旨　市民革命の成果を明文化する憲法が制定された時代は、日々の暮らしで人々が働いて得たもの、その中心をなす財産を不条理に奪う政府の行為を禁止することに関心がありました。近代立憲主義は個人の自由な活動に政府は原則として介入すべきでないとする消極国家観を採用し、憲法の保障する権利として「国家（政府）からの自由」を中心に位置づけました。生きることは自らの力によることが当然とされ、生きる保障は政府の義務とは考えなかったのです。しかし現実の生活は誠に厳しく、災害や病気などやむをえない理由によって生きる糧を自力で得られない人々もいました。

一九世紀、産業革命による急激な社会構造の変化の嵐の中で貧富の格差はますます広がり、労働者階級中心の政府を指向する共産主義思想が考案され普及すると、政府が個人の生存を保障すべしする考え方が提唱されるようになります。

本条はこのような考え方に基づき、政府が人たるに値する最低限度の生活を営むことを権利として保障し、生活環境の向上と増進に努める義務を政府に課したのです。

背　景　明治憲法に本条に相当する条項はありません。当時は生存を自己責任とする近代立憲主義時代の考え方が一般的であったからです。そんな風潮の中、一九一九年のワイマール憲法一五一条一項は「経済生活の秩序は、すべての者に人間たるに値する生活を保障する目的をもつ正義の原則に適合しなければならない。この限界内で、個人の経済的自由は確保されなければならない」と定めるに至り、社会的経済的弱者保護の見地から政府が市民生活に積極的に介入する、つまり「国家（政府）による自由」を認める現代立憲主義が、その幕開きを迎えました。福祉に関する規定はマッカーサー草案にもあり、それが本条二項の下敷きとなりました。これに対して本条一項は内閣草案にもなく、衆議院の審議過程で修正追加されました。それはワイマール憲法の理念を受け継ぎ「権利」として「憲法で文化的な生活を営む」ことを保障した点において画期的でした。

内　容　(1)　**「健康で文化的な最低限度の生活を営む権利」の法的性格**　ワイマール憲法一五一条一項も、国政の指針たるプログラムを宣言したもので、権利を定めてはいないと解釈されていました。日本の最高裁もそれにならってこの規定を国政運営についての責務を宣言したもので、国家は個々の国民に対して具体的、現実的な義務を有するものではないとしました（食糧管理法事件・最大判昭和二三年九月二九日刑集二巻一〇号一二三五頁）。

その後、生活保護費が低額であると争われた事案においても、具体的権利は憲法の趣旨を実現するために制定された生活保護法によってはじめて与えられるとしました。ただしこの法律のもとで厚生大臣（現厚生労働大臣）の定める保護基準は生活保護法所定の事項を遵守したものであることを要し、結局には憲法の定める健康で文化的な最低限度の生活を維持するに足りるものでなければならない、としました。しかし、この概念は抽象的な相対的概念で、その具体的内容は文化の発達、国民経済の進展に伴って向上するのはもとより、多数の不確定的要素を総合考量してはじめて決定でき、何が文化的な最低限度の生活かの認定判断はその合目的的裁量に委ねられているけれども、現実の生活条件を無視して著しく低い基準を設定するなど憲法・生活保護法の趣旨・目的に反し裁量権の限界をこえた場合または裁量権を濫用した場合には、違法な行為として司法審査の対象となるとしました（朝日訴訟・最大判昭和四二年五月二四日民集二一巻五号一〇四三頁）。

この判決の考え方は抽象的権利説と呼ばれています。本条一項から直接具体的な権利が出てくるのではなく、法律によってはじめて認められるとしました。もっとも、本条項は生活保護法の下で具体的な生活保護基準を行政機関が定める際の裁量の限界を画するとしたので、少なくとも客観的法規範としての機能は認めたと解されます。

(2)　立法裁量の審査　障害福祉年金と児童扶養手当の併給制限の合憲性が争われた事案では朝日訴訟と異なり、本条の法律制定に対する法的効力が争点となりました。この局面でも憲法二五条の規定の趣旨にこたえて具体的にどのような立法措置を講ずるかの選択決定は立法府の広い裁量に委ねられており、それが著しく合理性を欠き明らかに裁量の逸脱・濫用とみざるをえないような場合を除き、裁判所が審査判断するに適しないとしました。そして併給調整と給付額の決定は裁量の範囲内としています（堀木訴訟・最大判昭和五七年七月七日民集三六巻七号一二三五頁）。

その後、生活保護をめぐる紛争は立法裁量を前提とした上で裁判所の審査手法をめぐり新たな展開がみられます。例えば、生活保護の老齢加算（七〇歳以上）を段階的に減額・廃止したことが違憲・違法であると争われた訴訟において最高裁は、①厚生労働大臣の専門技術的かつ政策的な見地からの裁量権を認めつつ、最低限度の生活の具体化に係る判断の過程および手続における過誤・欠落の有無等の観点からみた裁量権の範囲の逸脱または その濫用があると認められる場合、あるいは②廃止に際し激変緩和措置等を採るか否かの方針およびこれを採る場合において現に選択した措置が相当であるとした判断に被保護者の期待的利益や生活への影響等の観点からみて裁量権の範囲の逸脱またはその濫用があると認められる場合には違法になるとする手法、いわゆる判断過程審査を行いました（最判平成二四年二月二八日民集六六巻三号一二四〇頁）。

(3)　社会福祉・社会保障・公衆衛生の向上と増進　本条二項はすべての生活部面、つまり衣食住その他あらゆる側面における政府の配慮を要請し、一項よりもその対象は広範囲に及びます。

「社会福祉」とは生計維持に困難な者や心身に故障のある者に対して必要な救護を与える制度です。無拠出制つまり一般租税を主たる財源にして金銭給付をなす公的扶助のほか、医療・住宅給付等を行う狭義の社会福祉があります。生活保護法はその中核の法律です。「社会保障」とは広義には社会福祉を含みますが拠出制つまり保険料を主たる財源として傷病・死亡・老齢等の事由（保険事故）が発生したとき被保険者やその家族に医療給付・金銭提供などを行う社会保険を中心とする制度です。例として国民健康保険法や国民年金法があります。「公衆衛生」とは国民の健康の保全・増進を行う制度のことです。例として地域保健法、予防接種法、感染症予防法があります。

(4)　二項の位置づけ　本条二項を国に事前の積極的防貧施策をなすべき努力義務があることを宣言したものとし、一項を二項による防貧政策の実施にもかかわらずなお落ちこぼれた者に対して国は事後的、補足的かつ個別的な救貧政策をなすべき責務のあることを宣言したものとする下級審判例もあります（堀木訴訟控訴審判決・大阪高判昭和五〇年一一月一〇日行集二六巻一〇＝一一号一二六八頁）。ただし、二項は福祉国家の理念に基づき社会的立法および社会的施設の創造拡充に努力すべきことを国の責務として宣言したものと解するのが一般的です。

(5)　本条と国籍要件　本条の保障が外国人に及ぶか否かという問題があります。国籍要件は拠出制の社会保険（健康保険、厚生年金保険、雇用保険、労災保険など）にはなく、無拠出制の社会保障（国民年金、福祉年金、児童扶養手当、児童手当など）にはあります。しかし一九五四年以降の実務の運用では困窮した外国人にも準用して国民に準じた保護を行いました。最高裁は、外国人は行政庁の通達などに基づく行政措置により事実上の保護の対象となりうるにとどまり、生活保護法に基づく保護の対象とはならないとしました（最判平成二六年七月一八日訟月六一巻二号三五六頁）。生活保護は人が生命を維持するための最低限の保障です。生命を維持することさえ困難な状況にある人を救済するか否かを国籍の有無によって区別する発想を憲法が許容することは決してないでしょう。

> 第二六条　①　すべて国民は、法律の定めるところにより、その能力に応じて、ひとしく教育を受ける権利を有する。
> ②　すべて国民は、法律の定めるところにより、その保護する子女に普通教育を受けさせる義務を負ふ。義務教育は、これを無償とする。

趣　旨　教育は個人にとって経済生活においても精神生活においても重要な意味があります。個人が経済的に自立して生き抜くためには昔にいう「読み、書き、そろばん」の能力が必要です。憲法二五条の生存権は人間としての最低限の生活を保障しますが、生存権が登場するのは傷病などで生活に困窮したときに限りません。本条は、生存を自ら確保する経済生活の維持に必要な知識と技能の習得機会の政府の提供義務を定めました。

さらに個人が精神的に自律して自分の頭脳で考えるためには、基礎的教養と考え方を身につけなければなりません。人が自律した個人になるために必要な思想と良心を作り上げる精神生活にも、教育は深くかかわっています。

本条一項は国民一般に教育を受ける権利を保障し、二項は子どもに教育を受けさせる義務を保護者に課し、さらに義務教育を無償で提供する義務を政府に課しました。

背　景　日本の教育は歴史的に、長く私的営みとして行われました。政府が教育を制度化して一般国民に提供し始めたのは比較的新しい事象です。明治政府は西欧列強に対抗するため、一八七九年から八〇年にかけての教育令の施行を端緒に、公教育制度の整備を始めました。その後一八九〇年の小学校令によって公立小学校おける義務教育を原則とする近代的教育制度が完成しました。明治憲法に教育に関する条項はありませんが、教育は兵役・納税とならぶ臣民の三大義務の一つと説かれました。

現行憲法は、明治憲法下においても重要と位置づけられた教育を、前条の生存権の保障と並んで定めたのです。

内　容　**(1)　教育を受ける権利**　本条は教育を受ける権利を保障しています。教育というと子どもが受ける学校教育を思い浮かべます。しかし本条一項にあるように大人も含めすべての人にこの権利は保障されるのです。大人を含む教育は生涯学習の理念としてうたわれ(教基三条)、社会教育(同一二条)と呼ばれています。その趣旨を具体化するため図書館法や社会教育法などが制定され、図書館・博物館・公民館などが設置されています。

憲法一四条は「人種、信条、性別、社会的身分又は門地」による差別を禁じますが、教育を受ける権利は「その能力に応じて、ひとしく」保障されるので、個人の「能力」に応じて、例えば学力によって教育を受ける者を選別することは認めます。ただし「能力」が同じであるのに、差別することは許されません。

(2)　子女の義務教育　本条二項前段は、「子女」を「保護する」者(以下「保護者」)に、「普通教育」を受けさせる義務を定めます。子女とは息子と娘(息女)のことで、「子ども」といった方が分かりやすいかもしれません。この条文に登場するのは子どもと保護者だけです。しかし公教育は政府に提供義務があり、教育は子ども・保護者・政府の三者をめぐる関係になります。この三者それぞれの視点からみると子どもには「教育を受ける権利」(＝学習権)、保護者には子どもに教育を受けさせる義務と政府に学校制度の整備を要求する権利、政府には子どもと保護者に学校制度を提供する義務と保護者が子どもに対して負う就学義務を履行させる権限が導き出されます。学校教育法は就学義務を罰則付きで規定し（同法一六条以下、一四四条参照）、場合によっては政府が保護者に代わり子どもを教育する義務を負うのです。

教育の義務を憲法上の義務と呼ぶのは誤解を招きかねません。本条二項の主眼は子どもの学習権の保障にあります。子どもには義務はなく、登校できない子どもにはその子どもの事情に適合する教育の提供義務が政府に課されるのです。

「普通教育」とは本来は専門教育と対比される教育をいい、対象を限定しない広範かつ一般的な範囲の教育のことですが、本項前段の規定する「普通教育」は社会で自立して生きるために必要な教育のレベルを指すとされています。現時点では前期中等教育に当たる中学校までの教育が義務教育とされています（学教二九条・四五条）。高度に複雑化した社会で自立するためには後期中等教育に当たる高等学校まで含めるべきとする考え方もあります。

(3)　義務教育の無償　教育を受けるには教材や文具などを入れるカバン、学校に通う服装、体操服、靴などさまざまな物が必要です。本項後段が無償の対象とする範囲について、法律は授業料に限定し（教基五条四項、学教六条）、最高裁もこれを追認しています（最大判昭和三九年二月二六日民集一八巻二号三四三頁）。ただし一九六三年以来、義務教育学校における教科用図書（＝「教科書」）は法律に基づき無償で配布されています。

(4)　教育内容に対する政府の介入　教育行政の原則として「不当な支配」の排除があります（教基一六条一項）。教育内容への政府の介入が争点となった事案において、最高裁は、政府は「必要かつ相当と認められる範囲において、教育内容についてもこれを決定する権能を有する」が、「政党政治の下で多数決原理によつてされる国政上の意思決定は、さまざまな政治的要因によつて左右されるものであるから」、「国家的介入についてはできるだけ抑制的であることが要請され」、「例えば、誤つた知識や一方的な観念を子どもに植えつけるような内容の教育を施すことを強制するようなこと」は許されないとしました（旭川学テ事件・最大判昭和五一年五月二一日刑集三〇巻五号六一五頁）。

高等学校まで使用される教科書は文部科学大臣の検定を経たものか、文部科学省が著作の名義を有するものとされています（学教三四条・四九条・四九条の八・六二条・七〇条・八二条）。実際には各分野の専門家が執筆したものが大半で、それが学習指導要領に準拠しているか否かを検定して合格となったものを各学校が使用する制度になっています。この検定が憲法二一条の禁止した「検閲」に当たるのではないか、一九条の保障する思想・良心の自由、二三条の保障する学問の自由を侵害するのではないかとして、高等学校用教科書として不合格処分を受けた執筆者が取消訴訟と損害賠償請求訴訟を提起しました。

最初に出された取消訴訟の第一審判決（第二次家永教科書訴訟・東京地判昭和四五年七月一七日行集二一巻七号別冊一頁）は、審査が「思想内容に及ぶものでない限り」検閲に該当しないとしつつ「教科書検定は、国が福祉国家として、小学校、中学校、高等学校において児童、生徒の心身の発達段階に応じ、必要かつ適切な教育を施し、教育の機会均等と教育水準の維持向上を図るという その責任を果たすため」の諸施策の一つであるから「公共の福祉の見地からする必要かつ合理的な制限」であるとしました。しかし「教科書検定における審査は教科書の誤記、誤植その他の客観的に明らかな誤り、教科書の造本その他教科書についての技術的事項および教科書内容が教育課程の大綱的基準の枠内にあるか」という「限度を超えて、教科書の記述内容の当否にまで及ぶ」として違憲としました。

最高裁は、検定制度は一般図書としての発行を妨げず発表禁止目的や発表前の審査などの特質がないから検閲ではなく、また思想の自由市場への登場を禁止する事前抑制そのものではないので合理的で必要やむをえない程度のものであれば二一条一項に違反しないとします。ただし文部大臣（現文部科学大臣）の判断の過程に検定当時の学説状況・教育状況についての認識や検定基準に違反するとの評価等に看過しがたい過誤がある場合には裁量権の範囲を逸脱し国家賠償法上違法になるとしました（第一次家永教科書訴訟・最判平成五年三月一六日民集四七巻五号三四八三頁、第三次家永教科書訴訟・最判平成九年八月二九日民集五一巻七号二九二一頁）。

第二七条　① すべて国民は、勤労の権利を有し、義務を負ふ。
② 賃金、就業時間、休息その他の勤労条件に関する基準は、法律でこれを定める。
③ 児童は、これを酷使してはならない。

趣旨　職業には自営業と、会社などに雇われ働く雇用労働があります。二二条一項の「職業」には両方が含まれますが、本条は雇用労働者つまり勤労者の権利を保障する規定です。法律では「勤労」ではなく労働基準法などのように「労働」という言葉を使うのが一般的です。

背　景　明治憲法には本条に相当する条文はありません。立憲主義の初期は「身分から契約へ」と転換を図る時期で、個人の権利義務関係は本人の自由意思に基づいて定めるべきものとされました。契約自由の原則は雇用関係にも適用されます。契約関係の一方当事者に契約内容につき有利な条件を法律で定めることはこの原則に反すると考えられたのです。一八九六年に制定された民法に規定された雇傭（現「雇用」）契約の諸条項（六二三条から六三一条）もこの原則に基づいています。ところが使用者と労働者の現実の力関係では使用者が圧倒的優位に立ちます。

資本主義経済が高度に展開した一九世紀後半から二〇世紀初頭のアメリカ合衆国において現実の力関係の差から生じる労働者の苛酷な労働条件を改善するため、労働者を保護する州の各種の法律が制定されました。しかしそれらは契約自由の原則を侵害するという理由でほとんどが合衆国最高裁判所によって違憲とされていきました。この歴史的経験に基づき憲法二七条二項・三項は、労働者が苛酷な労働環境に苦しまないように労働者保護立法が違憲とならないように定められました。

内　容　(1)　**勤労の権利と義務**　本条一項は働く権利を規定しますが、職を求める個々の人に具体的に職場を提供する義務を政府に課してはいません。働く意思のある人に働く機会の情報を提供する義務を政府に課しているだけです。日本は働くか否か、どのように働くかなどを決めるのは個人の選択と考える自由主義経済体制をとるからです。ただし働く能力がありその機会もあるのに働く意欲をもたず実際働かない人には生存権は保障されないという意味で、本条は法的効力があるとされることもあります。しかし生存権は諸般の事情で働けない人に最低限度の生活を保障するものなので、本項と関係なく生存権の受給要件をみたしていないとして生活保護の対象から除かれます。

勤労の義務は国民の三大義務の一つとされています。マッカーサー草案には「働ク権利」、内閣草案には「勤労ノ権利」のみを置き、義務規定はありませんでした。その後、憲法制定過程で「働かざる者、食うべきにあらず」という古くからある道徳に固執する議員の主張を取り入れたのです。この義務は法的義務ではなく道徳上の義務を表したものにすぎません。仮に勤労の義務を法的義務とすれば強制労働を禁止する一八条と矛盾することになります。

(2)　勤労条件の法律による保障　雇用労働は労働契約の締結によって始まり、契約内容に基づいて権利と義務が生まれるので、契約自由の原則にしたがえば「賃金、就業時間、休息その他の勤労条件」は当事者の合意に基づき決まることになります。しかし現実には使用者が優位に立つので、本条二項は労働契約の内容につき法律が規制できる根拠を明示しました。労働基準法・最低賃金法・労働安全衛生法・男女雇用機会均等法・職業安定法・労働施策総合推進法・労働契約法などが定められ、個々の労働者の働く条件が守られています。

(3)　児童の酷使の禁止　本条三項は年少者を過酷な条件の下で働かせることを禁止します。各国の歴史でも大人の意思に逆らえない児童を労働者として酷使し虐待してきた例が多くみられました。一八条前段の「奴隷的拘束」を児童の特性から拡大した概念が「酷使」といってよいでしょう。労働基準法は年少者の労働条件につき特別な規定を設けています（五六条以下）。児童の性的搾取禁止の面では、一九九九年に児童買春・児童ポルノ禁止法が制定されました。

第二八条　勤労者の団結する権利及び団体交渉その他の団体行動をする権利は、これを保障する。

趣　旨　憲法二七条二項に基づき制定された法律によって労働時間や賃金などの労働条件が保障されているといっても、それは最低限の保障でしかありません。法律はあらゆる職種・地域に適用されることを想定して制定されるので、抽象的なものにならざるをえません。個々の労働者が使用者と単独で交渉しても労働条件を改善することは現実的には困難です。しかし一人では非力な労働者も多数で団結すれば使用者と対等の立場で交渉することができます。労働者は経験を通じてそれを学びました。本条は労働者と使用者の現実の関係を直視して労働者に「団結する権利及び団体交渉その他の団体行動をする権利」を保障しました。

背　景　明治憲法二九条は結社の自由を定めました。労働者の団体の結成もこの自由に含まれています。一八九七年には労働組合期成会が結成されました。しかし一九〇〇年に制定された治安警察法一七条は同盟罷業（ストライキ）への誘惑・煽動などを刑罰を背景に禁止したので、実質的に労働組合の結成と争議行為実行は不可能でした。警察犯処罰令、治安維持法なども労働運動の弾圧に利用されましたが、一九一二年、友愛会（後に総同盟）が結成され、一九二六年、治安警察法一七条が廃止され労働争議調停法が制定されて争議行為の自由が認められました。しかし満州事変後の一九三八年、産業報国会が作られ総同盟も解散しました。

アジア太平洋戦争の敗戦後、GHQの指示により、労働組合法・労働関係調整法・労働基準法のいわゆる労働三法と呼ばれる法律が制定されました。これによって労働団体は、憲法上の地位を確立したのです。

内　容　(1)　**労働三権**　本条は労働者に労働三権と呼ばれる権利を保障しています。第一は団結権です。これは労働条件などの労働環境の維持・改善のため使用者と対等に交渉できる団体を結成する権利です。団体には一時的に活動する争議団と、継続的に活動する労働組合があります。

第二は団体交渉権です。争議団・労働組合が労働環境の維持・改善のために使用者と対等の立場で交渉して、合意の結果を相互に拘束する労働協約を締結する権利です。労働協約には一定の要件をみたせば協約の直接の当事者ではない労働者も拘束する効力があります（労組一七条参照）。

第三は争議権です。団体行動権ともいわれ争議団・労働組合が使用者側に譲歩を迫り労働環境の維持・改善の合意をとりつける手段として実力の行使である争議行為ができる権利です。争議行為にはストライキ（同盟罷業）、サボタージュ（怠業）などがあります。これらの行為は外形的には刑法上の威力業務妨害罪（刑法二三四条）や騒乱罪（同法一〇六条・一〇七条）などに、また民法上も債務不履行（民法四一五条）か不法行為（同法七〇九条）に当たります。本条は争議行為が外形的にこれらに当たるとしてもそれが正当なものであれば違法性を阻却し解雇もされない一種の免責特権を与えます。もちろん何をしても許されるわけではありません。その目的はあくまで労働環境の維持・改善を目指すものでなくてはならず、また手段も暴力の行使や他人の生命・身体への加害に及ぶものであってはならないのは当然です。労働組合法は労使紛争を解決するための第三者機関として労働委員会の設置を定め、使用者が労働者との交渉に応じないなど労働組合の活動を妨害する不当労働行為からの救済や、労働争議の調停・仲裁などの手続を定めています。

(2)　**公務員の労働基本権**　人権規定は本来政府と私人の間のルールなので、政府が雇用する公務員にも本条の保障する労働基本権が直接及ぶはずです。実際憲法制定直後はそのように処理されていました。ところが公務員が指導する労働運動が政治運動化したことから、GHQは一九四八年に政策を転換し、その指示で出された政令二〇一号が公務員の争議権を奪いました。サンフランシスコ平和条約によって日本が独立を回復した後も国家公務員法・地方公務員法にこのような制限は引き継がれ、現在に至ります（国公九八条二項、地公三七条参照）。

警察官・自衛官・消防署職員など実力行使を職務内容とする執行機関の公務員には労働三権はすべてなく、非現業（事務職）の公務員には団結権・団体交渉権は完全には認められず争議権はありません。現業（企業経営などに関する非権力的な職務）の公務員には団結権はあるのですが団体交渉権はほとんどなく争議権は禁止されています。

以上の制限の合憲性が裁判で激しく争われました。当初最高裁は公務員が国民全体の奉仕者として公共の利益のために勤務し全力を挙げてこれに専念しなければならないという理由でこのような扱いは当然としました（政令二〇一号事件・最大判昭和二八年四月八日刑集七巻四号七七五頁）。ところが争議行為のあおり行為をしたとして起訴された事案において、最高裁はその処罰規定を限定解釈して政治ストや暴力を伴うストなど異常な争議行為に関する異常なあおり行為のみが処罰されるとして処罰される行為を二重に絞り込む判決を下しました（全逓東京中郵事件・最大判昭和四一年一〇月二六日刑集二〇巻八号九〇一頁）。

しかしその後最高裁はその判断を翻して、公務員は全体の奉仕者であること、公務員の給与は国会が法律で決定する事項であり争議は財政民主主義に反すること、民間企業のように市場の抑止力がないこと、人事院勧告という代償措置があることを理由として、争議行為の禁止とあおり行為の処罰は全面的に合憲であるとしました（全農林警職法事件・最大判昭和四八年四月二五日刑集二七巻四号五四七頁）。

> 第二九条　①　財産権は、これを侵してはならない。
> ②　財産権の内容は、公共の福祉に適合するやうに、法律でこれを定める。
> ③　私有財産は、正当な補償の下に、これを公共のために用ひることができる。

趣旨　本条は経済生活の基礎になる財産権を保障する規定です。一項には財産権の重要性を「侵してはならない」として極めて強く保障してします。しかし財産権には他の権利と異なる特性があります。他の権利はその人の同意があっても譲渡・放棄できませんが（↓一一条⑴）、財産権は金銭に換算可能なので、三項は公共のためであればその価値に見合った金銭（＝「正当な補償」）の提供と引き換えに、その財産に個性があっても権利者の意思に反してそれを取り上げ（＝収用）または制限できます。

一九世紀の産業革命を経て富の偏在と経済格差の是正の必要性が認識されるようになると、財産権の絶対性に対する疑問が呈され、実質的公平の確保と富の再配分が要請されるようになりました。二項はこのような財産権に対する見方の変化が投影されて、財産権は法律によってその内容を制限することができると定めました。

背　景　ジョン・ロックが自然権の内容としたプロパティー（property）の言葉が所有権という意味ももつことが示すように、近代に憲法が制定された時、所有権は人権の中でもとりわけ重要な権利と考えられていました。フランス人権宣言一七条も、「所有権は、神聖かつ不可侵の権利」とし、明治憲法二七条一項も「日本臣民ハ其ノ所有権ヲ侵サル、コトナシ」としました。本条一項は所有権をより広く「財産権」ととらえ、当時の財産についての考え方が投影されています。ただし譲渡・放棄が可能というこの権利の特性からフランス人権宣言一七条は「何人も、適法に確認された公の必要が明白に要求する場合で、かつ、正当かつ事前の補償のもとでなければ、これを奪われない」として政府が権利者の意に反してそれを奪うことも認めていました。本条三項にその趣旨が引き継がれています。明治憲法二七条二項も「公益ノ為必要ナル処分ハ法律ノ定ムル所ニ依ル」としました。しかしこの規定は補償への言及はなく、補償なしに所有権を剥奪することが可能でした。特にアジア太平洋戦争中には、それが防災を理由として広く行われました。

所有権の位置づけは二〇世紀になると新たな社会権の保障とともに変わります。それはワイマール憲法一五三条三項の「所有権は義務を伴い、その行使は、同時に公共の福祉に役立つべきである」に代表されます。所有権の絶対的保障は消極国家（＝自由放任主義）の下では通用しましたが、少数の資産家による富の独占の時代になると、生産手段をもたない大多数の人々の生存と自由を脅かすようになりました。経済的・社会的弱者を保護するために所有権をはじめ財産権のあり方に政府が介入して制限を加える積極国家への転換が、時代の要請となったのです。生存権の保障と経済的自由の制限は富の再分配の観点から表裏一体の関係であるとの認識が共通理解となったのです。

内　容　(1)　**私有財産制の保障**　財産権の制限が

問題となった事案で最高裁は、本条は「私有財産制度を保障しているのみでなく、社会的経済活動の基礎をなす国民の個々の財産権につきこれを基本的人権として保障するとともに、社会全体の利益を考慮して財産権に対し制約を加える必要性が増大するに至つたため、立法府は公共の福祉に適合する限り財産権について規制を加えることができる」としました（森林法事件・最大判昭和六二年四月二二日民集四一巻三号四〇八頁）。その後半部分は先に述べた財産権の位置づけの変化を判示するのですが、問題は前半部分にあります。本条のどこにも「私有財産制度を保障している」と書いてないのになぜこう判示したのでしょうか。

この説明は一九一九年に制定されたワイマール憲法をめぐるドイツの憲法理論の影響を受けたものです。一九一七年にロシアの共産主義革命が起こりました。第一次世界大戦の敗戦国となったドイツは多額の賠償金を義務づけられたため経済的に困窮しました。ドイツの議会の多数派を占めるのは社会の実態を反映し富裕層の代表ではありませんでした。所有権を絶対不可侵なものから法律による制限可能なものとしたワイマール憲法の下で、少数派である富裕層は法律による資産の国有化を恐れました。法律による資産の国有化が不可能であることを理論的に基礎づけるために、「憲法が前提とする制度は、法律によって改変するのは不可能」とする「制度的保障論」が考案され有力になりました。最高裁の判旨はこのような事情を背景としています。

現行憲法は職業活動の自由（二二条一項）と財産権を保障し（本条一項）、財産権をその意思に反して取り上げるのであれば補償が必要です（本条三項）。これらの規定は私有財産制と自由主義経済体制を前提とすることは明白で、あえて本条が私有財産制を保障していると述べる必要はありません。仮に権利者の意思に反して財産を国有化するとすれば「正当な補償」が支払わなければなりません。二〇世紀初頭の政治状況の下で説かれた理論を現在の日本に登場させる必要性はないのです。

(2)　**財産権の内容**　所有権は民法二〇六条以下にその内容が規定されていますが、本条は所有権ではなく「財産権」と規定しています。「財産権」としたので保障の範囲は著しく広くなりました。民法が規定したその他の物権にとどまらず各種債権にも及び、さらに個別の法律や慣習法で認められた知的財産権・鉱業権・漁業権・水利権・入会権などにまで及びます。以上を踏まえて財産権を定義すると「市場における交換価値と主観的な使用価値のあるものに対する権利」となるでしょう。

(3)　許される制限　法律による定めであればどのような制限も許されることにはなりません。かつて森林法は、共有林の分割につき共有持分二分の一以下の共有者による分割請求を禁止していました。最高裁はこの規定の立法目的が森林細分化防止による森林経営の安定を通じた森林生産力の増進にあり、これは国民経済の発展に資するもので公共の福祉に合致するとしました。しかし分割制限という方法には合理性と必要性がないとして違憲としました（前出・森林法事件）。

本条二項は、「法律でこれを定める」とします。地方公共団体が制定する条例による制限の問題は後述します（→九四条(4)）。

(4)　補償の要否　本条三項の「私有財産は……公共のために用ひる」とは、典型的には病院・学校・道路などの公共施設のために私有財産、特に土地の所有権を政府が取り上げること、つまり公用収用を意味しています。さらにこれにとどまらず、公共目的のためにその使用を制限する公用制限も含みます。保安林指定や重要文化財に対する現状変更の制限などがこれに当たります。

このような制限すべてに補償が必要なわけではありません。財産権相互の調整やその他の憲法上の権利・自由との調整のための制限、財産権の本来の利用目的に沿ってその効用を高めるための制限は、権利に内在する制約として補償は不要です。これに対してそれが「特別の犠牲」を強いる場合には補償が必要と解されます。つまりその制限が財産権に内在する制約として許される程度を超えた強度なものか、そしてそれが限られた特定の人のみに課されるものか、という二つの角度から補償の必要性が判定されます。

(5)　正当な補償　正当な補償の意味につき、その財産の市場価格の全額と解する完全補償説と、合理的に算出される相当な額であれば市場価格を下回ってよいとする相当補償説が対立していました。戦後の農地改革に伴う農地の強制買収については相当補償説に基づき、極めて安い価格による収用が認められました（最大判昭和二八年一二月二三日民集七巻一三号一五二三頁）。しかしこれは自作農創設という戦後の大改革の下での特殊な政策の一環として認められた例外で、原則は完全補償説をとるべきです。最高裁も土地収用法につきこの説を採用しています（最判昭和四八年一〇月一八日民集二七巻九号一二一〇頁）。

第三〇条　国民は、法律の定めるところにより、納税の義務を負ふ。

趣　旨　納税義務は教育・勤労と並んで国民の三大義務と呼ばれています。確かに納税は万国共通の義務です。租税は、市場に任せられない公共的な職務を担う政府の活動の財源を調達するために、政府が国民に負担を求める金銭あるいは金銭に代わるものです。

本条は、国民代表である議員が集う国会が決めないと国民は税を払わない権利があるということ、つまり国民の租税政策における参政権を確認したものです。この趣旨は憲法八四条に租税法律主義として規定されています。

背　景　明治憲法二一条も納税義務を定めました。

フランス人権宣言一三条にも「公的強制の維持及び行政の支出のために、共同の租税が不可欠である。共同の租税は、すべての市民の間で、その能力に応じて、平等に分担されなければならない」とする義務規定がありました。同時に同一四条には「すべての市民は、自ら、またはその代表者によって、公の租税の必要性を確認し、それを自由に承認し、その使途を追跡し、かつその数額、基礎、取立て、および期間を決定する権利をもつ」としています。

フランス市民革命の原因はいろいろありますが、この時期の国王の恣意的な増税が引き金の一つとなったことは確かです。アメリカ独立革命の主たる原因がイギリス議会のアメリカ植民地に対する課税であったことはよく知られています。「代表なければ課税なし」というスローガンが独立戦争遂行の力となりました。

内　容　本条の適用対象は国民ですが、国民であっても担税力のない者には間接税以外は納税義務はなく、また法人にも納税義務があり、国籍がなくても納税義務が発生することがあります。これは租税の内容が法律によって定められ、その法律の内容が憲法の他の条項に反しない限り立法政策に委ねられているからです。この点につき最高裁は「租税法の定立については、国家財政、社会経済、国民所得、国民生活等の実態についての正確な資料を基礎とする立法府の……裁量的判断を尊重せざるを得ない」としました（サラリーマン税金訴訟・最大判昭和六〇年三月二七日民集三九巻二号二四七頁）。

> 第三二条　何人も、法律の定める手続によらなければ、その生命若しくは自由を奪はれ、又はその他の刑罰を科せられない。

趣　旨　国家による究極の権利制限が刑罰です。刑罰には極刑の死刑をはじめ刑務所に収監する自由刑の懲役・禁錮・拘留、金銭を収奪する経済刑の罰金刑・科料のほか、付加刑としての没収があります（刑法九条）。本条はこのような重大な不利益を課すに当たって慎重を期すためにきちんとした手順を踏むべきことを権利として保障しました。

背　景　明治憲法には手続の保障に言及する条文はなく、手続よりも実体、つまり「何があったのか（＝要件の基礎となる事実）」の解明と、それに対して「どう処理すべきか（＝効果）」の判断を重視する思考（＝実体的真実主義）が支配しました。

本条は手続を重視するイギリス流の自然的正義（natural justice）の精神に基づきアメリカ合衆国憲法第五修正・第一四修正にある「何人も、法の適正な過程（due process of law）によらずに、生命、自由または財産を奪われることはない」とする規定に現れた、手続を重視する思考（＝適正手続主義）の下に定められました。

内　容　本条は手続を法律で定めるべきことを義務づけています。そこで法律で定められてさえあれば、手続の内容はどのようなものでもよいのかという問題が生じます。本条が手続の公正を重要視する精神を継承していること、憲法が法定を要求するのにその内容に関知しないとするのはおかしいことなどを理由に、法定される手続の内容は適正でなければならないとされています。

(1)　手続の適正　手続の適正の不可欠の要素は「告知（notice）」と「聴聞（hearing）」です。告知とは刑罰を科す際、事前に相手やその他の関係人にその内容を予告すること、聴聞とはこのような人に意見や反論を述べる機会を与えることです。最高裁も「告知と聴聞」を「告知、弁解、防禦の機会を与えるべきこと」と表現して、本条はこれを要求しているとしました（最大判昭和三七年一一月二八日刑集一六巻一一号一五九三頁）。

(2)　実体の適正　本条は手続に関する規定です。しかし、それに加え、その手続を通じて実現される実体――それは「趣旨」でみたように、要件と効果の要素から構成されていますが――の法定とその内容の適正までも本条が求めている否かが問題となります。

刑事法の領域では犯罪となる行為類型を犯罪構成要件として示すことと、犯罪行為をしたと認定された結果として科される刑罰の内容が法律で定められるべきこと（＝罪刑法定主義が重要な原則とされていますが）、これを本条が要請しているかが問われました。明治憲法二三条の「法律ニ依ルニ非スシテ……処罰ヲ受クルコトナシ」の条項は、罪刑法定主義を宣言したものと解されました。現行憲法になって結果（実体）重視の思考から過程（手続）重視の思考にシフトしたとはいえ、実体も重要であることに変わりはありません。そこで本条は実体の法定つまり罪刑法定主義も要請し、実体の適正も要請していると解するのが大勢となりました。

実体の適正とは①刑罰という制裁は抑制的であるべしという原則（＝刑罰の謙抑主義）、②犯した罪と制裁として科される刑罰はバランスが必要という原則（＝罪刑の均衡）、③犯罪とされる行為が「通常の判断能力を有する一般人の理解において」判断を可能ならしめるような基準でなければならないという原則（＝明確性）（徳島市公安条例事件・最大判昭和五〇年九月一〇日刑集二九巻八号四八九頁）の三つと解されています。

⑶　手続保障の及ぶ範囲　刑罰以外にも政府機関が不利益を課す場合があります。特定の行為を禁止しまたは義務を課す行政処分がその例です。行政処分を課す手続にも本条の保障は及ぶのでしょうか。適正手続の精神からいえば、刑罰に限らず不利益な行政処分にも手続保障があるべきです。最高裁も「行政手続については、それが刑事手続ではないとの理由のみで、そのすべてが当然に〔本〕条による保障の枠外にあると判断することは相当ではない」、つまり三一条が行政手続に適用されることを認めました。ただし「行政手続は、刑事手続とその性質においておのずから差異があり、また、行政目的に応じて多種多様であるから、行政処分の相手方に事前の告知、弁解、防御の機会を与えるかどうかは、行政処分により制限を受ける権利利益の内容、性質、制限の程度、行政処分により達成しようとする公益の内容、程度、緊急性等を総合較量して決定されるべき」としました（成田新法訴訟・最大判平成四年七月一日民集四六巻五号四三七頁）。

第三二条　何人も、裁判所において裁判を受ける権利を奪はれない。

趣旨　権利が侵害されたとき自力でその排除・回復をはかることを認めると、強者のみが不当に利得を獲得することになりかねません。これでは暴力の容認につながるので、例外的な場合を除き禁止するのが近代法の原則になりました（＝自力救済の禁止）。自力救済を禁止する以上、それに代わる手立てを政府が用意する義務があります。これは政府が暴力を独占する社会で共同生活を送るためのルールです。本条は当人に代わって裁判所が救済することを「裁判を受ける権利」として保障しました。

犯罪者の処罰についても私人に制裁を認めるとリンチ

の容認となるので、公益を代表する検察官の公訴の提起（＝起訴）に基づき正式な裁判手続を経て犯罪事実が認定されなければ処罰されないことを権利として保障しました。

背　景　明治憲法二四条は「日本臣民ハ法律ニ定メタル裁判官ノ裁判ヲ受クルノ権ヲ奪ハル、コトナシ」と規定していました。しかし明治憲法下の裁判制度はフランス・ドイツをモデルとして作られ、司法裁判所（＝通常裁判所）は私人間の紛争の裁定（＝民事事件）と犯罪者の処罰（＝刑事事件）のみを扱い、行政権の行使の違法性をただす裁判（＝行政事件）は行政部の系統に属する行政裁判所が扱いました（明憲六一条）。そして現実に設けられた行政裁判所は東京に一審制の裁判所を設けるのみで、かつ扱う事案も限定され救済手段としては極めて不十分でした。現行憲法は、司法裁判所の扱う事件の範囲はイギリス・アメリカ流に民事事件と刑事事件に加えて行政事件を含むこととし（憲法七六条一項・二項）結果的に救済の幅は広がり、この権利の内容は豊かになりました。

内　容　(1)　**民事事件・行政事件の場合**　この権利の具体的内容は法律によって定められています。民事事件と行政事件については自己の権利や法的利益が違法に侵害されたときに裁判所に訴えを提起して裁判を求めることができること、裏からいえば裁判の拒絶は許されないことを定めています。ただし出訴すべき裁判所の場所（＝管轄）や出訴の期限などの技術的な事項については、それが不合理なものでない限り本条に違反しないと考えられています。例えば出訴期間を遡及的に短縮しても、その期間が著しく不合理で実質上裁判の拒否と認められるような場合でない限り、本条に違反しないとされました（最大判昭和二四年五月一八日民集三巻六号一九九頁）。

(2)　**刑事事件の場合**　刑事事件については人身の自由を保障するために裁判所の裁判によるのでなければ刑罰を科せられないことを意味しています。明治憲法は「裁判官」による裁判を保障していましたが、憲法制定時に英米法系の陪審員制度も想定されていたので裁判官以外の者も法廷を構成することも視野に入れて「裁判官」ではなく「裁判所」とされました。裁判員制度が二〇〇九年から実施されましたが、最高裁は一般市民から成る裁判員と専門家たる裁判官から裁判所が構成されるこの制度を合憲としました（最大判平成二三年一一月一六日刑集六五巻八号一二八五頁）。

第三三条　何人も、現行犯として逮捕される場合を除いては、権限を有する司法官憲が発し、且つ理由となつてゐる犯罪を明示する令状によらなければ、逮捕されない。

趣　旨　犯罪捜査の過程で行われる身柄の拘束は、身体の所在に対する強力な制限になります。そこで個別の事件ごとにその正当性と必要性の客観的判断を第三者の法律専門家である「司法官憲」が事前審査をした上で発給する許可状、つまり逮捕令状を必須の要件としました。

背　景　明治憲法二三条も「日本臣民ハ法律ニ依ルニ非スシテ逮捕監禁……ヲ受クルコトナシ」としていました。これは「逮捕監禁」に法律上の根拠を要するとした規定です。しかしその判定権者が明示されていないので捜査当局の恣意的な逮捕監禁を効果的に抑制できませんでした。

現行憲法が採用した令状主義は捜索・逮捕・押収を合わせ規定したアメリカ合衆国憲法第四修正の「不合理な捜索および逮捕または押収に対し、身体、家屋、書類および所有物の安全を保障されるという人民の権利は、これを侵してはならない。令状は、宣誓または確約によって裏づけられた相当な理由に基づいてのみ発せられ、かつ捜索されるべき場所および逮捕されるべき人または押収されるべき物件を示したものでなければならない」をモデルとしました。

内　容　(1)　**逮捕の令状主義**　本条は「司法官憲」（＝裁判官）がその理由となる犯罪を明示する令状（＝許可状）がないかぎり何人も逮捕してはならないとします。ただし現行犯の場合は犯罪と犯人の関係が明らかで、かつ犯罪が進行中または終了直後であれば身柄を恣意的に拘束する危険性がないので、令状主義の例外を認めました。

(2)　**準現行犯**　刑事訴訟法二一二条二項は「罪を行い終つてから間がないと明らかに認められる」場合において（柱書）①「犯人として追呼されているとき」（一号）、②「贓物（＝盗品）又は明らかに犯罪の用に供したと思われる兇器その他の物を所持しているとき」（二号）、③「身体又は被服に犯罪の顕著な証跡があるとき」（三号）、④「誰何《すいか》されて逃走しようとするとき」（四号）も現行犯人とみなして（＝準現行犯）令状のない逮捕を認めます。もっとも憲法の趣旨を踏まえると、時間的近接性を厳格に考える必要があるでしょう。犯罪の性質にもよるのですが、特別の事情のない限り、刑事訴訟法にいう「間がない」とは一～二時間を限度とすべきで、これを超える場合は、適用違憲（＝法令自体は合憲だが法令の用い方が違憲）とすべきでしょう。

(3)　緊急逮捕　同法二一〇条一項は一定の重罪（＝「死刑又は無期若しくは長期三年以上の懲役若しくは禁錮にあたる罪」）を犯したことを疑うに足りる十分な理由がある場合に、急速を要し令状を求めることができないときは、理由を告げて逮捕できるとしています。ただし逮捕令状の速やかな事後発給がなされないと直ちに釈放しなければならないとします。緊急逮捕は本条に違反するとする説もあるのですが、判例（最大判昭和三〇年一二月一四日刑集九巻一三号二七六〇頁）は合憲としています。

第三四条　何人も、理由を直ちに告げられ、且つ、直ちに弁護人に依頼する権利を与へられなければ、抑留又は拘禁されない。又、何人も、正当な理由がなければ、拘禁されず、要求があれば、その理由は、直ちに本人及びその弁護人の出席する公開の法廷で示されなければならない。

趣　旨　本条は逮捕に続く身柄の拘束という極めて強度の身体の所在の制約について、三一条の法定手続の保障の内容を具体化して、被疑者（場合によっては刑事被告人）が防御権を適切に行使できるように、理由の告知と、要求のあるときは公開法廷における公開を義務づけました。自分の立場に寄り添う弁護人からの助言を受ける権利も保障しています。「直ちに」という文言が三ヵ所に使われていることからうかがえるように、時間的迅速性を強く要請しています。

背　景　前条で見た明治憲法二三条は「監禁」の要件と手続を法律に定めるとするのみで、その手続のあり方には言及していません。イギリスでは裁判所が拘束者と被拘束者を法廷に呼び出し拘束の当否を審査し不当であれば釈放を命じる人身保護令状（Habeas Corpus）の手続が不当な拘束から救出する手段として進展しました。本条は身柄を拘束する理由の法廷における公開を求めるだけで、裁判所がその当否を審査するわけではありません。しかし理由の公開によって恣意的な身柄の拘束を抑制しようとするので、イギリスのこの制度の精神を汲んだものと解されています。

内　容　(1)　**抑留・拘禁理由の告知**　被疑者は、逮捕されたあと、法律の手続にしたがって、比較的短期の一時的拘束である「抑留」（＝刑事訴訟法上の逮捕・勾引に伴う「留置」）を、さらに場合によっては長期の継続的拘束である「拘禁」（＝刑事訴訟法上は「勾留」「鑑定留置」）を受けることがあります。理由の告知の義務づけによって被疑者の防御権を保障し、恣意的な身柄の拘束を抑制しようとします。

(2)　拘禁理由の公開　「拘禁」には「正当な理由」が必要で、また要求あるときは公開法廷での開示を義務づけます。一般人による警察権力の行使に対する監視または監視可能性が適正な犯罪捜査に資すると考えられ、憲法三七条・八二条の裁判公開の意義と通じるところがあります。具体的手続は刑事訴訟法八二条以下に定められています。

(3)　弁護人依頼権　被疑者段階での弁護人依頼権の内容は①この権利の告知を受けること、②弁護人選任を妨げられない、③弁護人選任につき配慮（具体的には、弁護士会の紹介、弁護士会・弁護士への連絡、選任のために必要な合理的時間の確保）を受ける、④弁護人の活動が保障される、以上四点です。刑事訴訟法は①を二〇三条・二〇四条等で、②を七八条・二〇九条で、③を七八条・二〇九条で具体化しています。勾留状が発せられている場合において、被疑者が貧困その他の事由により弁護人を選任することができないときは、裁判官は、その請求により、国選弁護人を付さなければなりません（同法三七条の二）。④につき接見交通権が問題となります。刑事訴訟法三九条一項は被疑者・刑事被告人に弁護士との接見交通権を保障しますが、同条三項は被疑者に関して「捜査のため必要があるとき」に「日時、場所及び時間」の指定ができるとするので、捜査実務ではこの規定の下に接見交通権が大幅に制限されてきました。最高裁は「取調べの中断等により捜査に顕著な支障が生ずる場合」にその制限は限られるとしてこの規定自体は合憲としました（最大判平成一一年三月二四日民集五三巻三号五一四頁）。

第三五条　①　何人も、その住居、書類及び所持品について、侵入、捜索及び押収を受けることのない権利は、第三十三条の場合を除いては、正当な理由に基いて発せられ、且つ捜索する場所及び押収する物を明示する令状がなければ、侵されない。

②　捜索又は押収は、権限を有する司法官憲が発する各別の令状により、これを行ふ。

趣　旨　本条は、三三条が逮捕の正当性と必要性の客観的判断を第三者の裁判官の許可の下に置いたのと同様に、強制捜査の正当性と必要性についても裁判官の許可の下に置きました。

背　景　明治憲法二三条は前条でみたように身柄の拘束に法律の根拠を要求するのみで、捜索と押収については法律の根拠にすら言及していませんでした。本条は三三条の「背景」でも引用したアメリカ合衆国憲法第四修正の捜索と押収についても令状主義を要求する条項をモデルとして、手続保障の見地から規定しました。

内　容　(1)　**捜索の令状主義**　本条は「住居、書類及び所持品」に対する「侵入、捜索及び押収」について裁判官の発する令状を必要とし、例外的に三三条の場合（＝逮捕に伴って行われる場合）は不要とします。これらの行為は人身の自由そのものを直接制限するわけではありませんが、自由意思を抑圧してなされ、また結果的に人身を拘束する根拠となるのでここに規定されました。

「書類」は紙それ自体が犯罪の証拠となることもあるのですが、主にそこに記載された情報が証拠となります。「所持品」もそれ自体が犯罪遂行の手段として、あるいは犯罪遂行の結果として存在することがあるほか、書類と同様にそこから採取された情報も犯罪の証拠となります。

「住居」は犯罪の証拠となりうる情報が集積されている空間です。住居の侵入に令状を必要とする趣旨は、私生活の営まれる空間それ自体を保護すると同時に、多様な情報の強制的収集から空間全体を保護する点にあります。このように考えると「住居」には住所、居所のみならず、宿泊滞在先（ホテル・旅館・別荘等）、職場（会社・事務所・役所など）のほか、カバン、自動車のトランクなども含まれることになるでしょう。

(2)　**令状主義の例外**　本条一項は「第三十三条の場合」を令状主義の例外としています。この条項の解釈として①現行犯逮捕の場合、②逮捕されていないが現行犯の要件をみたす場合、③現行犯逮捕と令状逮捕の場合、④現行犯と令状逮捕の場合、の四類型が考えられます。最高裁は「三三条による不逮捕の保障の存しない場合」と判示したので④の解釈を採用したと解されます（最大判昭和三〇年四月二七日刑集九巻五号九二四頁）。

(3)　**強制捜査と任意捜査**　本条は強制捜査の令状主義を定めていますが、強制捜査と任意捜査の判別基準は何でしょうか。最高裁は「強制手段とは、有形力の行使を伴う手段を意味するものではなく、個人の意思を制圧し、身体、住居、財産等に制約を加えて強制的に捜査目的を実現する行為など、特別の根拠規定がなければ許容することが相当でない手段を意味する」としました（最決昭和五一年三月一六日刑集三〇巻二号一八七頁）。個人の意思の制圧と重要な権利・利益の制約の観点から強制捜査と任意捜査の線引きをしたのです。最高裁は、ＧＰＳ（＝Global Positioning System、全地球測位システム）を無断で自動車に設置する捜査手法について「個人の行動を継続的、網羅的に把握することを必然的に伴うから、個人のプライバシーを侵害し得るもので」、また「公権力による私的領域への侵入を伴う」から、「刑訴法上、特別の根拠規定がなければ許容されない強制の処分に当たる」とともに「現行犯人逮捕等……と同視すべき事情」もないので令状がなければ許容されない処分としました（最大判平成二九年三月一五日刑集七一巻三号一三頁）。

任意捜査についても「何らかの法益を侵害し又は侵害するおそれ」があるから、「必要性、緊急性なども考慮したうえ、具体的状況のもとで相当と認められる限度において許容される」としています（最決昭和五一年三月一六日刑集三〇巻二号一八七頁）。

本条に違反して捜索・押収された物から収集された資料はその証拠能力（＝証拠とできる資格）が否定されます。ただし最高裁は「令状主義の精神を没却するような重大な違法があり、これを証拠として許容することが、将来における違法な捜査の抑制の見地からして相当でないと認められる場合」に証拠能力は否定されるとの限定を施しました（最判昭和五三年九月七日刑集三二巻六号一六七二頁）。

⑷　令状主義と行政調査　行政調査とは行政機関が何らかの決定をする際の前提となる情報収集です。この調査は不利益処分の前提となる場合のほか、科刑手続に移行する場合もあるので、本条の規定する令状主義が及ぶか否かの問題があります。

最高裁は税務調査につき「当該手続が刑事責任追及を目的とするものでないとの理由のみで、その手続における一切の強制が当然に右規定による保障の枠外にあると判断することは相当ではない」として刑事手続に結びつく行政調査への令状主義の適用可能性を示しました（川崎民商事件・最大判昭和四七年一一月二二日刑集二六巻九号五五四頁）。

任意協力の要請のかたちをとっても事実上強制とみられる場合も問題となります。最高裁は自動車の一斉検問につき組織規範としての警察法二条一項（「警察の責務」として「交通の取締」をあげる）を指摘して、任意の協力を求めるかたちでかつ自動車の利用者の自由を不当に制約することにならない方法、態様で行われる限りは認められるとしました（最決昭和五五年九月二二日刑集三四巻五号二七二頁）。

第三六条　公務員による拷問及び残虐な刑罰は、絶対にこれを禁ずる。

趣　旨　本条前半（「公務員による拷問」）は被疑者に関する規定です。拷問は取調べにおいて自白を得るための手段として行われる可能性が高いのでこれを禁止しています。被疑者は検察官の公訴の提起（＝起訴）（刑訴二四七条以下）によって刑事被告人（以下「被告人」）になります。本条後半（「残虐な刑罰」）は被告人に関する規定です。残虐な刑罰は処罰の内容にかかわるからです。

背　景　本条前半の拷問を絶対的に禁止する規定は諸国に類をみないものです。明治憲法下の犯罪捜査でも拷問は法律で禁止されました（明治一二年太政官布告四二号〔いわゆる「拷問廃止令」〕、旧刑法〔明治一三年〕二八二条および現行刑法〔明治四〇年〕一九五条の特別公務員暴行陵虐罪）。しかし実態は自白獲得を目的とする拷問が密室の中で横行していました。

本条後半はアメリカ合衆国憲法第八修正の「残虐で異常な刑罰を科してはならない」とする規定がモデルです。

内　容　(1)　**拷問の絶対禁止**　拷問を行う「公務員」とは、犯罪捜査および刑事裁判に関係する公務員です。刑法は「裁判、検察若しくは警察の職務を行う者又はこれらの職務を補助する者」と具体的に列挙しています（同法一九五条一項）。「拷問」とは被疑者または被告人に対して自白を強要する目的で加えられる暴力です。肉体的苦痛を与える物理的力の行使のみに限定されるのではなく、暴言・甘言・虚言・妄言など精神的苦痛を与える言動も含みます。

(2)　**残虐な刑罰の絶対禁止**　刑罰の残虐性は①科刑の方法、②刑罰の種類、③犯罪と刑罰の均衡、以上三つの視点から把握できます。

①科刑の方法としては「不必要な精神的、肉体的苦痛を内容とする人道上残酷と認められる刑罰」（最大判昭和二三年六月二三日刑集二巻七号七七七頁）を意味します。死刑の残虐性が問題となった事案において最高裁は「執行の方法等がその時代と環境とにおいて人道上の見地から」判断されるとし、「火あぶり、はりつけ、さらし首、釜ゆでの刑のごとき残虐な執行方法」は本条後段に違反するが（最大判昭和二三年三月一二日刑集二巻三号一九一頁）、刑法一一条が定める絞首方法は、「絞殺、斬殺、銃殺、電気殺、瓦斯殺等……他の方法に比して特に人道上残虐」ではないとしました（最大判昭和三〇年四月六日刑集九巻四号六六三頁）。

②刑罰の種類として死刑の合憲性が問題となります。現行憲法の制憲過程において死刑廃止を憲法に盛り込む有力な対案（日本社会党案、日本共産党案）が出されたにもかかわらずあえて憲法に規定しなかったこと、憲法一三条が「生命……に対する国民の権利」を規定しながら同条が「公共の福祉」による制限を認め、また三一条が「法律の定める手続」によれば「生命……を奪はれ」る刑罰があることを規定していることから、憲法が刑罰としての死刑を禁止していると解することはできないとされます。しかし憲法は死刑の存置を許容するだけで、法律で死刑を廃止することも当然可能です。

死刑を存置する理由として被害者・その家族・一般市民の応報観念、再犯の防止（＝特別予防という）、犯罪抑止力（＝一般予防という）などがあげられます。死刑の存廃を憲法論ではなく、死刑を存置する理由をどのように評価するかという立法政策（刑事政策）の問題と考える傾向があります。しかし誤判の可能性を根絶できない現実、「一人の生命は、全地球よりも重い」（最大判昭和二三年三月一二日刑集二巻三号一九一頁）とした判決で絞首刑を言い渡す矛盾、死刑廃止条約の批准国と実質的に死刑を空文化する国の増加などからすると、死刑の存廃を政策論と割り切ることはできません。

「残虐」の文言からただちに③罪刑の均衡をイメージすることは難しいかもしれません。しかし犯罪（非行）に見合った制裁を超える刑罰を科すことの違和感・不正義観も残虐という概念に関係します。尊属殺重罰規定を違憲とした最高裁の判決（最大判昭和四八年四月四日刑集二七巻三号二六五頁）に付された田中二郎裁判官の補足意見は「〔旧〕刑法二〇〇条の定める法定刑が苛酷にすぎるかどうかは、……〔平等の問題ではなく〕残虐刑に該当するかどうか」の問題と指摘しました。同様の発想に基づくものです。

第三七条　①　すべて刑事事件においては、被告人は、公平な裁判所の迅速な公開裁判を受ける権利を有する。

②　刑事被告人は、すべての証人に対して審問する機会を充分に与へられ、又、公費で自己のために強制的手続により証人を求める権利を有する。

③　刑事被告人は、いかなる場合にも、資格を有する弁護人を依頼することができる。被告人が自らこれを依頼することができないときは、国でこれを附する。

趣　旨　本条一項は刑事裁判における公平・迅速・公開の三要件を明示しています。「公平な」の言葉は、「裁判」ではなく「裁判所」にかかり、公平な裁判つまり個々の裁判の内容の公平性は直接保障してはいません。公平な裁判は、公平な裁判所の保障によって間接的に保障されるのです。

刑事裁判は証拠に基づいて認定された犯罪事実に対して刑法等の刑事実体法を適用して被告人に刑罰を科すものです。被告人には公判に出廷した証人の証言に対しその真否を確かめる機会が与えられ、また自己に有利な証人を場合によっては強制的に呼び出して証言してもらい、自分にかけられた嫌疑を晴らす機会が保障されます。本条二項前半は被告人にすべての証人を審問する権利（＝証人審問権）を、同後半は公費により強制的に証人喚問（法廷に呼び出すこと）を請求する権利（＝証人喚問権）を保障しています。

被告人の多くは法的知識をもちません。被告人を訴追する検察官は法の専門家です。これでは法的知識の点で不公平で公判廷において身の潔白を証明しようとしても被告人は不利になります。本条三項前段は被告人に、資格を有する弁護人を依頼する権利を保障し、後段は、被告人自らが弁護人を依頼できないときに専門的法知識をもつ弁護人を国費でつけてその援助によって被告人の不利益を最小限にとどめようとしています（国選弁護制度）。

背　景　本条に相当する規定は明治憲法にはなく、アメリカ合衆国憲法第六修正の「すべての刑事上の訴追において、被告人は、……公平な陪審による迅速かつ公開の裁判を受ける権利を有する。被告人は、訴追の性質と理由について告知を受け、自己に不利な証人との対質を求め、自己に有利な証人を得るために強制的手続を利用し、かつ、自己の防禦のために弁護人の援助を受ける権利を有する」をモデルとし、検察官と被告人を可能な限り対等な立場に置いて、刑事裁判を公平に遂行しようとしました。

内　容　(1)　公平な裁判所　「公平」の内容として①裁判所の構成上の公平と②訴訟手続の構造（構成）の公平があります。①は偏った裁判をするおそれのある者を除外して適法に構成された裁判所のことです。裁判官および裁判所書記官の除斥・忌避（刑訴二〇条～二六条）、絶対的控訴理由（同三七七条）、管轄移転の請求（同一七条）、刑事訴訟規則で定められた回避（一三条）などはこの趣旨を具体化したものです。②は裁判官に事件について予断を抱かせない公判手続の構造を意味します。起訴の際に起訴状のみを提出する起訴状一本主義、裁判所ではなく訴訟当事者（被告人〔とその代理人の弁護士〕と検察官）に訴訟追行を主導させる当事者主義的手続をいいます。

現行憲法制定時には一般市民が裁判に関与する陪審のような制度はありませんでした（裁判所法三条三項は陪審の導入を想定した規定でしたが、実現されることはありませんでした）。二〇〇九年に裁判員制度が導入されて、裁判官と法の専門知識のない裁判員から構成される裁判所が「公平な裁判所」といえるか否かが問題となりました。最高裁は「裁判官と、公平性、中立性を確保できるよう配慮された手続の下に選任された裁判員とによって構成される」こと、「裁判員の関与する判断は……必ずしもあらかじめ法律的な知識、経験を有することが不可欠な事項であるとはいえない」として、「公平な『裁判所』における法と証拠に基づく適正な裁判が行われること……は制度的に十分保障されている」としました（最大判平成二三年一一月一六日刑集六五巻八号一二八五頁）。

(2)　迅速な裁判　迅速な裁判については刑事訴訟法一条の目的規定に「刑罰法令を適正且つ迅速に適用実現する」としています。「裁判の遅滞は裁判の拒否」という法諺《げん》が示すように、本条は被告人の権利として迅速な裁判を保障しました。とりわけ未決のまま拘禁されている被告人にとってその期間が不当に長期にわたらないことが重要です。最高裁は、本条一項は「必要な立法上および司法行政上の措置をとるべきことを要請するにとどまらず、さらに個々の刑事事件について、現実に右の保障に明らかに反し、審理の著しい遅延の結果、迅速な裁判をうける被告人の権利が害せられたと認められる異常な事態が生じた場合には、これに対処すべき具体的規定がなくても、もはや当該被告人に対する手続の続行を許さず、その審理を打ち切るという非常救済手段がとられるべきことをも認めている趣旨の規定である」とし、一五年余りにわたって審理が中断した事案について、「免訴」の裁判（刑訴三三七条）を言い渡しました（高田事件・最大判昭和四七年一二月二〇日刑集二六巻一〇号六三一頁）。

(3)　裁判の公開　裁判の公開は憲法八二条一項が裁判一般につき保障しますが、本条一項は被告人に権利として保障しました。公開の範囲は対審と判決の言渡しに限定され、裁判官の合議等にまでは及ばず、憲法八二条二項の定める公開の制限も、本項の場合に適用されると解されています。

二〇〇〇年の刑事訴訟法改正によって、犯罪被害者、特に性犯罪被害者保護のために①証人尋問の際の遮蔽措置（刑訴一五七条の五）と②ビデオリンク方式による証人尋問（同一五七条の六）が導入されました。①は被告人と証人との間で一方または相互の視線の遮断、または証人と傍聴人との間で相互の視線の遮断になるので、音声のみによる尋問になります。②は法廷とは別の場所に証人を在席させて映像と音声の送受信によって尋問するものです。これらの方式と両者の併用につき最高裁は「審理が公開されていることに変わりはない」として本条と憲法八二条一項に違反しないとしました（最判平成一七年四月一四日刑集五九巻三号二五九頁）。

(4)　**証人審問権**　本条二項前半の証人審問権の保障により被告人は証人に対して直接審問する機会が与えられます。この権利は主に被告人に不利な供述を行う証人に対する反対尋問権の保障を意味しています。その機会を「充分に」与えられなかったときはその供述の証拠能力は否定されることになります。被告人または弁護人の面前でなされる証人の供述でなければ証拠に採用できないという直接審理の原則（直接主義）が採用されたのです。この原則から、証拠となるべき体験の直接体験者による公判廷での供述以外の方法で公判廷に報告された証拠、つまり伝聞証拠の禁止（伝聞法則）が導かれます。

そして刑事訴訟法三二〇条は伝聞法則を採用しています。もっとも、同法は伝聞法則の例外を広範に認めます（三二一〜三二八条）。

(3)でみた①証人尋問の遮蔽措置と②ビデオリンク方式の証人尋問につき、最高裁は、①の措置がとられても被告人は供述を聞きまた自ら尋問できること、この措置は弁護人が出頭している場合に限り採用できるので弁護人による供述態度等の観察は妨げられないこと、②は被告人は証人を見ながら供述を聞きまた自ら尋問できること、①と②が併用されても被告人は供述を聞きまた自ら尋問もでき、弁護人による観察も妨げられないので、被告人の証人審問権は侵害されていないとしました（最判平成一七年四月一四日刑集五九巻三号二五九頁）。

(5)　**証人喚問権**　本条二項後半は自己に有利な証人の喚問請求権を保障し、被告人の防御権を完全にしようとしました。「公費で」とは最高裁によれば「証人訊問に要する費用、すなわち、証人の旅費、日当等は、すべて国家がこれを支給する」ことをいい、「被告人の無資産などの事情のために、充分に証人の喚問を請求するの自由が妨げられてはならないという趣旨」としています（最大判昭和二三年一二月二七日刑集二巻一四号一九三四頁）。

(6)　**弁護人依頼権**　本条三項前段は刑事裁判におい

て法の専門知識の点で当事者を対等の関係にするため、被告人に弁護人依頼権を保障しています。刑事訴訟法二七二条は弁護人選任権（弁護人依頼権）を告知すべきとします。

本項後段はいわゆる国選弁護人の制度を設けたものです。前段に定めた弁護人依頼権のみでは被告人を抽象的に保護しただけとなりかねないのでこれを具体的・現実的に保障するためこの規定が置かれました。「自らこれを依頼することができないとき」とは、「貧困その他の事由」（刑訴三六条）で自ら選任するできない場合です。「その他の事由」として事件の性質上、例えば極度に破廉恥なまたは不人気な事件で誰も弁護人を引き受けない場合などが含まれます。

身柄を拘束された被疑者の段階で国選弁護人依頼権があるか否かについては、本条に「被告人」という文言があるので、この段階においては保障されないと解されました。もっとも、近年の刑事訴訟法改正によって、被疑者にも国選弁護人が付されることになりました（同法三七条の二）。

第三八条　①　何人も、自己に不利益な供述を強要されない。

②　強制、拷問若しくは脅迫による自白又は不当に長く抑留若しくは拘禁された後の自白は、これを証拠とすることができない。

③　何人も、自己に不利益な唯一の証拠が本人の自白である場合には、有罪とされ、又は刑罰を科せられない。

趣旨　本条は刑事手続における犯罪事実の告白（以下「自白」）の位置づけを定めました。「自白は証拠の女王」という法諺《げん》があります。犯罪事実をもっとも具体的かつ詳細に知りうる者は犯罪者自身なので、自白は捜査をする者には決定的証拠であるように思え、その事件を裁く裁判官にも絶対的ともいうべき確信を与えるからです。しかし自白への依存と偏重が拷問を許し、真実を遠ざけ、誤判を生んだ過去の経験を踏まえ、本条一項は自白の強要を禁止しました。

犯罪事実の認定にはその根拠となる資料（情報）すなわち証拠が必要です。厳密には資料自体を証拠資料といい、資料を媒介するものを証拠方法といいます。証拠方法が被疑者・被告人である場合にこれらの者から収集された証拠資料である自白につき本条二項は、自白が「強制、拷問若しくは脅迫」によるもの（以下「強制自白」）

であるとき、または「不当に長く抑留若しくは拘禁された後」のもの（以下「長期拘束自白」）であるときには法廷において証拠能力を失うことを定め、本条三項は二項のような自白にとどまらず、被告人に不利益な唯一の証拠がその自白である場合に証明力（＝証拠としての価値）に限定を加えたのです。

背　景　本条一項は「何人も、刑事事件において自己に不利な証人となることを強制されない」とするアメリカ合衆国憲法第五修正の自己負罪拒否特権に由来します。この特権は自らが罪に問われるようなことは話さなくてもよいことを認めるので、自分のしたことは正直に話さなければいけないとする素朴な道徳と対立するようにも思えます。一見道徳に反するようなことが憲法上の権利となった理由として①自白偏重の捜査を招くのを防止すべきこと、②心の中に秘めたことを権力にものをいわせて強制的に告白させることは内心の自由に反すること、③自分を暴力からだけではなく捜査権力からも守ろうとするのは人間の本性であり自然権思想の母胎となった「自己保存の権利」に由来することなどがあげられています。

明治憲法には本条に相当する規定はありませんでした。明治憲法の下では犯罪の有無とその内容を正確に明らかにすることが刑事手続において最も重要である（＝「実体的真実主義」）とされ、被疑者・被告人の権利の保障が重要であるとする考え方（＝「適正手続主義」）が軽視されていました。このような刑事手続のゆがみを正すために本条が憲法に規定されたのです。

内　容　(1)　**自己負罪拒否特権**　本条一項は自己負罪拒否特権を定めましたが「黙秘権」といった方が分かりやすいかもしれません。

強要が禁止される「供述」とは何でしょうか。「何人も」とあるので権利の主体は被疑者・被告人・証人のほかすべての人を含み刑事事件関係者に限定されていません。最高裁は税を徴収する公務員の所得税に関する質問検査につき「純然たる刑事手続においてばかりではなく、それ以外の手続においても、実質上、刑事責任追及のための資料の取得収集に直接結びつく作用を一般的に有する手続には、ひとしく及ぶ」としました（川崎民商事件・最大判昭和四七年一一月二二日刑集二六巻九号五五四頁）。その他、自動車運転者の交通事故報告義務（最大判昭和三七年五月二日刑集一六巻五号四九五頁）と麻薬取締法における麻薬の不正使用と帳簿記入義務につき、黙秘権の放棄を擬制して本項の適用を否定した例があります（最判昭和二九年七月一六日刑集八巻七号一一五一頁）。

自己に利益となる供述は強要できそうですが利益か不利益かは供述の時点では客観的に判定できないのですべての供述を強要できないと解されています。刑事訴訟法は、利益となる供述か否かを問わず黙秘権を保障し（同法一九八条二項・二九一条四項）、以上の趣旨を確認しています。

「供述」の意味につき、「口頭で事実をのべること、口頭でのべられたところのものをいう。供述を記載した文書をも含む」と狭くとらえる説と、「文字通り『口から』言語による証拠を提供する場合」にとどまらず、広く「意思伝達（コミュニケーション）の作用をもつ場合」ととらえる説があります。手話、指差し、首肯など行動が一定の事実を伝えることもあるので広くとらえるべきでしょう。

「強要されない」とは手段が物理的か心理的かを問わず強制されないことです。一見自発的に思えても本人の意思に反する供述を実質的に強いる、麻酔や催眠を施術した上での供述の誘導、嘘発見器（ポリグラフ）にかけての供述の誘導も強要に当たります。

最高裁は道路交通法六七条三項の規定の警察官による呼気検査について、酒気帯び運転防止を目的として運転者から呼気を採取してアルコール保有の程度を調査するもので、供述を得ようとするものではないから検査拒否者を処罰しても本項違反にならないとしました（最判平成九年一月三〇日刑集五一巻一号三三五頁）。

(2)　自白の証拠能力

本条二項は「強制自白」と「長期拘束自白」につき証拠能力を否定しています。その根拠として①このような自白は虚偽のおそれがあるからと説明するものがあります。しかしこれには自白内容が真実であればその自白がなされた状況を軽視する風潮を生みこの規定の趣旨を没却させるとの批判があります。②被告人の供述の自由を保障すべきであるからと説明されることもあります。しかし供述の自由に影響がなければ強制が行われても証拠能力は否定されないことになり、また供述の自由の侵害が客観的に認定できないなどとの批判があります。③自白の収集過程において違法な手続が行われることを排除すべきであるからと説明されることもあります。この規定は違法収集証拠排除法則（＝刑事手続を規律するルールに違反して収集された証拠は刑事裁判においては証拠能力を認められないとする原則）に基づき、自白について特に具体的に規定したものと位置づけるのです。本項の列挙する「強制」「不当に長く抑留」「拘禁」などの文言が戦前の犯罪捜査過程ではびこった違法な捜査手段に着目しそれを排除することを強調していること、判断基準が客観的であることなどを考えると③の根拠がもっとも重要といえるでしょう。

(3)　**自白の証明力**　本条三項は自白が「自己に不利益な唯一の証拠」であるときには、当該被告人を有罪としまた刑罰を科すことができないとして、その証拠が事実認定に役立ちうる実質的価値（＝証明力）を制限しています。

ここでいう自白は公判廷外のものに限定されるか、それとも公判廷内のものも含むのか、角度を変えていえば公判廷の自白にも自白以外の補強証拠を要するか否かが問題となります。最高裁は公判廷の自白は高度の任意性があること、その真実性は裁判所で十分判断できるとして不要との立場をとります（最大判昭和二三年七月二九日刑集二巻九号一〇一二頁）。しかし憲法にこのような例外を許容する文言はなく、裁判所の自信過剰こそ誤審を導く不遜な態度と戒められるべきで、例外なく証明力は制限されるべきです。

第三九条　何人も、実行の時に適法であつた行為又は既に無罪とされた行為については、刑事上の責任を問はれない。又、同一の犯罪について、重ねて刑事上の責任を問はれない。

趣　旨　本条前段前半は遡及処罰あるいは事後法（ex post facto law）を禁止しています。ある行為を実行した時にそれは適法であったのに、その行為を実行した後にそれを犯罪行為とする法律を作って処罰するのはあらかじめ適法だと信じて行為を実行した人の期待を裏切ることになります。予見可能性と法的安定性が損なわれるのです。

本条前段後半は無罪の判決がなされた場合に、後にそれを変更して改めて有罪とすること、つまり二重の危険（double jeopardy）を禁止しています。本条後段は有罪の判決がなされた場合に、同一の行為について再度有罪判決を下すこと、またはより重い有罪判決を下すこと（＝二重処罰）を禁止しています。

背　景　遡及処罰の禁止は明治憲法二三条にある罪刑法定主義の内容を時系列の観点から表現し直したものです。二重の危険と二重処罰の禁止はイギリスのコモン・ロー上の原則「何人も二度にわたり苦しめられてはならない（Nemo dedet bis vexari）」に由来し、本条はアメリカ合衆国憲法第五修正の「何人も、同一の犯罪について重ねて生命または身体の危険にさらされることはない」をモデルとします。

内　容　(1)　**遡及処罰の禁止**　罪刑法定主義は犯

罪となる行為とそれに対する刑罰はあらかじめ明確に示さなければならないとする刑事法の基本原則です。犯罪後の法律で刑罰がより軽いものに変更された場合に、利益となる新しい法律をさかのぼって適用すること（刑法六条）は当人にとっては利益となるため本条には違反しません。

二〇一〇年の刑事訴訟法の改正で、同法二五〇条は「人を死亡させた罪であつて禁錮以上の刑に当たるもの」について「死刑に当たるもの」について公訴時効を廃止しその他のものについてもその期間を延長しました。その施行（二〇一〇年四月二七日）に当たってこの規定は「この法律の施行の際既にその公訴の時効が完成している罪については、適用しない」（同法附則三条一項）としたので、この改正施行前に行われた罪でその施行の際に公訴時効が完成していないものについては、改正後の刑事訴訟法二五〇条一項が適用されます。この点が本条と憲法三一条に違反すると争われた事案がありました。犯罪行為を行った時点では公訴時効が一五年で成立し、その経過した後は起訴できなかったのに、この改正によって起訴され刑罰を科されるのは本条の遡及処罰の禁止に違反するというのです。最高裁は「時の経過に応じて公訴権を制限する訴訟法規を通じて処罰の必要性と法的安定性の調和を図ること」が公訴時効の趣旨であり「その趣旨を実現するため、人を死亡させた罪であって、死刑に当たるものについて公訴時効を廃止し、〔その他のものについて〕期間を延長したにすぎず、行為時点における違法性の評価や責任の重さを遡って変更するもの」ではなく、「被疑者・被告人となり得る者につき既に生じていた法律上の地位を著しく不安定にするようなものでもない」からこれらの条項には違反しないとしました（最判平成二七年一二月三日刑集六九巻八号八一五頁）。

(2)　二重の危険の禁止　　この原則は本来、判決が確定する前であっても同一の犯罪につき重ねて手続を開始することは被告人を二重の危険にさらすことになるので検察官の上訴は許されないとするものです。最高裁はこの規定が「二重の危険の禁止」に由来するとしつつ、裁判確定までの一連の上訴過程を一体として一つの危険とみなして無罪判決に対する検察側の上訴を認めます（最大判昭和二五年九月二七日刑集四巻九号一八〇五頁）。本条の趣旨を大陸法系の一事不再理の原則と解するのです。一事不再理とは事件が裁判で決着をみた場合、再度蒸し返すことは禁止されるとする原則です。これは民事裁判にもありますが、刑事裁判では有罪・無罪の実体判決または免訴の判決が確定した場合に、同一事件について再び審理することを許さないとするにとどまり、上訴期間内における検察官の上訴は許されることになります。

有罪判決が確定した後に、その判決を受けた人の利益のために再審（刑訴四三五条以下）をすることは本条に違反するものではありません。

(3)　**二重処罰の禁止**　本条後段は有罪判決がなされた場合には再度同一行為に有罪の判決やより重い刑を言い渡すことの禁止、つまり二重処罰の禁止を定めています。同一行為についての前の確定判決を覆すことは一事不再理の原則によって禁止されますが、本条後段は同一行為につき、前の確定判決を覆さずにそれに加えて新たな別の有罪判決をすることを禁止するのです。

刑法五六条と五七条は前科のある者の刑を重くする再犯加重規定を置きます。最高裁は、これらの規定は再犯者であるということに基づいて新たに犯した罪に対し重い刑を科すことを認めたのに過ぎず、前科に対する確定判決を動かしたり前犯に対し重ねて刑罰を科す趣旨ではないから二重処罰ではないとしました（最大判昭和二四年一二月二一日刑集三巻一二号二〇六二頁）。

新たに有罪判決を科すのではなく、同じ行為に対して別の不利益処分を課すことが問題となります。例えば追徴課税を課した同一の行為について刑罰を科すことが問題となった事案において、最高裁は、刑罰は脱税者の不正行為の反社会性・反道徳性に対する制裁であるのに対し、追徴税は納税義務違反を防止するための行政上の措置であるから、両者を併科しても本条に違反しないとしました（最大判昭和三三年四月三〇日民集一二巻六号九三八頁）。罪を犯して有罪となった公務員に対して懲戒処分を課すことも同様に解されています。

第四〇条　何人も、抑留又は拘禁された後、無罪の裁判を受けたときは、法律の定めるところにより、国にその補償を求めることができる。

趣　旨　刑事被告人が有罪か無罪かは刑事裁判の結果はじめて明らかになります。仮に裁判の結果が無罪となっても、そこに至るまでの逮捕・抑留・拘禁などの身柄を拘束する手続が憲法や刑事訴訟法の規定などを遵守している限り、それが直ちに国家賠償が認められる不法行為（→憲法一七条）となるわけではありません。しかし本人が受けた精神的・肉体的な苦痛や経済的な損失にははかりしれないものがあります。そこでこの苦痛を癒し損失を補填するために、結果責任をとって金銭でそれを償う権利を認めました。

背　景　明治憲法にはこの権利に相当する規定はありません。一九三一年に刑事補償法が制定されたのですが、権利としての補償請求は認めず、恩恵として認めただけでした。本条は内閣草案の段階ではなかったのですが、衆議院の審議段階で提案され憲法上の権利まで一気に高められました。この権利を具体化する刑事補償法は一九五〇年一月に公布・施行されました。

内　容　補償がなされる場合は、「抑留又は拘禁された後、無罪の裁判を受けたとき」ときわめて単純です。刑事補償法は以下のような場合に補償するとしています。

①刑事訴訟法の通常手続、再審（刑訴四三五条以下）・非常上告（刑訴四五四条以下）手続を経て無罪の裁判を受けた者が「未決の抑留又は拘禁」を受けた場合（一条一項）。②上訴権回復（刑訴三六二条以下）による上訴、再審または非常上告の手続において無罪の裁判を受けた者が原判決によってすでに「刑の執行」を受けまたは刑法一一条二項の「拘置」を受けた場合（一条二項）、③刑事訴訟法上の「収容状による抑留」および「留置」、更生保護法上の「引致状による抑留及び留置」を受けた場合（一条三項）（正確には二項の適用につき「刑の執行又は拘置」とみなすとしています）。

免訴または公訴棄却は無罪の裁判ではありません。しかし刑事補償法二五条はこれらの裁判を受けた者について「裁判をすべき事由がなかつたならば無罪の裁判を受けるべきものと認められる充分な事由があるとき」は「抑留若しくは拘禁による補償又は刑の執行若しくは拘置による補償を請求することができる」としました。本条の「無罪の裁判」が無罪判決の確定を意味するのであればこの規定は補償の範囲を広げています。本条の趣旨が、裁判で有罪とならなかったが身柄を拘束されて精神的・肉体的な苦痛、経済的な損失を被った者にそれを補塡することにあるとすれば、この規定は憲法の保障を具体化したに止まります。

身柄を拘束されたけれども不起訴となり釈放された場合、最高裁は本条の適用はないとします（最大決昭和三一年一二月二四日刑集一〇巻一二号一六九二頁）。しかし「被疑者補償規程」（法務省訓令）は、被疑者が「罪を犯さなかつたと認めるに足りる十分な事由があるとき」の補償を定めています。

第四章　国　会

近代立憲主義は権力分立原理を政府の組織設計の必須

の要素とします。本章は現行憲法で統治の三作用のうち立法を担当するのは「国会」であることを示し、その組織の基本的仕組みとその運営のあり方を定めています。

(1) 権力分立思想の誕生　統治者の支配の暴走を防止するため考案された原理が「法の支配」でした。政府も従う義務のある「法」があるとする原理です。支配する法を実定化(＝明文化)したのが憲法です(↓第一〇章)。

ところが法による支配にも限界があります。統治者が支配すべき法に従わなければそれまでです。そこでさらなる方策が模索され、近代啓蒙思想家によって考案され提唱された思想が、権力分立原理でした。この原理は権力集中による弊害に着目し、統治活動を分割して異なる組織に分担させせよ、とします。こうすれば分担する部門を動かす人が互いに牽制しあっていずれかが暴走することを抑制することができ、その結果、被治者の自由が保障されると考えたのです。

(2) 権力分立思想の内容　ジョン・ロックは統治権を立法権と執行権にまず分割し、執行権から法による拘束度が少ない外交・軍事に関する連合権を分離し、立法権は議会に、執行権と連合権は君主に託すとしました。モンテスキューはこの思想をさらに発展させ、統治権を立法権・執行権・裁判権の三権に分けて別個の機関が担うとしました。

モンテスキューの権力分立思想は大きな影響力をもち、アメリカ合衆国の統治制度はそれを忠実に制度化したものです。日本でも明治維新の際に出された『五箇条の誓文』(一八六八年)の一ヶ月あまり後に出された『政体書』に「立法」「行政」「司法」の言葉が登場します。

(3) 権力分立原理の変容　権力分立原理が各国に普及しはじめた一九世紀は、議会が国の政策形成の主導権を握り、「議会の世紀」と呼ばれました。政府の役割は最小であるべしとされ、あとは社会の自由に任せておけば豊かな社会が実現するという消極的国家観が支配しました。

ところがこの世紀に起こった産業革命は政府の役割を複雑にします。経済の自由放任は産業の独占を生み、労働者の労働条件も劣悪になりました。政府が経済政策・社会政策に積極に介入すべしとする積極的国家観へと舵をきることが要請されるようになりました。その役割を担えるのは恒常的に活動し社会・経済の実態の各種データを集め政策のノウハウをもつ官僚組織であり、この組織が支える執行部が政策形成の主役になります(行政国家現象)。

二〇世紀、執行部が政策形成の中枢を担い、立法部はそれを批判・牽制しながら側面から支える統治体制となっていきます。かつては貴族・僧侶・その他の身分の代表から構成された議会（＝等族会議）も、やがて、政策を核として結成された政党が離合集散を繰り返しながら覇権を争う議会に変容していきます（政党国家現象）。立法部の多数派たる与党と執行部の実質的一体化は、大統領制をとるか議院内閣制をとるか（↓第五章）を問わず普遍的傾向となります。執行部の批判勢力となった野党だけでは執行部の事実上の専制を抑制できなくなりました。

この流れを受けて司法部に、執行部の政策遂行が法律に違反するか否かを審査する役割が割り振られます（＝司法国家現象）。第二次世界大戦後になると執行部にとどまらず立法部の活動も違憲か否かを裁判所が審査する制度が各国に普及していきました（↓第一〇章前注(4)）。

第四一条　国会は、国権の最高機関であつて、国の唯一の立法機関である。

趣旨　本条は統治権を構成する立法権を「国会」という名称の議会に授権する規定です。この規定は行政権を「内閣」という名称の執行部に授権する六五条、司法権を「最高裁判所及び法律の定める……下級裁判所」に授権する七六条一項とともに、現行憲法が権力分立主義を統治組織の構成原理としたことを示しています。

背景　明治憲法が創設した「帝国議会」は、「両議院（＝貴族院と衆議院）ハ政府ノ提出スル法律案ヲ議決シ及各〻法律案ヲ提出スルコトヲ得」とする規定（明憲三八条）が示すように、立法権の一翼を担う機関でした。ただし「天皇ハ帝国議会ノ協賛ヲ以テ立法権ヲ行フ」とする規定（明憲五条）が示すように、立法権そのものは天皇に属しました。その趣旨は帝国議会の両院が可決した法律案を「天皇ハ法律ヲ裁可シ」とする規定（明憲六条）にも示されています。

本条は天皇が「統治権ヲ総攬《そうらん》」（明憲四条）するとして統治活動の最高機関と位置づけられたことを否定し、国会が立法権を担う唯一の機関であることを明らかにしました。

内容　(1)　国権の最高機関　本条に記された「国権」は統治権のことですが、内閣と裁判所を差し置いて国会を「最高機関」と位置づけるのは、三権の担い手を相互に牽制させて権力の濫用を抑制する権力分立原理と矛盾します。

明治憲法は主権者たる天皇を最高の機関として位置づけました。現行憲法は主権者を国民と定め、天皇は日本の国と日本国民統合の象徴（→一条）となり「国政に関する権能」（＝統治権）を失いました（→四条）。最高機関は空席となり、この空席を埋めるのは主権者となった国民です。しかしそれは現実には不可能なので、国民代表（→四三条）が集う国会をその席につけたのです。結局「最高機関」には法的意味はなく「政治的美称」に過ぎないと解されています。

(2)　立法機関　立法とは法規範を定立することです。法規範とは人間の活動をコントロールするルールでその実効性を政府機関、特に裁判所が保証するものです。国会が定立する法規範を「法律」と呼びます。

法律の定義をその形式から考える方法（＝形式的定義）とその内容から考える方法（＝実質的定義）があります。形式的定義だと国会が「法律」という名称をつければ何でもできることになり、国会の権限の範囲を明らかにできないので、この方法はとることができないといわれます。

法律の実質的定義は「法規」つまり一般的・抽象的な法規範のうちで国民の自由と財産を制限するものとする説（＝法規説）が、明治憲法下の通説でした。一般的とはその名宛人が不特定であること、抽象的とはその対象事案が不特定であることをいいます。法規説は内閣法一一条の「政令には、法律の委任がなければ、義務を課し、又は権利を制限する規定を設けることができない」とする規定（行組一二条三項も同旨）にその名残があります。この条項の反対解釈として義務を課さず権利も制限しなければ法律でなくとも政令（＝内閣の定める法規範）で定めることができるとなるからです。しかしこの説によると国民に福利を提供する生活保護法などの社会福祉関連立法も法律で規定しなくてもよいことになります。

現在有力な説は一般的・抽象的な法規範すべてと解する一般的規範説です。この説には法規範の定義そのものであるとの批判があります。実際には特定の事案や人にのみ適用される法律（＝「処分的法律」または「措置法」）も国会が作っています。一般的規範説はこのような法律がすべて違憲とはいいません。処分的法律も権力分立の核心が侵され議会・政府の憲法上の関係が決定的に破壊されることなく、また社会国家にふさわしい実質的・合理的な取扱いの違いを設定する趣旨のものであれば、権力分立ないし平等原則にただちに違反するとみることはできないとします。

しかし例えば、アメリカ同時多発テロ事件を機に二〇〇一年に制定されたテロ対策特別措置法は事案を特定し、二〇一七年に制定された「天皇の退位等に関する皇室典範特例法」は名宛人を特定しています。一般的規範説のいう例外には該当しないので、国会は憲法が授権していない処分をしたので違憲となるはずです。

結局、一般的抽象的法規範の定立は国会が独占するとしつつ、現行憲法は国会と内閣の協働を想定しているので、国会は、本来行政部に割り当てられた個別的具体的な処分も、それが裁判所の権限を侵犯するものでない限り「法律」という形式でなしうると解さざるをえないでしょう。

(3)　「唯一」の意味　「唯一」とは立法権を国会が独占すること（＝国会中心立法の原則）、立法権の行使は国会で完結し他の機関の関与が不要であること（＝国会単独立法の原則）を意味しています。前者の例外として①両議院の規則制定権（五八条二項）、②最高裁判所の規則制定権（七七条一項）、③地方公共団体の条例制定権（九四条）があり、後者の例外として地方特別法（九五条）があります。

明治憲法の下、天皇は帝国議会の議決した法律案を「裁可」（＝承認）する権限をもちました（明憲六条）。本条はこの権限を否定し、憲法五九条一項も「法律案は、……両議院で可決したとき法律となる」としてこれを確認しています。明治憲法の下、天皇は帝国議会の関与なしに立法権を行使でき、法律に根拠のない命令（＝広義の独立命令）を制定する権限をもちました。緊急勅令（明憲八条）や狭義の独立命令（明憲九条）のような法規範を天皇は定立できたのです。現行憲法四条一項と本条によって天皇の立法権は否定され、内閣および行政各部は法律の委任を受けた委任命令と法律を執行するための執行命令のみを制定できることになりました。

第四二条　国会は、衆議院及び参議院の両議院でこれを構成する。

趣　旨　本条は立法権を担当する国会が、衆議院と参議院という名称の二つの会議体から構成され、国会の意思が原則として両議院の意思の一致によって成立する二院制（両院制）をとることを定めています。

背　景　二院制は立法部が一つの会議体から構成される一院制と対置されるものです。

明治憲法の下、帝国議会は貴族院と衆議院から構成される二院制をとりました（明憲三三条）。明治維新後の民選議院設立運動を経験した明治政府は「公選〔＝直接選挙〕セラレタル議員ヲ以テ組織」（明憲三五条）する衆議院を設置する一方、その活動の牽制を期待して「皇族華族及勅任セラレタル〔＝天皇が任命した〕議員ヲ以テ組織」（明憲三四条）する貴族院を設置しました。

マッカーサー草案は「国会ハ三百人ヨリ少カラス五百人ヲ超エサル選挙セラレタル議員ヨリ成ル単一ノ院ヲ以テ構成ス」として一院制を構想しましたが、日本政府の意向に沿って最終的に二院制となりました。

内　容　本条はきわめてシンプルに、立法権を行使する国会が衆議院と参議院から構成されるとします。本条以下で衆議院もしくは参議院、または両者を合わせて両議院と呼ぶことが多く国会という言葉はあまり登場しません。衆議院と参議院がその活動時期（開会時期）は原則として同じくするもののそれぞれが独立して活動することを前提としているからです。両議院が一体として活動する憲法上の例外は、両議員の協議会（↓五九条三項・六〇条二項・六一条・六七条二項）と弾劾裁判所（↓六四条）だけです。

国会の組織・権限・活動方法、両議院の関係など具体的内容は次条以下に定めますが、簡単にその概要を記します。

(1)　**国会の組織**　国会の組織については以下のことが定められています。①両議院の構成員つまり衆議院議員と参議院議員は全国民の代表であること（↓四三条一項）、②両議院の議員は選挙によって組織されること（↓四三条一項）、③選挙は普通選挙（↓一五条三項）と秘密投票（↓一五条四項）であること、④両議院の議員とその選挙人の資格は法律で定めるが人種・信条・性別・社会的身分・門地・教育・財産・収入によって差別してはならないこと（↓四四条）、⑤両議院の定数、選挙区、投票の方法その他両議院の議員の選挙に関する事項は法律で定めること（↓四三条二項、四七条）、⑥衆議院議員の任期は四年（ただし、衆議院解散の場合はその時まで）（↓四五条）、参議院議員の任期は六年（ただし、三年ごとに半数改選）（↓四六条）であること、⑥両議院の議員を兼職できないこと（↓四八条）、⑦両議院の議員には三つの特典つまり歳費受領権（↓四九条）、不逮捕特権（↓五〇条）、免責特権（↓五一条）があること。

(2)　**国会の権限**　両議院には①立法権（↓四一条・五九条）のほか、②皇室財産授受承認権（↓八条）、③大臣に対する説明・質問要求権（↓六三条）④国政調査権（↓六二条）⑤内閣総理大臣指名権（↓六七条）、⑥条約締結承認権（↓七三条三号）、⑦財政処理権（↓八三条）、

⑧予算議決権（→八六条）、⑨憲法改正の発議権（→九六条）があり、衆議院にのみ内閣不信任決議権（→六九条）があります。裁判官弾劾権（→六四条）は、両議院の議員で構成される弾劾裁判所によって行使されます。

(3)　国会の活動　国会の活動は一定期間のみ活動する会期制をとります。会期には①常会（→五二条。一般にいう「通常国会」）、②臨時会（→五三条。同「臨時国会」）、③特別会（→五四条。同「特別国会」）があり、会期は内閣の助言と承認に基づく天皇の国事行為である召集（→七条二号）によって開始するほか、議院の側からの臨時会召集要求によるものがあります（→五三条）。両議院同時活動の原則があり、召集・開会・閉会は同時ですが、例外的に参議院の緊急集会制度もあります（→五四条二項・三項）。

両議院の議事方法につき、議事と議決の定足数（→五六条一項）、議決の方法（五六条二項）、会議の公開（五七条一項）が定められています。

(4)　両議院の関係　両議院は衆議院の予算先議権（→六〇条）と内閣不信任決議権（六九条）を除きその権限は対等ですが、議決の価値は①法律案の議決（→五九条二項）、②予算の議決（→六〇条二項）、③条約の承認（→六一条）、④内閣総理大臣の指名（→六七条二項）について衆議院の優越が認められ、衆議院と参議院の意思が一致しない場合、衆議院の意思が国会の意思となると定められています。ただし憲法改正につき両院は対等です（→九六条一項）。

両議院の議員の任期などに差を設け、また衆議院が優越する制度を採用したものの、両議院の議員がともに「全国民を代表する選挙された議員で……組織」される（四三条一項）ので、両院の政党別の分布は近年特に類似する傾向にあり、参議院は衆議院のカーボン・コピーと揶揄されることもあります。しかし二つの議院を置くことは、国会内部にも権力分立原理の利点を反映させて両院を相互に牽制させあい、熟慮による審議と、国民の意思の多様性をより適確に反映させることが期待できます。

第四三条　①　両議院は、全国民を代表する選挙された議員でこれを組織する。

②　両議院の議員の定数は、法律でこれを定める。

趣　旨　本条一項は憲法前文に「日本国民は、正当に選挙された国会における代表者を通じて行動」（第一段第一文）するとの宣明を受け、国会両議院の議員がともに選挙によって選出されるべきことを、本条二項はその定数を定める法形式を法律によるべきことを定めています。

背　景　貴族院は華族制度の廃止（→一四条二項）に伴い廃止されました。地方に強力な統治権を認める連邦制を採用する用意もないのでマッカーサー草案には一院制が示されました。三月二日案は、「国会ハ衆議院及参議院ノ両院ヲ以テ成立ス」とした上で、参議院議員の選出は「地域別又ハ職能別ニ依リ選挙セラレタル議員及内閣ガ両議院ノ議員ヨリ成ル委員会ノ決議ニ依リ任命スル議員ヲ以テ組織ス」としました。この案はＧＨＱによって拒否され参議院も民選議員にすることを条件に、改めて両院制が承認されたのです。

内　容　(1)　**全国民の代表**　両議院の議員が「全国民を代表する」とは、国会議員は一部の国民を代表する者ではないことを意味します。ヨーロッパ中世の身分制議会（＝等族会議）で議員はそれぞれの出身母体の身分の利害の代弁者でした。身分社会が解体され、均質な市民から構成される国民社会ができ、身分からの指示から議員は解放されました。ところが選挙区が選出単位になると、議員は再選のために選出選挙区を代表する政策を主張し、また政策を共有する者が集まって作る政党の政策を主張する存在となっていきます。議員は全国民の代表であるべしという理念と、選挙区あるいは政党という部分社会の代表であるという現実の矛盾を解く鍵は「代表」のとらえ方にあります。

私法関係における代表は本人の意向にそって行動することが要請されます。これを法的代表といいます。中世等族会議の議員は法的代表で身分からの命令・指示の下での行動を義務づけられたので、この関係を命令委任または強制委任と呼びました。身分社会が解体されても多種多様な考えをもつ国民全体の意向を受けて議員が行動することは不可能です。そこで純粋代表という理論が登場します。この理論によると国民は意思（＝声）なき抽象的存在で、議員は各自が想定する国民の意思を代弁する政治的代表であるとみるのです。この理論は議員を命令しあるいは強制する者はおらず議員は自由に行動できるとします（＝自由委任）。

第二次世界大戦後、国民の意思から遊離した政府を容認せず、他方でまた命令委任を否定するのですが、現実に存在する国民の意思をできるだけ忠実に反映して行動するのが代表のあり方であるとする理論が支配的となりました（＝社会学的代表）。これを半代表ともいいます。

(2)　**選挙の方法**　選挙とは有権者によって構成され

る機関（有権者団・選挙人団）が集合的行為によって自らを代表する者を指名、選定または選任する行為です。選挙の方法として直接選挙と間接選挙があります。直接選挙（＝公選）は選挙人が被選挙人を選出する選挙です。間接選挙には特定の選挙のみに投票する選挙委員を選挙で選びその選挙委員が被選挙人を選挙する狭義の間接選挙と、公選の公務員（議会の議員など）が被選挙人を選出する複選制（準間接選挙）があります。狭義の間接選挙の例としてアメリカ合衆国の大統領選挙があります。準間接選挙の例として一九一三年の憲法改正（第一七修正）までアメリカ合衆国で採用していた上院議員を各州議会が選出する制度があります。日本でも現行憲法下の内閣総理大臣は国民を代表する議員の集う両議院が構成する国会によって選出されるので、複選制の系譜に連なる制度ということもできます。

　現行憲法九三条二項は、「地方公共団体の長、その議会の議員及び……その他の吏員は、その地方公共団体の住民が、直接これを選挙する」と規定し、直接選挙を明文で義務づけますが、本条一項は直接選挙に言及していないので、間接選挙も許容する規定と解されます。もっとも公職選挙法一条は「日本国憲法の精神に則り、衆議院議員、参議院議員……を公選する選挙制度を確立し」とし、両議院議員ともに直接選挙を採用しました。

(3)　政党の位置づけ　現行憲法は結社の自由を保障します（→二一条）が、政党に言及する条項はありません。最高裁は政党について、「憲法の定める議会制民主主義は政党を無視しては到底その円滑な運用を期待することはできないのであるから、憲法は、政党の存在を当然に予定している」（八幡製鉄政治献金事件・最大判昭和四五年六月二四日民集二四巻六号六二五頁）と肯定的なとらえ方を示しました。

　選挙の関係で問題となるのが各議院の比例代表選出議員につき、政党その他の政治団体の名称の記載による投票を義務づけ（公選四六条二項〔衆議院〕）、あるいは許容する制度（同四六条三項〔参議院〕）の合憲性が問題となります。本条は議員名の記載による投票を義務づける規定とも読めるからです。最高裁は「政党は、議会制民主主義を支える不可欠の要素であって、国民の政治意思を形成する最も有力な媒体」とした上で、「政党を媒体として国民の政治意思を国政に反映させる名簿式比例代表制を採用することは、〔国会〕の裁量の範囲に属することが明らか」としました（最大判平成一六年一月一四日民集五八巻一号一頁）。

(4)　議員の定数　議員の定数は、衆議院議員は四六五人で、そのうち小選挙区選出が二八九人、比例代表選出が一七六人（公選四条一項）、参議院議員は二四八人で、そのうち比例代表選出が一〇〇人、選挙区選出が一四八人となっています（同条二項。以上二〇二一年一月一日現在）。

第四四条　両議院の議員及びその選挙人の資格は、法律でこれを定める。但し、人種、信条、性別、社会的身分、門地、教育、財産又は収入によつて差別してはならない。

趣　旨　憲法一五条三項は普通選挙（＝選挙人の資格の平等）を定めています。本条は選挙人の資格にとどまらず両議院の議員の資格についての平等選挙を定め、一四条が差別を禁止する人種・信条・性別・社会的身分・門地の五つの事由に加えて教育・財産・収入の三つの事由に基づく差別の禁止を条件としつつ、その詳細の定めを法律に委任すると定めました。

背　景　明治憲法三五条は「衆議院ハ選挙法ノ定ムル所ニ依リ公選セラレタル議員ヲ以テ組織ス」と定めました。

本条但書は一四条一項の列挙事由に加えて教育・財産・収入の三つを追加しました。

アメリカ合衆国では南北戦争後黒人に選挙権を付与しました（第一五修正・一八七〇年成立）。ところが州の法律の中には読み書きテスト（literacy test）を課して黒人を事実上選挙から締め出し、それは一九六五年に合衆国最高裁が違憲とするまで続きました。同国では選挙権登録の実質的な手数料として機能した人頭税（poll tax）もありました（第二四修正により禁止。一九六四年成立）。

一八九〇年日本で初めて実施された国政選挙の根拠となった衆議院議員選挙法は、一定額を納税した者にのみ選挙権を認め、一九二五年のいわゆる普通選挙制度への改正までそれは行われました。しかしこの年の改正には新たに「破産者ニシテ復権ヲ得サル者」や「貧困ニ因リ生活ノ為公私ノ救助ヲ受ケ又ハ扶助ヲ受クル者」には選挙権・被選挙権を認めないとする規定が置かれました。真に平等な選挙制度を実現するために本条に三つの事由が追加されたのです。

内　容　(1)　**なぜ権利でなく資格なのか**　本条が被選挙権および選挙権と規定せず資格とした理由には立候補や投票という行為が当初主観的権利とは考えられていなかったという沿革があります。ある最高裁判決の少数意見にも「選挙権については、国民主権につながる重大な基本権であるといえようが、被選挙権は、権利ではなく、権利能力であり、国民全体の奉仕者である公務員となり得べき資格」と解する考え方が示されました（最大判昭和三〇年二月九日刑集九巻二号二一七頁の斎藤・入江補足意見）。

選挙権の性質をめぐる学説上の論争があります。有力な考え方は、選挙権の行使には参政権という憲法・法律によって保障された主観的権利の行使と、国会という政府機関の創造を担う公務の執行との二つの側面があるとします（二元説）。議員と選挙人の資格を法定事項とした理由は、選挙は公務なのでその内容は法律で決めてもよいと考えたのでしょう。国民主権の原理を採用した現行憲法の下では議員と選挙人の資格の中核的部分、例えば年齢や欠格事由については憲法の中に明示すべきであったとする批判もあります。各国の憲法もその大綱は憲法で定めています。例えば、アメリカ合衆国憲法第二六修正（一九七一年成立）は投票年齢を一八歳以上と定めています。

(2)　但書列挙事由　本条但書にある人種・信条・性別・社会的身分・門地の内容は一四条一項と同じです。「教育」とは学歴にとどまらず広く知的能力を意味します。例えば議員と選挙人の資格につきその知的能力の調査・試験を行い、その結果による差別を禁止します。「財産」とは現にもつ財産的価値を有するものをいい、「収入」とは一定期間内に獲得しまたは獲得する見込みの財産をいい、これによる差別を禁止します。

納税額は財産・収入そのものではないのですが、これらを計る尺度となるので納税要件も「収入及び財産」になります。

(3)　公職選挙法の規定　公職選挙法は「資格」を「選挙権」と「被選挙権」ととらえて公職選挙法九条以下一一条の二まで資格要件と欠格事由を定めています。

選挙権の年齢要件は一九四五年の第一回衆議院議員選挙以来二〇歳以上でしたが、二〇一五年の公職選挙法改正により一八歳以上になりました（同法九条）（→一五条三項）。被選挙権の年齢要件は衆議院議員につき二五歳以上、参議院議員につき三〇歳以上とします（同法一〇条一項一号・二号）。

選挙権・被選挙権の欠格事由として現在①禁錮以上の刑に処せられその執行を終わるまでの者（同法一一条一項二号）、②禁錮以上の刑に処せられその執行を受けることがなくなるまでの者（刑の執行猶予中の者を除く）（同項三号）、③公職にある間に犯した刑法上の収賄に関する罪（刑法一九七条から一九七条の四、公職にある者等のあっせん行為による利得等の処罰に関する法律一条）の罪により刑に処せられ、その執行を終わり若しくはその執行の免除を受けた者でその執行を終わり若しくはその執行の免除を受けた日から五年を経過しないものまたはその刑の執行猶予中の者（公選一一条一項四号）、④選挙、投票および国民審査に関する犯罪により禁錮以上の刑に処せられその刑の執行猶予中の者（同項五号）としています。なお「成年被後見人」も欠格事由でした（旧同項一号）が、下級裁判所が違憲とした（東京地判平成二五年三月一四日判時二一七八号三頁）ことを受けて、二〇一三年、削除されました。また、上記①の受刑者についての制限について違憲とした下級裁判所判例がある（大阪高判平成二五年九月二七日判時二二三四号二九頁）のですが、これは削除されていません。

選挙に関する犯罪により一定期間、選挙権・被選挙権を停止する規定もあります（同法一一条二項）。なお、両議院の議員を同時に兼職できません（→四八条）。

第四五条　衆議院議員の任期は、四年とする。但し、衆議院解散の場合には、その期間満了前に終了する。

趣旨　本条は衆議院議員の任期を定めています。移ろいやすい民意を立法活動に的確に反映させるためには下院たる衆議院の任期はなるべく短い方がよいのです。しかしあまりに任期が短く頻繁に改選されると議員も選挙目当ての活動に終始し、議院内の勢力分布が猫の目のように変わると政治が不安定になるので四年と定めました。衆議院は任期途中での解散があるので、解散があれば任期途中でその職が終了することも念のため但書に規定しました。

背景　帝国議会の衆議院議員の任期は明治憲法に規定はなく、衆議院議員選挙法で定めました。「議員ノ任期ハ四年トシ総選挙ノ期日ヨリ之ヲ起算ス但シ議会開会中ニ任期終ルモ閉会ニ至ル迄在任ス」としました（一九二五年改正後の同法七八条）。諸外国の下院議員の任期の立法例は四年から五年が大勢です。現行憲法は明治憲法の下での任期を踏襲して四年としました。

最高裁は議員の任期について「衆議院は、その権能、議員の任期及び解散制度の存在等に鑑み、常に的確に国民の意思を反映するもの」（最大判平成二三年三月二三日民集六五巻二号七五五頁）としています。

内容　衆議院議員の任期は四年で、すべての議員について同時に始まり同時に終わります。任期中に議員が欠けた場合、補欠選挙などでその後任となった議員についてもその任期は前任者の残任期間となります（公選二六〇条）。任期は総選挙の期日から起算して暦にしたがって計算し、最後の年のその起算日に応答する日の前日に満了します（民法一四三条）。ただし任期満了による総選挙が衆議院議員の任期満了の日の前に行われたときは、前任者の任期満了の翌日から起算します（公選二五六条）。

衆議院の解散はその議員の任期を短縮する行為なので、解散によって任期は終了します（↓七条三号、六九条）。この任期は憲法上の要請なので法律によってその任期を延長または短縮することはできず、国会の議決によって例えば国会の会期の終了まで任期を延ばすこともできません。その任期を憲法が定めた手続以外の手続で短縮することも許されないので、法律を定めて、または衆議院自身の議決によって衆議院を解散することはできません。

第四六条　参議院議員の任期は、六年とし、三年ごとに議員の半数を改選する。

趣　旨　本条は参議院議員の任期と半数改選制を定めています。現行憲法は、参議院も特定の階層や地域の代表ではなく全国民を代表する選挙された議員から組織されることにしました（↓四三条）。衆議院の優越が定められ（↓五九～六一条・六七条）、また解散による任期の短縮（↓四五条）もないので、その任期を衆議院議員より長くしても政治上の弊害はより少なく、また政策の安定性・継続性の保障を担うこともでき、他方半数改選によって任期原則四年の衆議院議員よりも短期間の三年で民意の変化を反映させて民意の劇的変化にも対応できるなどの理由で、任期が定められました。

背　景　明治憲法下の貴族院は公爵・侯爵の議員は終身、伯爵・子爵・男爵の議員は七年、勅任議員のうち勲労学識による勅選議員は終身、帝国学士院議員・多額納税者議員は七年の任期でした。君主政の下の議会は上院に下院を抑制する機能が一般的に期待されて、下院より長期または終身の任期が定められる傾向がありました。民主政の下で二院制をとる議会は、民意をより的確に反映させる点から、その任期を定めることが要請されます。そこで現行憲法は、短いスパンで民意をはかる「多数支配」の下院、長いスパンで民意をはかる「理の支配」の上院が権力分立原理の趣旨に沿って相互に牽制し立法活動の暴走を抑制することを制度設計原理とし、参議院に任期六年半数改選制を定めたと考えられます。最高裁は

「参議院議員の任期をより長期とすること等によって、多角的かつ長期的な視点からの民意を反映させ、衆議院との権限の抑制、均衡を図り、国政の運営の安定性、継続性を確保しようとした」（最大判平成二六年一一月二六日民集六八巻九号一三六三頁）とします。

内 容 参議院議員の任期つまり議員としての資格を有する期間は六年です。半数改選制なので同じ時期に改選された半数の議員全員についての任期の始期と終期は同じになります。個々の議員が欠けた場合の補欠議員は前任者の残任期間となります（公選二六〇条）。任期は前の通常選挙による参議院議員の任期満了の日の翌日から起算されるのですが、通常選挙が前の通常選挙による議員の任期満了日の翌日後に行われたときは、通常選挙の期日から起算されることになります（公選二五七条）。

現行憲法施行後第一回目の選挙によって選ばれた議員のうち半数は任期を三年とする必要がありますが、本条の特例となるので補則に規定が置かれました（↓一〇二条）。

第四七条 選挙区、投票の方法その他両議院の議員の選挙に関する事項は、法律でこれを定める。

趣 旨 本条は選挙に関するルールを法律という法形式で定めるべきことを規定しています。本条を受けて公職選挙法がその具体的内容を定めています。「選挙区」・「投票の方法」は選挙に関する事項の例示なのでこの法律の内容は広範かつ詳細に及びます。国会両議院を構成する手続である選挙の方法を定めるルールはきわめて重要なので本来は憲法で定めるべきです。しかし技術的なルールも多く、例えばインターネットによる選挙運動のルールが二〇一三年の法律改正で新たに追加されたことが示すように、社会の変容に応じて変更する必要もあるので、あえて法律で定めるとしました。ただし、本条は選挙に関する事項を定める法形式を指定しただけで、そのすべてが立法裁量であると定めたと解することはできません。事項ごとに関係する憲法の条項が示す準則に照らしてその合憲性は判断されます。例えば投票価値の平等に関する条項については憲法一四条に照らして、表現行為の一種といえる戸別訪問などの選挙運動に関する条項については憲法二一条に照らして、それぞれその合憲性が問われることになります（↓二一条⑥）。

背 景 明治憲法は貴族院につき「貴族院令ノ定ムル所ニ依リ皇族華族及勅任セラレタル議員ヲ以テ組織ス」とする（三四条）一方、衆議院につき「選挙法ノ定ムル所ニ依リ公選セラレタル議員ヲ以テ組織ス」（三五条）としていました。貴族院の組織を定める貴族院令は勅令ですが、現行憲法の下で天皇は法規範を制定する権能を失いました。現行憲法四三条一項が両議院ともに「全国民を代表する選挙された議員でこれを組織する」としたことから、衆議院のみならず、上院（第二院）に当たる参議院の選挙に関する事項についても、明治憲法の衆議院に関する三五条をベースにして「法律でこれを定める」としたのです。

なお、外国では、スイス、スペインなど下院議員選挙につき比例代表制によることを憲法で定めるなど基本的事項については憲法で規定するのが大勢なので、選挙方法の骨格は憲法で定めるべきとする考え方もあります。

内　容　(1)　**選挙区**　「選挙区」とは選挙人団を区別する基準となる単位のことです。公職選挙法は、区域（地域）という空間的単位を採用しています。歴史的には身分制議会は「身分」を単位としていました。日本でも明治憲法下の貴族院の伯爵・子爵・男爵の議員は「身分」を単位として構成される選挙人団、市町村選挙で一時期採用された等級選挙は一定の納税額を基礎に構成される「級」を選挙人団の単位としました。その他、例えばイギリスではかつて一定の大学の学位所有を基礎として構成される大学選挙区も存在していました。その他職業を単位とする職能代表選挙なども考えられますが、このような人的要素ではなく地域にその単位を求めるのが中立的で合理的と考えられるようになって、空間的要素に着目した単位を採用するのが諸国の普遍的傾向となりました。しかし区域を単位とする選挙区はその分け方が選挙の結果に影響を及ぼします。時の多数派が選挙区割を操作して特定の候補者・党派を有利にすること、いわゆるゲリマンダーを防止するために、地理的条件・行政区画などの客観的な区域と一致させる方法が通常用いられています。代表の多様化を目指すのであれば、今後は年齢別選挙区も考えるべきでしょう。

(2)　**投票価値の平等**　全国一区で選挙を行い得票数の多い順から議員となる人を決めるのではなく、区域を単位とする選挙区ごとに議員となる人を決めるとなると、仮に一選挙区から一人の議員を選出する制度をとった場合、その選挙区の有権者を同数にしないと、有権者の投票価値の不平等が生じます。例えばA選挙区の有権者が一〇万人でB選挙区の有権者が二〇万人とした場合、B選挙区の有権者の一票の価値（較差）はA選挙区の有権者のそれに比べて二分の一になってしまいます。

選挙区の線引きが地理的条件・行政区画によって行わ

れたため、この較差は衆議院の場合約五分の一、参議院の場合約六・七分の一にまでに至り、その合憲性を問う訴訟が提起されました。

一九七二年に施行された衆議院議員の選挙につき争われた訴訟で最高裁は①「選挙人の投票価値の不平等が、国会において通常考慮しうる諸般の要素をしんしゃくしてもなお、一般的に合理性を有するものとはとうてい考えられない程度に達しているとき」に、②「人口の変動の状態をも考慮して合理的期間内における是正が憲法上要求されていると考えられるのにそれが行われない場合」には違憲になるとしました（最大判昭和五一年四月一四日民集三〇巻三号二二三頁）。違憲か否かの判断基準について、①は投票価値の較差、つまり計数的要素、②は是正のために必要な時間、つまり時間的要素をそれぞれ問題とするとしました。この選挙のときの最大較差は一対四・九九で、約八年間改正せずに放置されていたので違憲としました。ただし、結論的には、選挙を無効にすると、その選挙で選出された議員の資格がはじめからなかったことになって、その議員によって組織された衆議院の議決を経て成立した法律などの効力にも問題が生じるなど影響力が大きいとして、判決主文で選挙は違法であるとしつつ、選挙の効力は無効とせずに維持しました（これを事情判決と呼びます）。

その後、両議院の議員の選挙のたびに投票価値の平等をめぐる訴訟が提起されています。①の要素に問題があるとする判決はいくつか出されました。そのような判決も、②の要素はなおみたしていないとする、いわゆる違憲状態判決にとどまり、端的に選挙を違憲無効とする判決は出されていません。

(3)　**選挙制度**　一選挙区から一人の議員を選出する選挙区を小選挙区、二人以上の議員を選出する選挙区を大選挙区といいます。現在、衆議院の選挙区は小選挙区と全国を一一のブロックに分けた比例代表の大選挙区となっています。参議院の選挙区は二人から一二人を定数とするので、それぞれの選挙区から常時二人以上が選出され、大選挙区のようにみえますが、半数改選制（↓四六条）なので定数二人の選挙区では一回の選挙で一人の議員のみが選出されるため小選挙区、定数四人以上の選挙区は二人以上の議員が選出されるため大選挙区とみられ、参議院では両者が混在していることになります。参議院の比例代表は一〇〇人（一回の選挙では半数の五〇人）の議員が選出される大選挙区です（公選四条一項）。

(4)　**投票方法**　一人一票の原則（公選三六条）が憲法一五条三項の定める普通選挙の要請から導かれます。

特定の選挙でAは一票を、Bは二票を投じることができるとすれば、普通選挙の根幹となる各人が対等に投票できるという普通選挙の原則に反するからです。投票の秘密も憲法一五条四項が定めています。これは誰の目も気にせずに自分の真意に基づいて投票できることを保障するものです。同項の定める選挙人の公私にわたる無答責も自由な投票を間接的に保障します。公職選挙法は、そのほか自書主義（四六条一項・二項）、無記名投票（同条四項）、投票した被選挙人の氏名の陳述義務の否定（五二条）、他事記載の無効（六八条一項六号）を規定しています。自書主義は字の書けない人を投票から排除するので、「教育」による差別を禁止する憲法四四条但書に違反すると考えられます。代理投票（四八条）を認めますが、それでは投票の秘密が侵されることになるでしょう。なお、他事記載は投票人の特定を可能にするので禁止されます。その他投票の秘密侵害罪（二二七条）、投票干渉罪（二二八条一項）を規定して、投票の秘密の侵害について刑罰をもって制裁しています。

できる限り多くの有権者に投票の機会を与えるための制度として期日前投票（公選四八条の二）があります。一九四八年に設けられた身体障害者の在宅投票制度を廃止する一九五二年の法改正は違憲であるとして損害賠償を求めた事案で、最高裁は、立法の内容が憲法の一義的な文言に違反していないとして請求を認めませんでした（最判昭和六〇年一一月二一日民集三九巻七号一五一二頁）。その後重度の身体障害者の在宅投票制度は一九七二年に復活しました（四九条二項）。外国に居住している有権者が投票できない制度は違憲として損害賠償を求めた事案で、最高裁は憲法は国民に投票する機会を平等に保障し選挙権またはその行使を制限するにはやむを得ないと認められる事由がなければならないとして損害賠償を認めました（最大判平成一七年九月一四日民集五九巻七号二〇八七頁）（その後平成一八年に公職選挙法は改正され、投票可能になりました）。

(5)　選挙運動　選挙で当選しようとする立候補者はいろんな方法で有権者に自分の政策を訴えようとします。政策の有権者への訴えは政治的主張を伝えようとするので表現行為ととらえることができます。他方無秩序な選挙運動は運動資金の豊富な候補者に有利となり住環境なども乱すので、公職選挙法はルールを設けてそれを制限しようとします。戸別訪問の禁止が代表例ですが、これについては、表現内容の中立規制のところですでにみました（→二一条(6)）。

(6)　連座制　選挙運動の実務を指揮する総括主宰

者、地域主宰者、出納責任者、一定の親族、秘書などが買収等の選挙犯罪となる行為をして有罪判決を受けたとき、仮に当選しても無効とされ、さらに五年間当該選挙区での立候補禁止の制裁が課されます（公選二五一条の二、二五一条の三）。このようないわゆる連座制の合憲性について最高裁は、そのような者の選挙犯罪は「候補者の当選に相当な影響を与えるものと推測され、またその得票も必ずしも選挙人の自由な意思によるものとはいい難い」から、「その当選は、公正な選挙の結果によるものとはいえない」。「その当選を無効とすることが、選挙制度の本旨にもかなう」としました（最大判昭和三七年三月一四日民集一六巻三号五三七頁）。

第四八条　何人も、同時に両議院の議員たることはできない。

趣　旨　国会を衆議院と参議院の二つの議院から構成する趣旨は、国会内部に独立に意思決定のできる議院を置き、相互の権限行使につき抑制と均衡をはかる点にあり、その根本は権力分立原理に立脚しています。仮に同時期に両議院の議員を同じ人が兼職できるとなると、両議院の人的構成が重なり、右の趣旨に反します。そこで兼職禁止規定が置かれました。

背　景　明治憲法三六条は、「何人モ同時ニ両議院ノ議員タルコトヲ得ス」と規定していました。本条はこれをそのまま口語体にしたものです。諸外国でも両院制度を採用する国は同趣旨の憲法の条項を置き（例えば、フランス第五共和国憲法二五条一項）、連邦制度をとる国でも同様の傾向が認められます（アメリカ合衆国では明文の規定はありませんが、当然の前提とされています）。

内　容　兼職禁止の具体化は法律で定められています。国会法は「各議院の議員が、他の議院の議員となつたときは、退職者となる」（一〇八条）としています。公職選挙法はさらに前倒しして、一つの議院の議員が他の議院の選挙の立候補の届出をした場合、その日に現在の議院の議員を辞職したものとみなす規定を置いています（八九条一項・九〇条）。

第四九条　両議院の議員は、法律の定めるところにより、国庫から相当額の歳費を受ける。

趣　旨　本条は国会議員の特典として歳費請求権を定めます。国会議員が立法活動などを行うためには、その活動を経済的に支える基盤を確立させる必要があります。本条はそれを国庫（＝国を財産権の主体としてみた言葉）が負担することを定めました。

背　景　等族会議（→第四章前注⑶）の時代、議員は各種団体（貴族・僧侶等の身分、都市・州などの地方団体）の委任を受けその利益を代表する代理人だったので、選出母体の団体が活動費用をまかなう慣行がありました。国民代表会議の確立期になると議員の無報酬の時代になります。この時期議員は有給で職務に専念する政府の使用人たる官吏と対置され、他に本業を有する一般人たる素人が立法活動に参加する存在として、名誉職的な位置づけが与えられました。しかしこのような位置づけは議員が副業となるため議会への出席率の低下を招き、また他に本業を有しない者に議員となる道を封じてしまい、金銭的保障をえるために所属する党派の領袖に隷属するなどの弊害がみられるようになりました。普通平等選挙制度の普及とともに、他に収入源をもたない一般人にも議員となる機会を開くため、報酬主義へと移行していきました。

明治憲法には本条に相当する条項はありませんでした。歳費は当時の議院法に給する旨の規定を置きました（一九条）。貴族院議員については、歳費は選挙によって選ばれる議員と勅任議員に限られていました。

内　容　⑴　歳費受領権の性質　一般職の公務員（官吏）のもつ俸給請求権は職務専念義務に基づく労働の対価で生活保障でもあります。議員の歳費請求権につき学説は分かれます。第一は議員の歳費は職務遂行上要する費用の弁償であって生活保障ではないとするものです。もっともこの説は、現実の出費に応じて支給を行うことは職務の性質上困難であり、議員の独立の地位を尊重するため画一的に相当額を予定していると考えます（費用弁償説）。第二は議員の勤務に対する報酬、つまり議員職務の専業化と専門化が顕著となった実情に合わせて議員たる地位や職務にふさわしい生活をするための職務に対する報酬と考える報酬説です。

両説から議員としての活動をしない場合に歳費受給権はなくなるという結論は出てきます。ただし報酬説をとると、歳費に生活保障の要素を認めるので、このような結論を出すのに慎重になります。明治憲法下の議院法は召集に応じない議員は歳費を受け取ることができず（一九条一項）、またこれを辞することができる（同条二項）などの規定があり、費用弁償説を前提としていました。憲法の兼職禁止規定は他の議院の議員になることのみを規定し（四八条）、国会法などの法律も公務員との兼職禁止以外に民業との兼職は禁止していません。国民代表たる議員の地位は職業の本質的要素の生計を維持する手段ではないので費用弁償説をとるべきでしょう。

⑵　**歳費の内容**　歳費とは一年を基準としての金額を定める支給金を意味しています。もっとも一年単位で支給することまで要請していないので、月割りなどで分割して支給することも許されます。現在は各月分に分けて支給され、議員はその地位にある間つまり任期の始まる日から、任期満限、辞職、退職、除名の場合はその日まで、死亡と解散の場合は当月分まで支給を受けます（国会議員の歳費、旅費及び手当等に関する法律〔以下「歳費法」〕三条～五条）。歳費の額は、「一般職の国家公務員の最高の給与額（地域手当等の手当を除く。）より少なくない歳費」とされ（国会三五条）、各議院の議長は二一七万円、副議長は一五八万四〇〇〇円、議員は一二九万四〇〇〇円がそれぞれ歳費月額として支給されます（歳費法一条、二〇二一年一月一日現在）。

歳費という名称の給付（狭義の歳費）のほかに文書通信交通滞在費（月額一〇〇万円）、役員等の議会雑費、公務による派遣の際の旅費、期末手当などのほかに、鉄道・自動車の運賃・料金を支払うことなく乗車できる特殊乗車券や航空券の交付（以上、歳費法八条～一二条の三）、議員会館の事務室の提供（国会一三二条の二）、秘書（政策秘書一名も含めて計三名、国会一三二条）に要する給料も支払われ（国会議員の秘書の給与等に関する法律）、これも広義の歳費に含まれると解されます。

第五〇条　両議院の議員は、法律の定める場合を除いては、国会の会期中逮捕されず、会期前に逮捕された議員は、その議院の要求があれば、会期中これを釈放しなければならない。

趣　旨　本条は国会議員の不逮捕特権を定めています。国会議員が立法活動などを行うためには自由に行動し自由に発言できなければなりません。この特権を認める目的は①議員の身体と表現の自由の保障、②議員の所属する議院の審議権の確保です。

背　景　明治憲法五三条も「両議院ノ議員ハ現行犯罪又ハ内乱外患ニ関ル罪ヲ除ク外会期中其ノ院ノ許諾ナクシテ逮捕セラル、コトナシ」と規定しました。逮捕の例外を憲法に規定している点と会期前に逮捕された場合の言及がない点に現行憲法との相違があります。

内　容　⑴　**「逮捕」と「会期中」の意味**　「逮捕」とは刑事訴訟法上の逮捕・勾引・勾留に限定されず、広く行政権による身体の拘束、例えば警察官職務執行法上の保護措置（三条）なども含まれます。「会期中」とは国会の開会中を意味し、会期外（閉会中）にはこの特権は認められません。参議院の緊急集会は国会に付与された権能を行使するものなので集会中は会期中として扱われます。

⑵「法律の定める例外」　「法律の定める例外」として、国会法三三条は、「各議院の議員は、院外における現行犯罪の場合を除いては、会期中その院の許諾がなければ逮捕されない」とします。そうすると以下の二つの場合は逮捕されます。

①院外の現行犯罪の場合。この場合は犯罪事実が明白で不当な逮捕がなされるおそれがないと考えられるからです。院内の現行犯罪の場合は議院の秩序維持権に基づき各議院の議長が警察権を行使して衛視または警察官に逮捕させることができるので、院外に限定しました。院外とは各議院の議長の警察権の及ばない物理的空間を指すので、国会議事堂・別館およびその敷地の外部のことを意味しています。

②院外の現行犯罪の場合以外で議員の所属する議院の許諾がある場合。許諾の判定基準は不逮捕特権を認める目的の理解によって異なります。目的①議員の身体の自由の保障とみる説からは逮捕請求の理由の正当性に基づき判断すべきとなります。目的②議院の活動確保とみる説からは逮捕請求を受けた議員が議院の活動に特に必要か否かに基づき判断すべきとなります。

この特権が認められた沿革は行政部と対立する議員を不当な逮捕から守ることにありました。しかし現在、一般人を含め犯罪の嫌疑による逮捕はすべて「司法官憲」すなわち裁判官の令状に基づいてなされ（→三三条）、政治的理由に基づく逮捕のおそれはほとんどなくなりました。議員の特権はその人個人のため（目的①）から、国民代表としての活動に対する支障の排除のため（目的②）に変容したのです。法の下の平等からしても議員の特権は限定的に解すべきで、議院の活動確保の基準に照らして判断すべきでしょう。

⑶　条件または期限付きの許諾　議院が逮捕請求を認める際に条件または期限を付すことができるか否かにつき、逮捕許諾請求に対して議院がその許諾を全体として拒否できる以上、これに条件または期限をつけることもできるとする積極説と、許諾を与える以上その後の措置はすべて刑事訴訟法の規定にしたがって検察庁または裁判所の判断に委ねるべきであるとする消極説に分かれます。

この特権の目的は議院の審議権確保にあるとする立場

に立つと、議院の側で当該案件の重要性とその審議への当該議員の出席の必要性を疎明（＝一応確からしいとの推測・心証を与える程度の説明）すれば条件または期限を付することができるとする積極説を支持すべきでしょう。なお、下級審決定に「議員の逮捕を許諾する限り右逮捕の正当性を承認するものであつて逮捕を許諾しながらその期間を制限するが如きは逮捕許諾権の本質を無視した不法な措置」（東京地決昭和二九年三月六日判時二二号三頁）と消極説に立つものがあります。

(4)　会期前に逮捕された議員の扱い　閉会中に議員が逮捕され会期が始まった後にも継続して身体を拘束されると、この特権を認めた議院の審議権確保という目的に反します。そこで本条後半は、会期前に逮捕された議員の釈放請求権を議院に付与しました。国会法は会期前に逮捕された議員の釈放の要求の発議には「議員二十人以上の連名で、その理由を附した要求書をその院の議長に提出しなければならない」（三四条の三）としています。

第五一条　両議院の議員は、議院で行つた演説、討論又は表決について、院外で責任を問はれない。

趣　旨　本条は国会議員の免責特権を定めています。議員が特定の者からの指示を受けず、またその意向を忖度せずに院内で自由に発言し表決するためには、その言動に法的責任を負わないことを保障し、議院における審議の充実をはかる必要があると考えられたのです。

反面、立法権という権力を行使する議員の院内における言動によって一般人の名誉権などの権利が侵害される事態も生じます。議員を安易に法的責任から解放することは法の支配の原理に反して憲法一七条の例外を認め、私人の「裁判を受ける権利」（三二条）を剝奪することになります。

背　景　免責特権の淵源はイギリス市民革命期の『権利章典』（一六八九年）における「国会における言論および討論または議事手続の自由は、国会以外のいかなる裁判所においても、非難され、または問題にされてはならない」とする規定にあります。明治憲法も「両議院ノ議員ハ議院ニ於テ発言シタル意見及表決ニ付院外ニ於テ責ヲ負フコトナシ但シ議員自ラ其ノ言論ヲ演説刊行筆記又ハ其ノ他ノ方法ヲ以テ公布シタルトキハ一般ノ法律ニ依リ処分セラルヘシ」としていました（五二条）。

その趣旨は歴史的には国王権力による弾圧からの議員の自由な活動の保障、後の命令委任の禁止（→四三条）に由来します。しかし議員の活動が極めて危険な状況にあった時代に考案された免責特権を、現代の日本に維持する必要性をよく考えた解釈論を展開する必要があるでしょう。

内　容　(1)　**免責の対象**　免責の対象は議員が議院の活動として職務上行った「演説、討論又は表決」です。「演説」とは議員がその職務の際に行う正式な発言すべてで、意見の表明のほか単なる事実の陳述・質問も含まれます。「討論」とは「演説」のうち議題となっている事項について賛否の意見を表明しこれに説明を加えることです。「表決」とは議院または委員会の意思決定手続の際に議題について賛否の意思を表明することです。

地裁の判決に、本条の「対象たる行為は同条に列挙された演説、討論または表決等の本来の行為そのものに限定せらるべきものではなく、議員の国会における意見の表明とみられる行為にまで拡大され……議員の職務執行に附随した行為にもこれが及ぶという考えも一概にこれを排斥すること〔は〕できない」とし、「その多少の行き過ぎは咎めらるべきものではない」としたものがあります（東京地判昭和三七年一月二二日判時二九七号七頁）。

議院の活動である以上、国会議事堂・国会別館その他これらの敷地外の場所における活動、例えば地方公聴会における発言等も含まれます。議員としての発言等であっても議院の活動以外の活動における発言、例えばネット上にアップする活動報告などは免責の対象とはなりません。

(2)　**責任の内容**　国会議員が院外で問われない責任とは一般人であれば負うべき法的責任すなわち民事上・刑事上の責任です。ただし別に院内における懲罰事犯とはなりえます（五八条二項本文後段、国会一一九条）。

(3)　**免責の意味**　刑事事件において裁判所は公訴提起そのものは適法とした（東京地判昭和三七年一月二二日判時二九七号七頁）ので、当該発言が免責特権の範囲内か否かは裁判所が判断します。民事事件においても名誉毀損に基づく損害賠償請求事案において裁判所は訴えは適法としています。

本条が違法性阻却の規定か、責任阻却の規定かの問題があります。高裁判決は「憲法五一条……の中に、国会議員が院内で行つた演説〔等〕は本来違法なものであつても、適法とみなされる……というような趣旨が含まれているものとは到底解することができない。現行の国家賠償制度において、憲法五一条の有する意味は、……国から国賠法一条二項によつて求償を受けることのないことが憲法上保障されているというだけである」としました（札幌高判昭和五三年五月二四日高民集三一巻二号二三一頁）。

(4) 違法性の判定基準　本条の典型的事例は、他人の名誉・プライバシー侵害を院内で行った場合です。その違法性の判定基準について表現の自由と名誉・プライバシーの保護との調整についての一般論をそのまま適用するアプローチ（一般的アプローチ）と、議員の活動の自由を保障する見地から一般論を修正して適用するアプローチ（限定的アプローチ）があります。

最高裁は、「国会議員が国会で行った質疑等において、個別の国民の名誉や信用を低下させる発言があったとしても、……〔その〕責任が肯定されるためには、当該国会議員が、その職務とはかかわりなく違法又は不当な目的をもって事実を摘示し、あるいは、虚偽であることを知りながらあえてその事実を摘示するなど、国会議員がその付与された権限の趣旨に明らかに背いてこれを行使したものと認め得るような特別の事情があることを必要とする」（前述札幌高判の上告審・最判平成九年九月九日民集五一巻八号三八五〇頁）とし、限定的アプローチをとりました。

第五二条　国会の常会は、毎年一回これを召集する。

趣　旨　憲法は国会の会議の種類として毎年一回召集される「常会」（五二条）、内閣またはいずれかの議院の総議員の四分の一以上の要求によって内閣がその召集を決定する「臨時会」（五三条）、衆議院の解散・総選挙の後三〇日以内に召集される特別会（五四条一項）を定めています。

議会（立法部）の活動制度は常設制と会期制に分類されます。その区別の本質は活動期間を国会の自由意思で設定できるか否かにあるので、国会の自由意思で設定できる制度は常設制、できない制度は会期制となります。

憲法には常設制を否定する条項はありません。本条は「常会」につき規定し五三条が「臨時会」を規定するので、憲法は会期制を許容しています。会期制には国会自らが活動を開始できないデメリットがありますが、五三条は議員による国会の召集要件を定め、また国会法も国会自身が会期を決定し延長もできる旨を規定し（国会一一条～一三条）、さらに召集と同時に会期が始まること（同一四条）などから、会期の開閉をすべて政府（天皇）が決定していた明治憲法時代の会期制の問題点は克服されました。

背　景　明治憲法は「帝国議会ハ毎年之ヲ召集ス」（明憲四一条）と規定されていました。しかし「天皇ハ帝国議会ヲ召集シ其ノ開会閉会停会及衆議院ノ解散ヲ命ス」（明憲七条）とする条項があり、議会の活動能力の取得・喪失・停止は天皇の大権事項でした。また「帝国議会ハ三箇月ヲ以テ会期トス必要アル場合ニ於テハ勅命ヲ以テ之ヲ延長スルコトアルヘシ」（明憲四二条）と規定されたので、議会は自律的に集会すること、またその会期の期間も自ら決定することもできませんでした。

現行憲法は会期制のメリットを考慮に入れて外形的・時間的には会期制を採用しましたが、議員自身にも開会の手段を認めるので、常設制の要素である活動の自律性も補完的に取り入れた制度になりました。

内　容　常会は通常国会とも呼ばれ、予算の議決などのために、一月中に召集するのを常例とし（国会二条）、その会期は一五〇日と定められています（同一〇条本文）が、会期中に議員の任期が満限に達する場合には、その満限の日をもって会期は終了します（同一〇条但書）。常会の会期は一回に限り、両議院一致の議決で延長することができるとされています（同一二条）。なお、会期の期間の計算については、当日から起算するとされています（同一三三条）。

(1)　**召　集**　国会の召集は内閣が決定し内閣の助言と承認のもとに天皇が召集する旨の詔書を公布することによって行います（七条二号、国会一条一項）。

(2)　**会期の独立**　国会は会期ごとに順次「第○○回国会」と呼ぶのが慣例です。これは国会が会期ごとに独立して活動することを前提とする明治憲法下の慣例を踏襲したものです。

「会期の独立」から、国会が閉会となった場合には会期中に議決に至らなかった案件は後会に継続しないという原則つまり会期不継続の原則が導き出されるといわれます。しかしこの原則は国会法が定めた原則に過ぎないので、フランス・アメリカ合衆国・ドイツにならい、総選挙から総選挙までを一つの立法期ないし選挙期と考える制度に改めることも可能です。

一度議院が議決した案件を同一会期中に再び審議しないという原則を、一事不再議の原則といいます。一度なされた議決を不安定な状態にしてはその価値を減じるばかりでなく、会議の能率を低下させて議事の運営上好ましくないからとされています。明治憲法三九条はこれを明文で規定していました。現行憲法や国会法・議院規則にはこれを定める規定はありません。しかし当然の条理とされ、どの範囲で審議するかは国会または議院の自主的決定に任せているとされます。

(3)　**休会と閉会**　国会または各議院が会期中に期間を定めて自ら一時その活動を休止することを「休会」と

いいます。明治憲法下では、政府の一方的意思によって議会の活動能力を停止させる「停会」の制度がありましたが、現在は認められていません。国会の休会には両議院の一致の議決を要します（国会一五条一項）。この議決には衆議院の優越は認められていません。

会期が満了したとき国会は閉会します。閉会によって国会は活動能力を失い、議員の不逮捕特権（→五〇条）も消滅します。会期の満了のほか会期中に衆議院が解散されたとき（五四条二項）、会期中に議員の任期が満限に達したときにも会期は終了して国会は閉会します（国会一〇条但書）。

第五三条　内閣は、国会の臨時会の召集を決定することができる。いづれかの議院の総議員の四分の一以上の要求があれば、内閣は、その召集を決定しなければならない。

趣旨　国会の活動につき五二条は年一回の常会を召集すると定めました。しかし常会は会期制を前提としているので（→五二条）国会の閉会中に重大な事態が生じたとき臨機応変に対応できません。本条前段は常会以外にも内閣に臨時会の召集決定権を定め、後段は国会両議院のいずれかの議院の総議員の四分の一以上の要求がある場合に内閣に召集決定義務を課しています。

背景　明治憲法にも臨時会の規定はありましたが（明憲四三条）、「臨時緊急ノ必要アル場合」に限定され、またその会期は勅令によって定められました。帝国議会の召集権は天皇にあり（明憲七条）、独立命令（明憲九条）と緊急勅令（明憲八条）という法律とは別の法規範を発する権能も天皇にありました。

現行憲法の下、天皇には「国政に関する権能」はなく（→四条一項）、国会の召集権は内閣に移り、国会は「唯一の立法機関」となったので、内閣および行政各部は独立命令を発することはできません。そこで本条前段は内閣に国会臨時会召集権がある旨を定めたのです。国会には立法権（→四一条）と並んで予算承認権（→六〇条）などの財政に関する諸権能（→八三条以下）、条約承認権（→六一条）、国政調査権（→六二条）など国政全般にわたる強力な権能が帰属しています。国会審議が必要とされる範囲が広がり、またその重要性が明治憲法下より増大したので、前段から臨時会の開催要件は削除され、後段に国会の両議院の議員自らが国会召集の要求を内閣に突きつけ召集を義務づける根拠条項が追加されたのです。

内容　(1)　**臨時会の召集**　臨時会は①内閣が必

要とするとき（五三条前段）、②いずれかの議院の総議員の四分の一以上の要求があるとき（五三条後段）に内閣が召集を決定し、天皇が召集する旨の詔書の公布することによって行います（七条二号）。国会法は③衆議院議員の任期満了による総選挙または参議院議員の通常選挙が行われたときに召集される国会も臨時会とし、この場合は新しい議員の任期が始まる日から三〇日以内に召集しなければならないとしました（国会二条の三）。

(2)　**議員の召集決定の要求**　議員数の要件をみたす要求があるとき、内閣に臨時会召集の決定を行う義務が発生します。国会法は「いずれかの議院の総議員の四分の一以上の議員が連名で、議長を経由して内閣に要求書を提出しなければならない」（三条）とします。要求書は議長から即日内閣に送付され、要求にもかかわらず内閣が決定しないときには、要求補完書を重ねて提出することが先例となっています。

「総議員」については、その時点において現に議員である者の数とする説（現在議員数説）と、法律で定められた議員の数とする説（法定議員数説）があります。先例は、法定議員数説です。「四分の一以上」という数はそれぞれの議院の少数派の意思を尊重する趣旨で設定されました。

この要求によって内閣に生じる召集義務は政治的義務ではなく、法定の要件がみたされている以上、政治上の事情その他の理由によって拒否できない法的義務と解されています。召集はできるだけ速やかにしなければならないとされます。これまで本条に基づき、衆議院の総議員の四分の一以上の要求で臨時会が召集されたのは三二回ありました。いわゆる森友・加計学園問題の真相解明のため野党が二〇一七年六月二二日に召集を求めたケースでは、内閣は外交や法案準備を理由にそれに応じず、九八日後の九月二八日に召集しましたが、審議を行わず冒頭で衆議院を解散しました。これに対し議員の質問権侵害を理由に国家賠償請求訴訟が提起されましたが、那覇地裁は、本条の要件をみたす請求がなされた場合、内閣には国会を召集する法的義務が生じ、それは司法審査の対象となるが、国家賠償法上の違法にはならないとして請求を棄却しました（那覇地判令和二年六月一〇日判例集未登載。その後東京地判令和三年三月二四日判例集未登載は憲法判断をせず、請求を斥けました）。

これまで召集要求に応じなかったケースとしては、①二〇〇三年一一月二七日の召集要求のとき（自衛隊のイラク派遣問題等が案件）、②二〇〇五年一一月一日の召集要求のとき（自衛隊イラク派遣の撤退プロセス・米軍普天間飛行場移設問題等が案件）、③二〇一五年一〇月二一日の召集要求のとき（安保法制・TPP等が案件）、④二〇二〇年七月三一日の召集要求のとき（新型コロナウイルス・豪雨災害対応が案件）などがあります。

(3)　会　期　臨時会の会期とその延長は両議院一致の議決によって決定されますが、両議院の議決が一致しないときまたは参議院が議決しないときは衆議院の議決が優越すると国会法は定めています（一一条～一三条）。会期の延長は二回を超えてはならないとしています（一二条二項）。

第五四条　①　衆議院が解散されたときは、解散の日から四十日以内に、衆議院議員の総選挙を行ひ、その選挙の日から三十日以内に、国会を召集しなければならない。

②　衆議院が解散されたときは、参議院は、同時に閉会となる。但し、内閣は、国に緊急の必要があるときは、参議院の緊急集会を求めることができる。

③　前項但書の緊急集会において採られた措置は、臨時のものであつて、次の国会開会の後十日以内に、衆議院の同意がない場合には、その効力を失ふ。

趣　旨　本条は衆議院が解散された場合の効果（＝解散後にとられるべき措置）、すなわち①解散された衆議院の速やかな再構成をする期限（一項）、②衆議院解散時に参議院閉会を定める両議院同時活動の原則（二項本文）、③衆議院解散中の内閣による参議院緊急集会の要請権限（二項但書）、④参議院緊急集会でとられた措置の効力（三項）、以上四点を定めています。衆議院の解散の要件と手続については他の条項で定めました（↓七条三号、六九条）。

なお衆議院議員および参議院議員の任期満了に伴う選挙とその後に召集される国会（これを臨時会または臨時国会と呼びます）は公職選挙法が定めています（公選三一条一項・二項・四項・五項・三二条、国会二条の三）。

背　景　(1)　明治憲法は解散後の召集日限につき「解散ノ日ヨリ五箇月以内」と定めました（明憲四五条）。ただ五箇月は長すぎるので先例によって一五〇日とされました。総選挙の期日を定めていませんが、一九二五年に改正された衆議院議員選挙法一八条三項では解散の日から三〇日以内としていました。

本条一項は総選挙を四〇日以内に行うとしたので明治憲法下より一〇日間増えましたが召集を総選挙の日から三〇日以内に行うことなり、解散の日から起算すると七

○日以内に新たに組織された国会を召集することになりました。

(2)　明治憲法は両議院の同時活動の原則の明文規定を置き（明憲四四条一項）、また衆議院解散のときは「貴族院ハ同時ニ停会」すると規定していました（同条二項）。

本条一項本文は明治憲法の「停会」という文言とは違う「閉会」とありますが実質的に同じです。二院制をとる諸外国の憲法でもおおむね同様の規定が設けられています。

(3)　明治憲法は緊急事態への対処措置として緊急命令（明憲八条）と緊急財政処分（明憲七〇条）を定めました。いずれも政府（行政府）に緊急事態への対処権限を付与していました。

本条二項但書は内閣に発議権を付与しつつ「国権の最高機関」（→四一条）たる国会の一院を構成する参議院に決定権を留保しています。

英米法系諸国には緊急命令の制度はなく、ドイツ系の諸国では広く認められ、明治憲法は後者に範をとりました。しかし行政府に強力な権限を付与すると独裁政治が発生するという歴史の経験に鑑み、現行憲法は前者に範をとりました。

(4)　明治憲法の下での緊急命令は議会の事後的承認を得ないときには将来に向かって失効する旨を規定していました（明憲八条二項）。本条三項は参議院の緊急集会の措置につき衆議院の同意がない場合に失効する旨を規定しました。

内　容　衆議院の解散後の総選挙の結果を受けて召集される国会を明治憲法下の慣例にしたがい特別会（特別国会）と呼びます（国会一条の二）。本条は解散による総選挙につき規定するので、衆議院議員の任期満了による総選挙とその結果を受けて召集される臨時会（臨時国会）には直接適用されません。この場合は参議院議員の任期満了による通常選挙の結果を受けて召集される臨時会（臨時国会）と合わせて手続と日限を国会法が定めています（同二条の三）。

本条で規定された「総選挙」は七条四号の「総選挙」とは異なり、衆議院議員の選挙を指しています。明治憲法以来の慣例で衆議院議員の選挙は議員の総入替えとなるので、解散の場合と任期満了の場合を問わず総選挙と呼び、半数の議員が改選される参議院議員の選挙を通常選挙と呼んでいます。なお、特別会（特別国会）は常会（通常国会）と合わせて召集できるとされています（国会二条の二）。

(1)　**当日起算主義**　本条で重要なのは期間の計算です。国会法一四条は会期の計算について民法の初日不算入の原則（一四〇条）の例外として初日算入を規定しています。本条の期間の計算についても、この規定に準拠しないと混乱が生じるので初日算入と解されています。

⑵ 緊急集会の要件・手続・権限・効果など 「国に緊急の必要があるとき」とは明治憲法八条一項の「公共ノ安全ヲ保持シ又ハ其ノ災厄ヲ避クル為」と同様の事態と考えられています。この限定が付されているので緊急の必要のない事項は提案・審議できません。参議院の緊急集会は両議院同時開閉の原則（本条二項）の例外なので、参議院単独で国会の権限を行使できます。ただし性質上参議院単独で行うことが許されない事項、例えば憲法改正の発議（→九六条）や内閣総理大臣の指名（→六七条）はできません。

召集手続は、内閣総理大臣から集会の期日を定め案件を示して参議院議長にこれを請求し、議長がこれを各議員に通知し、議員は指定された集会の期日に参議院に集会すると国会法が定めています（九九条）。審議事項は提示された案件に関連するものに限定されますが、内閣のみに提案権があるのではなく、議員にも提案権はあります（国会一〇一条）。会期中の国会議員の不逮捕特権（→五〇条、国会一〇〇条）と免責特権（→五一条）も国会の会期中と同様に扱われることになります。

「次の国会」とは衆議院解散後に召集される特別会であり、常会ではありません。衆議院の同意がない場合には、当然失効し、かつその効力については将来に向かって失われます。また、衆議院の同意があった場合には、そのまま正規の法律としての効力が確定します。

⑶ 過去の事例 緊急集会は過去に二例あります。一九五二年八月三一日に召集された最高裁判所裁判官の国民審査の事務を管理する中央選挙管理委員会委員の任命を案件とするものと、一九五三年三月一八日に召集された暫定予算の議決（→八三条）を案件とするもので、いずれも予期せぬ解散の結果処理が議題となりました。

第五五条 両議院は、各ゝその議員の資格に関する争訟を裁判する。但し、議員の議席を失はせるには、出席議員の三分の二以上の多数による議決を必要とする。

趣旨 本条は国会の各議院がそれぞれの議員の資格判定権をもち、資格について争訟が生じたときには裁判で決着をつける権限をもつこと定めます。国会の各議院にはその独立性と自律性（＝議院自律権）（→五八条）が認められていますが、本条の議員資格判定権は五八条一項の議院の役員選任権と合わせて議院組織自律権と呼ばれています。

背　景　議員の選挙と資格に関する具体的争訟の裁定は適法か否かで決するので、性質上裁判になります（→七六条）。この争訟を裁くのはその議員の所属する議会（議院）か（政治主義）、それとも裁判所か（法律主義）については、各国の議会の歴史上両様の流れがあります。多数派支配の議会が公平に争訟を裁けるかについての懸念もあります。他方、権力分立原理からすると司法部の干渉から独立して議会が判定する方が望ましいともいえます。

明治憲法には規定はなく、貴族院令は「其ノ議員ノ資格及選挙ニ関ル争訟ヲ判決ス」（九条）と定め資格と選挙につき貴族院が裁定するとする一方、議院法は「〔衆議院〕議員ノ資格ニ付異議ヲ生シタルトキハ……〔衆議院が〕之ヲ議決スヘシ」（七八条）と定め資格のみ衆議院が裁定するとしていました。

本条は内閣草案にあった選挙に関する争訟の裁定権も各議院にあるとしたのを削除して、資格に関する争訟の裁定権のみが各議院にあるとして法律主義と政治主義のもつメリット・デメリットの調整を図りました。

内　容　⑴　**議員の資格**　議員の資格とは各議院の議員の地位を保持するために必要な資格をいいます。資格には積極的要件と消極的要件（欠格事由）があります。憲法には消極的要件として四八条が両議院の議員の兼職禁止を定め、それ以外は法律で定めるとしました（四四条）。公職選挙法一〇条は「被選挙資格」として積極的要件を定め、同法一一条が消極的要件を定めました。

⑵　**手　続**　議員の資格要件は憲法および法律が明確に定めているので、当該要件に該当する事実が判明すれば当然に議員の地位を失うとすることもできます。例えば消極要件の兼職禁止に抵触する事態が生じたとき（→四八条）国会法一〇八条は、「各議院の議員が、他の議院の議員となつたときは、退職者となる」と規定し、また同法一〇九条は、「各議院の議員が、法律に定めた被選の資格を失つたときは、退職者となる」と規定しています。

しかし本条があえて各議院の議決を要するとしたのは選挙によって有権者の多数の支持（票）を得て当選した者の議席を失わせるには有権者にその資格がないことを明確に示す必要があり、またその所属する議院の多数の議決を経るという手続を踏んだ方が説得力を増して政治的に望ましいと判断したからと考えられます。

具体的な手続は国会法と各議院の規則で定めています。

資格がないとされる議員の所属議院の議員の文書による訴状の議長への提出によって訴えは提起されます。受理した議長は衆議院の場合は常任委員会の懲罰委員会に、参議院の場合は資格争訟特別委員会に付託しその審査を経て議院の議決により決定されます（国会一一一～一一三条等参照）。

議決に要する定足数は資格争訟の被告議員を除いた議員定数の三分の一で、その出席議員（被告議員は算定しない）の三分の二以上の多数の賛成による議決で可否は決します。

(3)　裁判の効力　資格争訟裁判の結論はすべての国家機関を拘束し、その議院の判断に不服があったとしても司法裁判所には提訴できません。議員資格争訟裁判は、裁判所法三条一項の定める「日本国憲法に特別の定めのある場合」の「法律上の争訟」であるからです。なお、これまでこの争訟の裁判が提起されたことはありません。

第五六条　①　両議院は、各〻その総議員の三分の一以上の出席がなければ、議事を開き議決することができない。

②　両議院の議事は、この憲法に特別の定のある場合を除いては、出席議員の過半数でこれを決し、可否

同数のときは、議長の決するところによる。

趣旨　本条一項は両議院の会議における議事と議決の定足数を定め、二項は表決の方法を定めています。定足数とは合議制機関の会議が活動するために必要な最小限の出席者の数です。議事と議決の定足数を異にする国もありますが、本条は両者を同数としました。議会制度の根本原則の多数決原理からすると、定足数を過半数とすることも考えられますが、本条は総議員の三分の一としました。表決の方法は過半数とするのが一般的なので、本条は出席議員の過半数とし可否同数のときは議長が決するとしました。ただし憲法は一定の重要事項についての議決につき個別に特別多数を要求するので本項はそれを確認しています。

背景　明治憲法四六条は本条一項と同じく議事と議決の定足数を総議員の三分の一とし、四七条は表決の方法を過半数、可否同数のときは議長が決するとしていました。この条項は過半数の母数を明示していませんが、出席議員とされました。特別多数を要する事項について、明治憲法に規定されている場合（＝出席議員の三分の二以上とする七三条の憲法改正の議決）以外にも、法律で異なる定めをすることもありました。

諸外国における議事と議決の定足数の定めはまちまちですが、議決の方法は過半数の議決を原則としています。

内　容　(1)　**総議員と出席議員**　総議員につき、法定の議員数とする説（法定議員数説）と死亡・辞任・除名などの欠員を除く現に在任する議員数とする説（現在議員数説）があります。学説では現在議員数説が有力ですが、衆議院と参議院の先例は法定議員数説によっています（他の条項の「総議員」の解釈も同じです。↓五三条・九六条）。

表決の方法には簡単なものから順に、①議長が異議の有無を諮る方法、②起立による方法、③記名投票による方法があります。まず簡単な方法での表決を行い、異議があれば順次厳密な方法に移行していきます。ただし議長が必要と認めたときは適当な方法をとることができ、また出席議員の五分の一以上の要求があるときは、ただちに記名投票を行うことになっています（衆議院規則一五七条・一五一条・一五二条、参議院規則一四三条・一三七条・一三八条）。

出席議員に棄権または白紙その他の無効投票を含むか否かについては、どちらも出席議員に含まれないと解するのが先例で、この点は学説とも一致しています（他の条項の「出席議員」解釈も同じです。↓五五条、五七条）。

(2)　**議長の決裁権**　議長は議員としては表決に加わらず、可否同数の場合に決裁として表決に加わるとされています。可否同数の場合の議長の決裁は、消極的すなわち現状維持的に行うのが例とされますが、議員として表決に加わらなかった以上、自由に決裁権を行使できると解すべきでしょう。

(3)　**議事手続の司法審査**　議事・議決の際に必要な定足数と出席数をみたしているか否かにつき裁判所が審査できるかという問題があります。この点につき最高裁は警察法改正が争点となった事案において「両院において議決を経たものとされ適法な手続によって公布されている以上、裁判所は両院の自主性を尊重すべく同法制定の議事手続に関する所論のような事実を審理してその有効無効を判断すべきでない」としました（最大判昭和三七年三月七日民集一六巻三号四四五頁）。違憲審査権を裁判所に認めなかった明治憲法下においても、司法裁判所は法律の制定手続の違法性についての形式的審査権をもつとされました。法律の違憲審査権を明文で認める規定（↓八一条）のある現行憲法が、法律の内容が憲法に違反するか否かの実質的審査権をもちながら憲法の定める議事手続の要件に違反するか否かの形式的審査権をもたないとするのは倒錯した考え方で、改めるべきでしょう

（↓九八条）。

(4)　特別多数の議決を要する事項　憲法が特別多数の議決を要するとするものは①議員の議席の剝奪（↓五五条）、②秘密会の議決（五七条一項）、③議員の除名（↓五八条二項）、④衆議院で可決し参議院がこれと異なる議決をした法律案の衆議院の再度の可決についての出席議員の三分の二以上の表決（↓五九条二項）、⑤憲法改正の発議については総議員数の三分の二以上の賛成（↓九六条）が必要と定めています。憲法以外の法律・議院規則でこれ以外の事項につき特別多数の議決を要すると定めることはできません。

第五七条　①　両議院の会議は、公開とする。但し、出席議員の三分の二以上の多数で議決したときは、秘密会を開くことができる。
②　両議院は、各〻その会議の記録を保存し、秘密会の記録の中で特に秘密を要すると認められるもの以外は、これを公表し、且つ一般に頒布しなければならない。
③　出席議員の五分の一以上の要求があれば、各議員の表決は、これを会議録に記載しなければならない。

趣　旨　統治活動を担当する立法部・行政部・司法部の各部門の共通ルールとして憲法遵守義務（↓九九条）と統治過程の公開義務があります。後者の義務につき、司法過程の公開は憲法八二条が、立法過程の公開は本条が規定します。行政過程の公開は憲法七二条が内閣総理大臣に「一般国務及び外交関係」についての国会に対する報告義務を、憲法九一条が「国の財政状況」についての「国会及び国民」についての報告義務を内閣にそれぞれ課しています。これらは説明責任（accountability）を明確にした規定です。

本条一項は両議院の会議（議事）公開の原則を規定し、この原則の例外となる秘密会の要件につき内容の観点からではなく決定手続の観点から特別多数の要件を課しています。二項は会議の記録の公表と頒布を定め、リアルタイムで議事を見聞できない者にもその内容の公開を保障します。三項は全国民の代表たる各議員（↓四三条）の表決行動を会議録に記載して国民に公開することによって後の選挙の際にその政治的責任を問うことができるようにしました。

背　景　会議公開の原則はフランスの一七九一年憲法において明文化されました。議事の公開と議事録の印刷発行を定めたのです。フランスでは議会主義の構成要素として、討論、公開性および出版の自由が重要視され、その後の憲法にもその趣旨は受け継がれていきました。

明治憲法四八条も「両議院ノ会議ハ公開ス但シ政府ノ要求又ハ其ノ院ノ決議ニ依リ秘密会ト為スコトヲ得」と規定しました。これは会議の公開を原則としつつ秘密会を容易に許すものでした。実際政府の要求によってしばしば秘密会が開かれ、国民は政府の統治活動に関連する情報取得の機会が奪われ、特にアジア太平洋戦争中にその傾向が顕著になりました。その反省を踏まえ、本条は政府（内閣）に秘密会を要求する権限を認めず両議院のみが秘密会の決定権をもつとし、さらに各議員の出席議員の三分の二の特別多数の議決を要するという手続要件を設けました。

会議の記録の保存と公表につき明治憲法にも議院法にも規定はありませんが、官報の号外として議事速記録が刊行されていました。現行憲法は議事の公開の重要性にかんがみて憲法に明記しました。秘密会の記録は明治憲法下では刊行されませんでした（議院法三九条）。現行憲法は秘密会についても「特に秘密を要すると認められるもの以外」という内容的要件をみたすものは公表義務を課しています。

議員の表決の会議録への記載も明治憲法には規定はありませんが、記名投票した場合には各議員の表決を議事速記録に記載する慣例があり、また当時の貴族院規則と衆議院規則はともに、議員二〇名以上の賛成があれば記名投票とするとしたので、実質的に表決の公表は行われました。この慣例を現行憲法は明記したのです。

内　容　**(1) 公開の対象**　公開の対象とされる会議は両議院の本会議とされています。本会議を構成する議員の人数が多いので（→四三条）、実質的な審議は各種の委員会で行われます。委員会の公開につき国会法五二条一項は「委員会は、議員の外傍聴を許さない。但し、報道の任務に当たる者その他の者で委員長の許可を得たものについては、この限りでない」とし議員以外には公開しないことを原則とします。実際は予算委員会をはじめ各種委員会について報道関係者は傍聴が許可される例となっています。ただし国会法九七条は両院協議会（→六〇条・六一条・六七条）については傍聴を許さないとします。実質的審理が委員会で行われる実情に照らすと、憲法にいう「会議」は国会内で行われる会議すべてと解すべきでしょう。

(2) 公開の方法　会議公開の方法は会議の現場でその様子を見聞することつまり傍聴を認めることが想定されています。しかし会議室の大きさなどの物理的限界から傍聴者の人数にも限界があること、より多くの有権者が国会における議論の内容を知ることが民主主義の要請であることを理由に、会議の審議内容の報道機関による報道も、公開の方法として憲法は当然認めていると解されます。

報道機関による報道の方法は現行憲法制定時においては新聞や週刊誌などの活字によるものが主流でした。その後テレビ放送が普及し予算委員会をはじめ世間の注目を集める案件が審議される各種委員会もテレビ中継がなされるようになりました。さらに、電波のデジタル化が進み、インターネットが普及した現在、国会のすべての会議の様子を常時リアルタイムで中継することがベースラインとなったと解すべきでしょう。

なお、議場の規律維持の観点から議長は傍聴人を退場させる（国会五二条三項）などの内部警察権を行使できることになっています（同一一四条～一二〇条）。

(3)　秘密会　国会法六二条は、「議長又は議員十人以上の発議により、出席議員の三分の二以上の議決があつたときは、公開を停めることができる」としています。

(4)　会議録の作成と公開　会議録は、会議の完全な記録でなければなりません。秘密会の記録も記載されます。会議録には委員会の報告書と少数意見書、質問主意書と答弁書、その他議員の活動に関する各種の事項が記載されます（国会五四条三項・六一条三項・七四条四項）。

会議録の公開は官報の号外として「会議録」として各議員に配布され、かつ広く一般に頒布することで行われます。秘密会の記録も「特に秘密を要するもの」以外はすべて公表されます。「特に秘密を要するもの」か否かの認定はその議院の議決によって行われます（国会六三条）。

(5)　表決の会議録への掲載　表決には三種類の方法があります（→五六条(1)）が、③記名投票による表決の場合にだけ各議員の表決が会議録に記載されます。そこで各議員の表決を記載する前提として記名投票によることの表決を行う必要があります。記名投票の方法をとるか否かは議長が決めることもできますが、出席議員の五分の一以上の要求があれば記名投票による表決をとるべしとしている（→五六条(1)）のは、記名投票の表決の場合には必ず各議員の表決が会議録に記載されることになるからです。

第五八条　①　両議院は、各〻その議長その他の役員を選任する。

②　両議院は、各〻その会議その他の手続及び内部の

規律に関する規則を定め、又、院内の秩序をみだした議員を懲罰することができる。但し、議員を除名するには、出席議員の三分の二以上の多数による議決を必要とする。

趣　旨　本条は両議院の自律権の三つの主要な内容を定めています。本条一項は①各議院の内部の役員の選任権、本条二項本文前半は②各議院の会議その他の手続と内部規律に関する規則制定権、二項本文後半は③各議院のそれぞれの議員の懲罰権をそれぞれ規定します。

背　景　明治憲法は本条の三つの自律権のうち②の規則制定権のみを定め、「両議院ハ此ノ憲法及議院法ニ掲クルモノ、外内部ノ整理ニ必要ナル諸規則ヲ定ムルコトヲ得」（明憲五一条）としました。①の役員の選任権と③の議員の懲罰権は議院法と貴族院令が定めました。各議院の事務局の職員も書記官長以下すべて政府が任命しました。

議院の規則を法律で制定する国はまれです。日本は明治憲法下の議院法の伝統を引き継ぎ、国会法が議事手続と内部規律の主要な部分を定め、議院規則はそれほど重要ではない細則を定めています。

議員懲罰権を憲法に定める国は少ないのですが、アメリカ合衆国では議院が懲罰権をもち、除名の要件も本条と同様の定めがあります。

内　容　⑴　**議院法伝統の問題点**　国会法が議事手続と内部規律の主要な部分を定めると、法律の議決において衆議院が優越する（↓五九条）ので、参議院の内部事項に衆議院が介入すること容認し、また内閣にも法律案提出権がある（↓七二条）ので、内閣が議院の内部規律事項への関与が可能となり、各議院の自律権を侵害する余地を残すことになります。

国会法と議院規則の内容が矛盾・抵触する場合、国会法が優位するとする考え方が有力でした。しかし、議院の自律性を重んじる見方からすると、そのような場合には議院規則が優越すると考えるべきでしょう。

⑵　**議院組織自律権**　両議院の役員選任権は議院組織自律権のうちでも特に重要です。両議院の組織は憲法のほかに国会法・各議院の議院規則のほか先例などの慣習法によって定められています。

国会法一六条は各議院の役員を議長・副議長・仮議長・常任委員長および事務総長とします。しかし本条一項は国会両院の自主組織権が各議院にあるとし「役員」とは何かを定めることも各議院に委ねているので、「役員」の範囲は国会法ではなく、議院規則で定めるべきでしょう。

(3)　**議院運営自律権**　議院運営（活動）自律権は①議院手続準則決定権、②院内秩序規律権、③議員懲罰権によって構成されます。本条二項本文前半は①の議院手続準則決定権と②の院内秩序規律権が各議院にあると定めます。議院内の規律と警察は国会法がその概要を定めます（国会一一四条～一二〇条）が、詳細は各議院規則が定めます（衆規二〇八条～二二〇条、参規二〇七条～二一九条）。

本条二項本文後半は③の議員懲罰権が各議院にあることを定めます。この懲罰権は、各議院が組織体としての秩序を維持し会議などの運営を円滑に行うために秩序を乱した議員に課す特別の法的制裁で、公務員の懲戒に類するものです。

「院内」とは、まず国会議事堂・参議院分館・衆議院分館など国会議事堂敷地内部という空間内を意味し、例えば、議事堂の廊下における行為も含まれるのは五一条と同じです（→五一条(1)）。その他に組織体としての議院の内部も含み、上記空間外の行為でも、国政調査など議院の運営に関連するものも含まれます。会期の内外は問いません。

懲罰を受けた議員が裁判所に出訴して議決の取消しを求めることが可能か否かの問題があります。地方議会の議員の懲罰も含め議会の多数決によって代表たる議員の活動を妨げる処分の違法性について司法審査が及ぶとするのが法治主義の基本的要請です（最大判令和二年一一月二五日判例集未登載→七六条(3)）。ただし国会議員の場合、憲法が明文でその懲戒を議院が行うと定め、これは憲法が議院の自律性を尊重して議院に特別に付与した権能と解されるので、不能とすべきでしょう。

(4)　**議院財政自律権**　憲法には議院の財政自律権を直接認める規定はなく、内閣に予算編成権を認める規定を置くので、内閣の予算を通じた議院活動に対する統制の問題が生じます。しかし権力分立原理の観点から、このような統制を認めることは不当なので、国会法三二条一項は「両議院の経費は、独立して、国の予算にこれを計上しなければならない」とします。財政法もいわゆる二重予算制度（→八六条(2)）を設けて（一九条）この弊害を防止しようとしています。

第五九条　①　法律案は、この憲法に特別の定のある場合を除いては、両議院で可決したとき法律となる。

②　衆議院で可決し、参議院でこれと異なつた議決を

した法律案は、衆議院で出席議員の三分の二以上の多数で再び可決したときは、法律となる。

③　前項の規定は、法律の定めるところにより、衆議院が、両議院の協議会を開くことを求めることを妨げない。

④　参議院が、衆議院の可決した法律案を受け取つた後、国会休会中の期間を除いて六十日以内に、議決しないときは、衆議院は、参議院がその法律案を否決したものとみなすことができる。

趣　旨　本条は国会による法律制定の手続を定めています。本条の眼目は以下の二点です。①法律案を両議院で可決すれば憲法に特別の定めのある場合を除き完全に法律が成立するとした点と、②法律案の議決に衆議院の優越的地位を確立した点です。

背　景　例えば王政をとるイギリスでは法律の制定に国王の裁可を必要とし、共和政をとる国でも例えばアメリカ合衆国では大統領に拒否権を認めています。明治憲法の下、立法権は統治権を総攬する天皇の大権に属し帝国議会はその制定に協賛するのみで（明憲三七条）、法律の制定には天皇の裁可を必要としました（明憲六条）。本条は憲法の定める例外を除き、国会の両議院の意思の一致のみで法律が成立するとしました。

二院制をとる国では両議院が対等の地位にあるとするのが一般的でした。明治憲法も貴族院と衆議院を同列に位置づけ、いずれかの議院が否決すれば同じ会期に法律案を再提出することもできませんでした。ところがイギリスにおいて庶民院（下院）優位の憲法習律が確立しようとした時期に、貴族院（上院）が庶民院を通過した法律を否決したことを契機として、一九一一年の国会法によって下院の優越が確立しました。以後下院に優越地位を認めることが徐々に一般的傾向になりました。

内　容　(1)　両議院の可決（原則）　本条一項は法律案が国会の衆議院と参議院の意思が一致して可決された場合、憲法に特別の定めがあるときを除き法律として成立することを定めています。

(2)　一議院のみの可決（例外①）　両議院のうち一つの議院のみの可決によって法律が成立する「憲法に特別の定のある場合」とは①衆議院が可決した法律案につき参議院がそれと異なる議決をした場合に、衆議院が出席議員の三分の二以上の多数で再び可決したとき（本条二項）、②参議院が衆議院の可決した法律案を受け取った後国会休会中の期間を除いて六〇日以内に議決しない場合、衆議院は参議院がその法律案を否決したものとみなすことができ（本条四項）、衆議院が出席議員の三分の二以上の多数で再び可決したとき（本条二項）（ただし衆議院が放任すれば会期の終了によって廃案となります）、③参議院が緊急集会において法律案を可決したとき、以上の三つの場合です。ただし③の場合、次の国会開会の後一〇日以内に衆議院の同意がない場合には効力を失います（五四条三項）。

(3)　**地方特別法**（例外②）　両議院の意思の一致のみによっても成立しない場合として地方特別法があります。この法律案は国会の議決のほかにその地方公共団体の住民の投票による過半数の賛成が必要です（→九五条）。

(4)　**両院協議会の開催**　本条三項は両議院の意思が一致しないとき、「両議院の協議会」（以下「両院協議会」）の開催を衆議院が求めることができるとします。

両院協議会は①予算の議決（六〇条二項）、②条約承認の議決（六一条）、③内閣総理大臣指名の議決（六七条二項）にも開催する旨の定めがあります。これらの場合は開会を義務づけられた協議会（必要的協議会）ですが、本項の場合は、開会しなくてもよい協議会（任意的協議会）です。

(5)　**法律案の発案権**　国会は議員によって構成される立法権をもつ合議制の機関なので、論理上各議院の議員は法律案の発案権をもちます。内閣に法律案提出権があるか否かにつき学説は分かれますが、憲法七二条の「議案」または憲法七三条一号の「国務〔の〕総理」に入るとして提出権ありとするのが多数説です。現状は内閣提出法案（＝「閣法」）が法律案の多数を占めます。

(6)　**審議と議決**　法律案は議院に提出されると議長はそれを適当な委員会に付託しその審査を経て本会議に付します（国会五六条二項本文）。ただし特に緊急を要するものは発議者または提出者の要求に基づき議院の議決で委員会の審査を省略できます（同項但書）。法律案の審議につき衆議院先議の定めはなく、内閣提出法案は内閣の判断で提出先つまり先議の議院を決めます。議員および委員会の提出法案は当該議院で先議します。両院に同時に提出することはなくまた同時期での併行審議もありません。

(7)　**成立・公布・施行**　地方特別法の場合を除き法律案は議決によって可決された時に法律として成立します。法律は内閣を通じて天皇に奏上され（国会六五条一項）、内閣の助言と承認によって天皇が国民のために公布します（憲法七条一号）。現行憲法の下でも「公式令」（→〔上諭〕〔一頁〕）で定められていた方式、つまり官報に掲載して頒布することが慣行として行われています。

公布即施行とする法律の効力の発生時期につき判例（最大判昭和三三年一〇月一五日刑集一二巻一四号三三一三頁）は、一般人がその官報を閲読または購入可能な最初の時点としています。法律が施行期日を定めた場合にはその日から、命令に施行期日の定めを委任している場合はその命令が定めた期日から効力をもちます。法律に施行日を定めていない場合には、公布の日から起算して満二〇日を経過した日から施行されることになっています（法適用通則法二条）。

第六〇条　①　予算は、さきに衆議院に提出しなければならない。
②　予算について、参議院で衆議院と異なつた議決をした場合に、法律の定めるところにより、両議院の協議会を開いても意見が一致しないとき、又は参議院が、衆議院の可決した予算を受け取つた後、国会休会中の期間を除いて三十日以内に、議決しないときは、衆議院の議決を国会の議決とする。

趣　旨　国会の重要な権限として①法律の制定（→四一条、五九条）、②予算の議決権、③条約締結承認権（→六一条）があります。本条はこれら三つのうち②予算議決権行使の手続を定めています。政府の活動には費用がかかります。政府の活動の根拠を定める法律（＝「作用法」）があっても金銭的な裏づけがないと実際にはその活動を行うことはできません。法律と予算は車の両輪のような関係にあります。

予算とは一会計年度の間にできる費用の支出（＝「歳出」）とそれに充当する財源（＝「歳入」）に関するルールです。憲法八三条は財政処理の基本原則として「国の財政を処理する権限は、国会の議決に基いて、これを行使しなければならない」とし、八六条は予算と国会の関係について「内閣は、毎会計年度の予算を作成し、国会に提出して、その審議を受け議決を経なければならない」としています。

本条は内閣策定の予算の原案（＝「予算案」）の衆議院の先議権（一項）と議決優先権（二項）を定めています。

背　景　明治憲法でも「予算ハ前ニ衆議院ニ提出スヘシ」（明憲六五条）とする衆議院の予算先議権を定めていました。しかしその運用として貴族院は衆議院から送付された予算ではなく、政府が衆議院に提出した予算案を原案として扱ったので、先議の規定は骨抜きにされていました。また衆議院の予算議決の優越性も認められていませんでした。

歴史的に二院制の下では下院が予算審議権を足掛かりとして君主から立法権を勝ち取り、さらに上院に対する優位を確立していった経緯があります。予算などの財政負担は人民の経済生活に直接関係するので二院のうち人民の意向をより鋭敏に反映する下院に先議を認め、その意思が優先されています。

現行憲法の採用する二院制は上院（参議院）下院（衆議院）ともに国民を代表します（↓四三条一項）が、衆議院議員の任期が参議院議員よりも二年短く（↓四五条・四六条）、また解散によってより短くなる制度設計（↓六九条）がなされていて、より忠実に国民の声を反映する議院として衆議院に予算の先議権と議決優先権が与えられました。

内　容　(1)　**衆議院の予算先議権**　予算の発案権は内閣のみにあり（七三条五号・八六条）、内閣が予算案を作成して国会に提出します（内閣五条）。本条一項は内閣が予算案を提出するに当たり先に衆議院に提出すべきことを定めています。

(2)　**予算議決における衆議院の優越性**　予算も両議院一致の議決により成立するのが原則です。しかし本条二項は衆議院の議決のみによって国会の議決とする二つの場合を定めています。

第一は参議院が衆議院と異なった議決した場合に両議院の協議会を開いても意見が一致しないとき（二項前半）です。「異なった議決」つまり参議院が修正議決したときも否決したときも法律案の場合（↓五九条）とは違い、必ず両院協議会を開催しなければならず、参議院はこれを拒むことはできません（国会八五条）。

両院協議会で得られた成案を両議院がそれぞれ可決したときには問題は生じません。両議院の議決が一致しないときは衆議院の議決が国会の議決となります。

第二は参議院が衆議院の可決した予算案を受け取った後国会休会中の期間を除いて三〇日以内に議決しないとき（二項後半）です。この場合は両議院の不一致があったとみなして両院協議会を開催することなく衆議院の議決が国会の議決となります。予算議決は迅速性を要するとしてこのような定め方がなされました。なお、予算の性質については後述（↓八六条(1)）を、国会の予算案修正権については後述（↓八六条(4)）を参照してください。

第六一条　条約の締結に必要な国会の承認については、前条第二項の規定を準用する。

趣　旨　条約は国と国または国と国際機関との間に締結された法的拘束力をもつ文書です。条約締結権は内閣にあります（→七三条三号本文）が、その条約の効力を確定的にするためには国会の承認が必要とされています（→同号但書）。法律の制定と予算の議決と並んで条約の締結が統治活動において重要な意味をもつからです。本条は条約の締結に必要な国会の承認の議決とその議決における衆議院の優越を定めています。

本条は前条つまり予算の議決手続を定めた六〇条の一項を引用しないので、条約承認の議決は予算と違い衆議院先議は求めていません。しかしその議決につき両議院の一致を得ることができないときは六〇条の定める予算議決の手続要件に沿って衆議院の単独の議決が国会の議決としての効力をもちます。

背　景　歴史上、諸国で条約締結権を含む外交権は君主にありました。民主主義の進展とともに条約もその公布によって国内法的効力が生じ国民生活に重要なかかわりをもつので、議会の承認が必要とされるようになりました。

明治憲法の下、条約締結権は天皇大権に属し（明憲一三条）帝国議会は協賛もできませんでした。現行憲法で天皇に「国政に関する権能」はなくなったので、条約締結権は最高行政機関がもつという伝統を継承して行政権をつかさどる内閣（→六五条）に移行しました。同時に行政権の独走をチェックするため国会に条約締結の事前または事後の承認権が与えられたのです。

内　容　(1)　国会の承認を必要とする条約　国際化の進む現代社会において条約は多数に上ります。そこで条約のうち国会の承認を要する条約は何かが問題となります。

理論的意味の条約は実際には「条約」のほかにも協定・協約・取極・規約・憲章・規程・議定書などさまざまな名称がつけられています。その中から国会の承認を必要とする条約を選別する基準は、憲法が国会に対してどのような権限を付与したのかという観点から設定されます。この観点から①憲法四一条が立法権の独占を国会に付与した趣旨に照らすと、外国または国際機関との間において日本国の国際法上の法的権利・義務の設定・変更・解消等にかかわる一般的抽象的法規範がこれに該当します。②憲法六〇条が予算承認を国会の権限としたことに照らすと、国会に提出され承認された予算の範囲外の支出を必要とするものがこれに該当します。③憲法七三条二号は「外交関係を処理すること」を内閣の事務の一つとします。「処理」という文言はその前提となる基本的関係の設定が内閣のみで決定できない趣旨を意味するので、外交関係の基本の創設・変更・解消も国会の承認を要すると解すべきでしょう。

(2)　国会の承認を得られない条約の効力　国会の事前の承認を得た条約は問題ありませんが、内閣が締結したものの国会の事後の承認を得られない条約の効力はどうなるのでしょうか。日本は一九八〇年に「条約法に関するウィーン条約」を批准し、この条約は同年に発効しています。この条約四六条は「違反が明白でありかつ基本的な重要性を有する国内法の規則に係るものである場合」には「条約に拘束されることについての同意……を無効にする根拠として援用」できるとします。日本との条約締結に当たって国会の承認を得ることが要件となるのは憲法で規定され、この要件をみたせないことは「明白でありかつ基本的な重要性を有する国内法の規則」に違反するので無効となります。

(3)　条約承認における衆議院の優越性　条約締結につき国会が承認する場合には予算の議決の場合と同じ方式で衆議院の意思が参議院の意思に優越します。すなわち参議院と衆議院とが異なる議決をした場合にはまず両院協議会を開かなければなりません。そこで意見が一致しないとき、または参議院が衆議院の承認した条約を受け取った後、国会休会中の期間を除いて三〇日以内に議決しないときは、衆議院の議決が国会の議決となります。

(4)　両院協議会を求める者　条約は予算の場合とは違って衆議院先議ではないので衆議院先議の条約と参議院先議の条約があります。そこで両院協議会を求める者は衆議院先議の条約と参議院先議の条約とでは異なります。

衆議院先議の条約では、衆議院が参議院の回付案（＝修正案）に同意しなかったときまたは参議院が送付案を否決したときは、衆議院が両院協議会を求めることになります（国会八五条一項）。逆に参議院先議の条約では、参議院が衆議院の回付案に同意しなかったときまたは衆議院が参議院の送付案を否決したときは、参議院が両院協議会を求めることになります（同条二項）。いずれの場合でも両院協議会で成案が得られ両議院がそれに同意すれば条約は承認されるのですが、それでも意見が一致しないときは衆議院の議決が国会の議決としての効力をもつことになります。

第六二条　両議院は、各〻国政に関する調査を行ひ、これに関して、証人の出頭及び証言並びに記録の提出を要求することができる。

趣　旨　国会が立法権その他の権限を行使するためにはその権限行使に関係する「国政」（＝中央政府の統治活動）の情報を収集できる権限をもたねばなりません。本条はこれを「国政に関する調査」を行う権限（＝国政調査権）と呼び、その行使の手段として証人の出頭および証言と記録の提出を要求する権限を定めました。

背　景　明治憲法には本条に相当する規定はありませんでした。もっとも議院法に政府に対する質問権（一〇章）、委員会の政府委員に対する説明要求権（四四条）が規定されました。しかしこれは各議院が政府の活動に関する情報を国務大臣や政府委員を通じて間接的に収集できることを規定しただけで、国政調査権といえる内容は備わっていませんでした。

内　容　⑴　**国政調査権の本質と機能**　国政調査権の本質につき議院の権限を実効的に行使するための補助的権能とする説（補助的権能説）と、国会の最高機関性（→四一条）に基づき国政を統括するための独立の権能とする説（独立権能説）があります。この権限の沿革や国会の立法権が広範囲に及ぶことなどから、補助的権能説が通説です。

国政調査権が果たす機能として①行政を統制する機能、②国民の知る権利を充足する機能、③公務員の政治責任を追及する機能が指摘されています。

⑵　**国政調査権行使の方法**　国政調査権は議院の付託または委任により常任委員会または調査特別委員会が行使します。本条は裁判類似の証人喚問権、証人審問権および記録（証拠）提出権を認めていますが、強制手段はここにあげられたものに限定され、それ以外の方法、つまり家宅捜索、物品の押収、逮捕などは許されません。その具体的内容は「議院における証人の宣誓及び証言等に関する法律」（議院証言法）で定められています。国会法も議員の派遣（同法一〇三条）、内閣・官公署その他に対する報告または記録の提出要求（同法一〇四条）を定めています。

⑶　**国政調査権の対象と限界**　国政調査権が及ぶ対象と限界が具体的に問題となったのが浦和事件です。この事件は、生活苦から子ども三人を殺害して自首した母を心中未遂として懲役三年執行猶予三年の刑に処した浦和地裁の判決について、参議院法務委員会が調査権を行使し、その事実認定と量刑を批判する報告書を提出して、最高裁から激しい抗議を受けました。

裁判に関する国政調査につき裁判官の職権行使の独立（→七六条三項）との関係が問題となります。国政調査権と裁判権は本来その行使の目的が異なるので、原則として裁判係属中にも行うことができます。ただし①特定個人が有罪か否かの探究を唯一の目的とする調査、②係属中の裁判事件について裁判官の訴訟指揮や裁判手続自体を対象とする調査、③具体的裁判または判決の内容を対象とする批判的調査はできません。

国政調査権と行政権の関係につき、議院証言法がその調整方法を定めています。問題は検察権の行使との関係です。検察権は行政権の範囲に入るとはいえ司法権と密接な関係があります。検察権の独立は司法権の独立や刑事司法の公正維持の前提なので、司法との関係に類似した限界があります。具体的には①起訴・不起訴につき検察権の行使に政治的圧力を加えることと目的とする調査、②起訴事件に直接関連する事項や公訴追行の内容を対象とする調査、③捜査の続行に重大な支障を及ぼす方法による調査はできません。

国政調査権の行使もそれ自体が公権力の行使となるので、憲法で保障された権利をその目的・方法・効果において侵害してはなりません。例えば証人に対して思想・良心の告白強制となる証言を求めることは禁止され、証言拒否は許されます。その他の憲法上の権利侵害となる場合は、議院証言法七条一項が定める不出頭・証言拒絶・書類不提出・宣誓拒絶の許容される「正当の理由」になります。

第六三条　内閣総理大臣その他の国務大臣は、両議院の一に議席を有すると有しないとにかかはらず、何時でも議案について発言するため議院に出席することができる。又、答弁又は説明のため出席を求められたときは、出席しなければならない。

趣旨　本条前段は行政権の主体である内閣（→六五条）を構成する内閣総理大臣とその他の国務大臣が、国会で審議される議案につき発言するため何時でも議員に出席する権利を定める一方、本条後段は議院側も内閣を構成するこれらの大臣に対して答弁または説明のために議院に出席することを求める権利、大臣側からみると国会の審議に出席して説明する義務を定め、大臣の国会に対する説明責任を明らかにしています。

立法部と行政部との関係についてはアメリカ合衆国の大統領制のような厳格分離型と、イギリスの議院内閣制のような協働型があります。現行憲法はイギリス型の議院内閣制をとり、内閣総理大臣は国会議員の中から国会の議決によって指名し（六七条一項）、内閣を構成する国務大臣の過半数は国会議員の中から内閣総理大臣が任命することになっています（六八条一項）。そうすると国務大臣の半数未満の者は国会議員ではないこともありうるし、国会の両議院の議員の兼職は禁止される（四八条）ので、国会に出席し発言できる者を議員に限定すると審議不能となりかねません。本条はそのような事態を避ける側面もあります。

背　景　明治憲法五四条は「国務大臣及政府委員ハ何時タリトモ各議院ニ出席シ及発言スルコトヲ得」と定め、国務大臣と政府委員が議院に出席して発言することは権利としてのみ定められ、義務ではありませんでした。当時の議院法は政府に対する議員の質問権と政府の答弁義務を定めました（同法四八条以下）が、条件付で、かつ例外も認められていました。その目的は君主を議会から防衛することにあったといわれています。現在議院内閣制をとる国では、本条の定める議会に対する説明責任は内閣と行政各部の行政権の行使に対して民主的コントロールを及ぼすため不可欠のものといえます。

内　容　(1)　説明責任の対象　発言・出席・説明の対象となるのは「議案」です。議案とは狭義には国会の各議院においてその会議に付議される原案で、議題とすることを求めて提議する「動議」と国会法上は区別されています。しかし本条でいう議案につきこのように限定する意味はないので、議院の会議における動議も含むすべての議題を意味するとされています。なお「議院」には本会議と委員会の会議を含みます。

(2)　出席義務　「何時でも」は「発言するため」ではなく「出席することができる」にかかります。出席を求める主体は議院（委員会）であり、国会法がその具体的方法を定めます（七一条）。求められたのに正当な理由なく欠席した場合の強制方法や制裁措置は現行法にはなく、政治的手法と大臣の自覚に委ねられています。現行憲法は明治憲法と異なり「政府委員」の発言・出席・説明に言及しませんが、国会法は内閣官房副長官・副大臣・大臣政務官の出席する権利と義務を規定し（六九条一項・七一条）、議長の承認等によってその他の政府高官の出席説明等ができる旨を定めています（七二条・七三条）。

第六四条　①　国会は、罷免の訴追を受けた裁判官を裁判するため、両議院の議員で組織する弾劾裁判所を設ける。
②　弾劾に関する事項は、法律でこれを定める。

趣　旨　現行憲法は司法権の独立を明治憲法よりも

徹底させて裁判官の身分保障を手厚くしました。裁判官をその意に反して退職させるためには「心身の故障のために職務を執ることができない」と裁判によって決定された場合のほかは「公の弾劾」が必要です（七八条前段）。この「公の弾劾」をする機関が本条一項の設けた弾劾裁判所です。

背　景　明治憲法五八条二項は「裁判官ハ刑法ノ宣告又ハ懲戒ノ処分ニ由ルノ外其ノ職ヲ免セラルヽコトナシ」と規定しているだけでした。裁判官がその意に反して免職されるのは刑罰によるか懲戒によるかいずれかに限定されていて本条のような弾劾制度はなかったのです。

弾劾制度の起源はイギリス中世にまでさかのぼり、その後欧米諸国に広がりました。その類型は弾劾の目的について公務員の罷免だけを目的とするものと刑罰も科すものに分類され、またその対象について公務員一般に及ぶものと大統領など特定の公務員に限定するものに分類されます。弾劾の担当組織は議会に限定されず、裁判所が行うこともあります。議会が弾劾を担当する諸国の多くは弾劾の訴追は下院が、その審判は上院が行うとします。

内　容　(1)　**弾劾の意味と対象**　「弾劾（impeachment）」とは、政府のしかるべき地位にある公務員に非行などがあった場合に、特定の機関が訴追・審判を行ってその職を免じ、あるいは処罰する特別の手続をいいます。「罷免」とはその意に反して一方的にその地位を奪うことです。例えばアメリカ合衆国には下院が大統領をはじめとする公務員を訴追し、上院が審判して免職できる制度（合衆国憲法一条二節五項・三節六項・七項）があります。本条は、弾劾の対象を裁判官に限定し、国会の両議院の議員から組織される弾劾裁判所がそれを行う点に特色があります。

(2)　**弾劾裁判所の組織**　本条は国会に弾劾裁判所を設置する権限があることを定めます。本条二項はその詳細の定めを法律に委ね、その具体的な組織と訴追・裁判の手続は国会法と裁判官弾劾法が定めています。

この権限に基づき設置された裁判官訴追委員会と裁判官弾劾裁判所は、国会から独立した憲法上の常設機関であり、その訴追委員と裁判員となった議員は独立してその職権を行い（裁弾八条・一九条）、国会閉会中も活動することができます（同四条）。

裁判官を訴追するのは国会に設けられた訴追委員会で（二〇人）の訴追委員で組織されます（裁弾五条）。弾劾す。この委員会は各議院でその議院から選挙された同数裁判所の裁判員は各議院で議員のうちから選挙された同数の裁判員で組織され（国会一二五条一項）、現在各七名とされています（裁弾一六条一項）。

(3)　弾劾事由と訴追・裁判手続　弾劾による罷免事由として、裁判官弾劾法二条は、「職務上の義務に著しく違反し、又は職務を甚だしく怠つたとき」（一号）と「その他職務の内外を問わず、裁判官としての威信を著しく失うべき非行があつたとき」（二号）としています。

裁判官の弾劾は、訴追によって始まります。「何人も、裁判官について弾劾による罷免の事由があると思料するときは、訴追委員会に対し、罷免の訴追をすべきことを求めること」ができます（裁弾一五条一項）。また高等裁判所長官、地方裁判所所長および家庭裁判所長は、その勤務する裁判所と管轄区域内の下級裁判所の裁判官につき罷免事由があると思料するときは最高裁判所に報告しなければならず（同条二項）、最高裁判所は、この場合および裁判官につき自ら罷免事由があると思料するときは、訴追委員会に対し、訴追請求をしなければならないとされています（同条三項）。

訴追委員会は訴追請求があったときまたは弾劾による罷免の事由があると思料するときは、その事由を調査し（裁弾一一条）、原則として三年以内に（同一二条）に訴追状を弾劾裁判所に提出して罷免の訴追を請求します。訴追委員会の議事の定足数は衆議院議員たる訴追委員および参議院議員たる訴追委員のそれぞれ七名以上による出席とされ、議事は非公開とされています（同一〇条一項・三項）。訴追の猶予（同一三条）または訴追の請求は出席訴追委員の三分の二以上の多数で決せられます（同一〇条二項。）

弾劾裁判所の弾劾裁判は訴追に基づき刑事訴訟手続に準じて行われます。例えば弁護人選任権（裁弾二二条）、必要的口頭弁論（同二三条）、訴追委員の立会（同二四条）、対審と裁判宣告の公開（同二六条）、訊問手続（同二八条）、証拠の取調べ（同二九条）、刑事訴訟に関する法令の規定の準用（同三〇条）、一事不再理（同三二条）、理由付記の義務（同三三条）などが保障されます。審理と裁判は、原則として衆議院議員たる裁判員及び参議院議員たる裁判員がそれぞれ五人以上出席しなければ行われず（同二〇条）、裁判の評議は非公開で、裁判は審理に関与した裁判員の過半数の意見で行うとされていますが、罷免の裁判をするには審理に関与した裁判員の三分の二以上の多数によるとされています（同三一条）。

罷免を可とする裁判の宣告は判決の形式で行われ（裁判官弾劾裁判所規則一二三条一項・二項）、裁判官は罷免の裁判の宣告によって罷免という効果が発生します（裁弾三七条）。なお、罷免された裁判官は、「罷免の裁判の宣告の日から五年を経過し相当とする事由があるとき」または「罷免の事由がないことの明確な証拠をあらたに発見し、その他資格回復の裁判をすることを相当とする事由があるとき」には、弾劾裁判所に対して資格回復の裁判を請求して、資格回復の裁判を受けることができます（同三八条）。

第五章　内　閣

本章は、現行憲法で行政権を担当するのは「内閣」であることを示し、その組織の基本的仕組みとその組織運営のあり方を定めています。

明治憲法の下で行政権を担当した内閣は、明治維新後創設された太政官制度を廃した「内閣職権」（勅旨）（一八八五年）により設置され、その組織は明治憲法発布と同年（一八八九年）の「内閣官制」（勅令）によって整えられました。

しかし明治憲法には内閣という組織は登場せず一切の統治権は天皇が総攬すると定めた上で（明憲四条）、国務各大臣は「天皇ヲ輔弼シ」（同五五条一項）、枢密顧問は「天皇ノ諮詢ニ応ヘ重要ノ国務ヲ審議ス」（同五六条）とされ、それぞれに実質的に行政に関与する権限が与えられました。

(1)　行政権の担い手のあり方　君主政の時代、行政権の担い手は君主（王や皇帝など）でした。近代国家になると、世襲制にその地位の正統性を置く君主が統治活動の実質的決定権を失い、統治活動に知識と技量をもつ官僚あるいは民意によって選出された政治家が行政権の担い手となっていきます。立憲主義の下で具体的に行政権を担う組織は、大統領制のように一人が行政権を担う制度（＝独任制の行政機関）か、内閣制のように複数人が合議によって行政権を担う制度（＝合議制の行政機関）へと進展していきます。

明治憲法にある「政府」（明憲三八条・四〇条・四八条等）は「国務各大臣」つまり行政部を意味し、「内閣総理大臣ハ各大臣ノ首班トシテ機務ヲ奏宣シ旨ヲ承ケテ行政各部ノ統一ヲ保持ス」（内閣官制二条）とされました。「首班」とは「同輩中の首席（primus inter pares）」、つまり会議体の議長のような存在で、内閣の代表権も、他の国務大臣に対する任免権も指揮命令権もありませんでした。

(2)　議院内閣制への展開　内閣もその発端は君主の統治を補佐する複数人からなる側近の合議体でした。内閣の構成員は君主によって任免され統治責任は君主に対してのみ負いました（＝大権内閣制）。かつての薩長藩閥を超然主義内閣と呼ぶのは、天皇に対してのみ責任を負い、政党を中心とする帝国議会には責任を負わないことを表していました。

立法権を担う議会制度が整いその機能を果たすようになると、統治政策の執行を担う内閣は立法活動の一端を任う議会の意思を無視できなくなって、議会の信任を必要とする議院内閣制へと展開することを余儀なくされます。一八九八年に最初の政党内閣（第一次大隈重信内閣、いわゆる「隈板内閣」）が現れ、大正末期から昭和初期にかけての、いわゆる大正デモクラシーの下では、政党内閣が継続していきます。

ところが昭和に入ると現役軍人が内閣を支配するようになります。軍部・官僚・既成政党・右翼などの諸勢力を結集した大政翼賛会が一九四〇年一〇月に発足して議会を一党支配するようになると、議会は機能不全におちいり、議院内閣制は終焉を迎えました。この歴史的経験の反省に立って、現行憲法は、内閣の責任の相手が国会であることを明確にしたのです。

(3)　議院内閣制の本質　議院内閣制とは合議制の最高行政機関である内閣の在職要件が議会、特に下院の信任にある制度です。その本質的要素として、①相互の罷免権の存在、つまり内閣不信任決議により内閣総辞職をさせる権限と、それに対抗する議会の解散権が必要とする説（均衡本質説）と、②相互の罷免権はなくても議会に内閣が政治責任を負えばよいとする説（責任本質説）があります。後者が通説です。

(4)　本章の意義　現行憲法は明治憲法下で確立した内閣制度を維持した上で、その失敗の経験を踏まえてそのあり方を改変しました。本章の特色は①内閣を正式な憲法上の必置機関である合議制の行政主体としたこと、②国会との関係において議院内閣制を採用することを明らかにしたこと、③内閣における内閣総理大臣の首長的地位を確立したことにあります。

具体的にはその組織編制手続を定め（六六条一項・二項・六七条・六八条）、責任の相手を国会と明示する（六六条三項）とともに、衆議院に内閣不信任決議権を付与し（六九条）、総辞職や内閣総理大臣が欠けたときの事後処理（七〇条）、その他、その職務の具体的内容（七二条・七三条・七四条）、国務大臣の特典（七五条）などを定めています。

第六五条　行政権は、内閣に属する。

趣　旨　本条は統治権の一角を構成する行政権を「内閣」という名称の合議体の組織に授けています。この規定は立法権の帰属を定める四一条、司法権の帰属を定める七六条一項とともに現行憲法が権力分立主義を統治組織の前提原理としたものです。

背　景　明治憲法の下、天皇が大権を行使する際に「輔弼」する機関は大権の内容によって異なり、例えば統帥大権は陸軍参謀総長・海軍軍令部長が、皇室大権は宮内大臣・内大臣がその輔弼をしました。一般国務は国務各大臣が輔弼するとされた（明憲五五条一項）のですが、実際は内閣官制によって設けられた内閣が輔弼し、それも政党内閣の確立に伴い内閣の連帯責任が承認されるようになりました。

現行憲法は本条により内閣が行政権を直接的に担い、天皇の「国事に関するすべての行為」も「内閣の助言と承認を必要とし、内閣が、その責任を負ふ」としました（三条）。

内　容　(1)　「行政」の意味　「行政」の意味については、王権から司法が裁判所へ、立法が議会へと分化していった歴史的経緯から、この分化の結果王権の下に残った活動が行政とする控除説が有力です。行政を正面から定義しないので消極説ともいわれます。他方、控除説は定義になっていないとして「法の下に法の規制を受けながら、現実具体的に国家目的の積極的実現をめざして行われる全体として統一性をもった継続的な形成的国家活動」とする積極説が有力に唱えられました。ところがこの定義から漏れる多くの活動も行政機関が現に行っているので、この説は少数説にとどまります。

控除説は行政法学ではなお通説ですが、憲法学では行政を執政ととらえる説が有力です。この執政説は内閣の職務の中心は統治活動に関する基本的な政策決定および「行政各部」（七二条）（＝下級行政機関）の指揮監督にあるとします。確かに内閣の重要な権限として憲法は法律案の策定（七二条）、予算案の作成（八六条）、条約の締結（七三条三号）などを定め、これは国の基本的な政策決定です。執政説はその他の憲法の条項（三条・七条等）も併せ考えると、現行憲法が内閣に付与した権限をより合理的に説明できます。もっとも内閣の指揮監督を受ける下級行政機関は雑多な職務を執行するので、下級行政機関の職務としての行政の定義は従来の控除説がなお有効です。

(2)　行政委員会　現行憲法の下、法律で具体的に定められた行政組織は、明治憲法の下の独任制（一人がトップに就く制度）を基本的に維持しつつ英米型の合議制

（複数人がトップに就く制度）をモデルとする行政委員会が導入されました。行政委員会は憲法制定直後は多数設けられましたが、その後徐々に整理されていき、二〇二一年現在人事院、公正取引委員会、国家公安委員会、中央労働委員会など九つ、憲法上の行政委員会といえる会計検査院を含めると一〇あります。

　行政委員会は職務の政治的中立性・専門性を理由として行政権に加えて準立法的権限と準司法的権限をもち、また個別の職権行使について内閣の指揮監督を受けないとされ、合議制なので民主的意思決定ができるとされています。

　内閣から独立して行政権を行使する行政委員会は、本条と憲法六六条三項の規定に照らして違憲ではないかという指摘もあります。しかし国会の四一条は「唯一の立法機関」、司法の七六条一項は「すべて司法権は」と規定するのに対し、本条には内閣のみに行政権を独占させる文言はなく、また行政委員会の人事や予算を内閣が掌握し、その間接的コントロールが及ぶので合憲とされています。

第六六条　① 内閣は、法律の定めるところにより、その首長たる内閣総理大臣及びその他の国務大臣でこれを組織する。
② 内閣総理大臣その他の国務大臣は、文民でなければならない。
③ 内閣は、行政権の行使について、国会に対し連帯して責任を負ふ。

趣　旨　本条の一項と二項は、内閣の構成員とその資格を定め、三項は内閣の責任の相手方が国会であることと、合議体の内閣の責任のあり方が連帯責任であると定めます。

背　景　本条によって内閣は明治憲法下の内閣官制という勅令の下で設置された機関から憲法が直接設置する機関になりました。主権の所在が天皇から国民に移り、内閣設置の法的根拠は憲法と国民代表の集う国会が定める法律である必要があったのです。

　内閣総理大臣の地位も明治憲法下の「同輩中の首席」から内閣の「首長」として大臣の任免権もその権限となって強力な指導力を発揮できるように定めました。

　国民主権の原理の下で憲法上の合議制機関として行政権のトップとなった内閣の責任の相手方は、国民代表の集う国会となり、またその責任のあり方は連帯責任となったので、ここに議院内閣制が確立しました。

内　容　**(1)　内閣の構成**　本条一項は①行政権が大統領のような独任制の機関ではなく、内閣総理大臣とその他の国務大臣から構成される内閣という合議制の機関に帰属すること、②内閣総理大臣の地位につき「首長」として他の国務大臣の上位にあって内閣全体を統率かつ代表し、行政各部を指揮監督する地位にあること、③内閣に関する細則は国会が制定する法律で定めるべきことを定めています。本条を受けて内閣法が定められました。

(2)　大臣の資格要件――「文民」　本条二項は内閣総理大臣その他の国務大臣が「文民」であることを要求しています。この文民要件は軍部の政治介入を警戒して軍の最高指揮権を軍人ではない公務員に委ねる英米の統治形態のシビリアン・コントロールに由来します。明治憲法の末期に軍人が権勢を振い日本を破綻に至らしめたことへの反省に立って、シビリアンに当たる文民という日本語を創って定めました。

この規定は憲法制定後しばらくの間は、かつての職業軍人を政治から排除する意味をもちました。憲法九条二項前段は「戦力」の保持を禁止しますが、客観的には軍隊である自衛隊を「戦力」には該当しない自衛力として日本は保持しています。自衛隊の「制服組」といわれる自衛官がその任を担っています。今では戦前の職業軍人は政治の表舞台からは姿を消しました。この現実を前提として現役の軍人に該当する人を政治の中心部から排除する英米の統治制度の本来の趣旨に照らすと、本条でいう「文民」は現役の自衛官ではない人を指すと解するべきでしょう。

(3)　内閣の責任　本条三項は明治憲法下の「国務各大臣」が「其ノ責ニ任ス」（明憲五五条一項）とする単独責任の方法を改め、合議体としての内閣が一体として連帯責任を負うとしました。もっとも現行憲法は「主任の国務大臣」の存在を認めている（七四条）ので、個々の国務大臣の所管事項に関する単独責任もありえます。

内閣が責任を負う相手方は「国会」で、衆議院・参議院それぞれが責任を追及できます。内閣の負う「責任」は歴史的には刑事責任でしたが、今は政治責任です。責任の究極は個別の大臣の辞任または内閣総辞職ですが、責任をとる場合（要件）を憲法は衆議院の内閣不信任決議（六九条）という手続の観点のみから定め、実体的要件は定めていません。

(4)　責任の対象　本条三項は責任の対象を「行政権の行使」とします。この行政権が六五条の行政権と同じか否かの問題があります。有力説の控除説では責任の対象があいまいとなって、例えば憲法七条の天皇の国事行為の「助言と承認」がその範囲に入るかあいまいです。執政説によると憲法が内閣に付与した権限行使すべてを含みます。

本条の趣旨は内閣および行政各部のすべての活動につき国会に対して内閣が責任を負うことなので、執政説の方が六五条との関係でも整合性があるといえます。

第六七条　① 内閣総理大臣は、国会議員の中から国会の議決で、これを指名する。この指名は、他のすべての案件に先だつて、これを行ふ。

② 衆議院と参議院とが異なつた指名の議決をした場合に、法律の定めるところにより、両議院の協議会を開いても意見が一致しないとき、又は衆議院が指名の議決をした後、国会休会中の期間を除いて十日以内に、参議院が、指名の議決をしないときは、衆議院の議決を国会の議決とする。

趣　旨　内閣総理大臣の任命は天皇の国事行為として行われます（六条一項）。しかし天皇には「国政に関する権能」はない（四条一項）ので、内閣総理大臣の指名権者、資格、決定時期、決定手順の定めが必要です。本条は指名権者が国会であること、資格が国会議員であること、指名がすべての議案の先決案件であること、両議院の指名の議決が異なる場合の衆議院の指名の優越を定めています。

背　景　明治憲法の下では、天皇が文武官（＝文官〔事務官〕と武官〔軍人〕）の任免権をもった（明憲一〇条）ので、内閣総理大臣その他の国務大臣も天皇が任命しました。また当時の内閣は天皇の意向で進退を決し、議会の信任に依存しませんでした。一八九五年に伊藤博文内閣が自由党と提携したことを端緒に歴代の内閣は衆議院の政党と関係をもち、一九一八年の政友会の原敬内閣の成立で政党内閣制が事実上確立しました。ところが昭和に入ると軍部の台頭とともに流れは一変し、一九三二年の五・一五事件のあと、内閣は官僚または陸海軍武官により組織され、内閣の更迭は元老・内大臣またはそれらが招集する重臣会議の輔弼でなされ、それに基づき内閣組織の大命が下されました。

「民主主義的傾向ノ復活強化」を求めたポツダム宣言一〇号に対応して、本条は内閣総理大臣の任命につき大正デモクラシー期の政党内閣制の慣例の復活強化を果たしました。

内　容　⑴　内閣総理大臣の資格・指名権者・指名

時期　本条一項前段は内閣総理大臣の有資格者が「国会議員」であること、その実質的決定権つまり「指名」する権限が「国会」にあること、その「指名」は「国会の議決」の形式で行われことを定め、後段は指名時期につき「すべての案件に先だつて」なされることを定めます。

国会議員であることは内閣総理大臣の指名要件でありかつ在職要件と解され、何らかの理由で国会議員の地位を失う（→七〇条）と、内閣総理大臣は辞職し内閣も総辞職すべきことになります。ただし衆議院解散の後、新議員が選挙されるまでの時期はその地位にとどまります（七一条）。

(2) **指名の手続**　「国会の議決」の具体的手続は各議院の規則で定められ、それぞれで記名投票を行いその過半数で決します（衆議院規則一八条、参議院規則二〇条）。本条二項は衆議院と参議院が異なる指名の議決をした場合は、両議院の協議会が開かれ（国会八六条）、意見が一致しないときには衆議院の議決が国会の議決とみなされ、または衆議院が指名の議決をした後、休会（→五二条）中の期間を除いて一〇日以内に参議院が指名の議決をしないときも、同様に衆議院の議決が国会の議決になると定めます。衆議院の優越（→五九条）の具体例の一つです。

過去に二度、各議院が異なる指名の議決をしています。一九四八年に衆議院が芦田均、参議院が吉田茂を指名したとき、一九八九年に衆議院が海部俊樹、参議院が土井たか子を指名したときで、いずれの場合も両院協議会の成案は得られず、衆議院の議決が国会の議決となりました。

第六八条　① 内閣総理大臣は、国務大臣を任命する。但し、その過半数は、国会議員の中から選ばれなければならない。
② 内閣総理大臣は、任意に国務大臣を罷免することができる。

趣旨　本条は内閣総理大臣が内閣の首長であること（六六条一項）を裏づけるために、内閣総理大臣は内閣の構成員である国務大臣を任命し罷免する権限をもつことを定めます。内閣総理大臣が理由を問わずその意思によって罷免できることを定める二項は、そのリーダーシップを強力なものとしています。六七条一項は内閣総理大臣の資格要件が国会議員であることと定めますが、本条一項但書は内閣の構成員（＝国務大臣）の過半数が国会議員の中から選ぶべきことを定め、現行憲法が国会にその基盤を置く議院内閣制であることをより鮮明にしました。

背　景　明治憲法末期の事態が再現しないよう、内閣草案では国務大臣の任命につき国会の承認を前提要件としていました。その後衆議院における修正で国会の承認に代えて国会議員の過半数要件が入り、内閣総理大臣はこの要件を除き国務大臣の任免権を無条件にもつことになりました。

内　容　⑴　**国務大臣の任命**　「国務大臣」には内閣総理大臣を含む場合（＝広義の国務大臣。六三条・六六条一項・二項・七四条・九九条・一〇三条）と、内閣総理大臣を除く場合（＝狭義の国務大臣。七条五号・六八条一項・二項）があります（七五条につき解釈は分かれます）。本条一項は内閣の首長である内閣総理大臣が狭義の国務大臣を任命する権限をもつことを定めます。任命後天皇がそれを認証します（七条五号）。

⑵　**国務大臣の構成要件**　本条一項但書は狭義の国務大臣の過半数が国会議員であると定めます。過半数の母数は法律の定める定数ではなく現に在職する国務大臣の数と解するのが一般的です。過半数要件は、内閣の国会への従属性をあまり極端にせず内閣にある程度の自主性を認めることが必要であるとの趣旨で設けられましたが、国会議員以外からの任命はまれにしかみることができません。

狭義の国務大臣の過半数が国会議員であればよいので、特定の国務大臣が任命後国会議員の地位を失っても、国務大臣の現在数の過半数が国会議員であれば、その国務大臣はその地位を維持します。

⑶　**国務大臣の罷免**　本条二項は内閣総理大臣が国務大臣の地位を「任意に」奪う罷免権をもつことを定めます。「罷免」とは、本人の意思に反する一方的な免職を意味し、本人の意思に基づく辞職である依願免職と区別されます。本条は罷免要件を一切定めていないので、理由のいかんを問わず内閣総理大臣の一存によって罷免できます。この罷免権は内閣総理大臣の首長性（六六条一項）を具体的に示す規定で、この権限は内閣総理大臣の閣内における統率権に確固たる基盤を与えます。実際には内閣の統一性と一体性を維持するために罷免権が行使されてきました。

第六九条　内閣は、衆議院で不信任の決議案を可決し、又は信任の決議案を否決したときは、十日以内に衆議院が解散されない限り、総辞職をしなければならない。

趣　旨　本条は衆議院で内閣不信任の決議案が可決された場合、または内閣信任の決議案が否決された場合の法的効果を定めています。このような議決がなされた場合、内閣は一〇日以内に衆議院を解散するか総辞職をするかのいずれかの選択義務が生じます。仮に衆議院を解散して総選挙が行われ、その結果が内閣を支持するものであっても、その後初めて国会が召集されたときに総辞職をしなければなりません（七〇条）。内閣はいずれの選択をしても総辞職しなければならないのです。

本条は六六条に定められた内閣の国会に対する連帯責任の趣旨を具体化し、国会優位を前提としつつ衆議院議員と内閣の相互罷免制度を設け、次条とともに内閣の存立が国会、とりわけ衆議院の信任に依存することを明確にしています。

背　景　明治憲法には内閣が議会の信任を失って総辞職する、その裏返しとして議会の信任によって存立するという制度の明文の規定はなく、天皇大権の一つとして衆議院解散権がある（明憲七条）のみでした。国務各大臣の職は天皇の信任により任命され、信任の喪失により辞職したのです。しかし前述のように政情が安定し政党内閣制が政治慣行となると、内閣は議会の信任の喪失によって辞職することが「憲政の常道」として確立していったのです。

内　容　(1)　手　続　決議は内閣提出の法律案や予算案の否決、予算の削減など内閣の重要施策の否決では足りず、内閣不信任案の議決か内閣信任案の否決である必要があります。内閣の信任または不信任の決議案の発議には「その案を具え理由を附し、五十人以上の賛成者と連署して」議長に提出しなければなりません（衆議院規則二八条の三）。信任案は内閣からも提出できると解されています。

参議院も同様に内閣不信任の議決（「問責決議」といいます）はできますが、本条の反対解釈として法的効力はありません。個別の大臣に対する不信任は憲法が禁止していないので両議院ともに議決できますが、本条のように法的効果をもつものではありません。

(2)　解散権の主体　本条は「衆議院が解散されない限り」と受動態で規定するので、解散権の主体が不明確です。その原因は解散が天皇の国事行為として行われる（七条三号）からと考えられます。しかし天皇は「国政に関する権能を有しない」（四条一項）ので、実質的決定権の所在の根拠は七条柱書の「内閣の助言と承認により」の文言に求めることになり解散権の主体は内閣であることになります。

個々の議員の個別的辞職は議員の除名ができる（五八条二項）ので可能ですが、議員自ら提案しての総辞職、つまり自主解散は憲法に明文がない以上両議院ともにできないと考えられています。

(3)　解散権行使の根拠　衆議院の解散は六九条の場合に限定されるのでしょうか。一九四八年の第一回解散の際には解散は本条の場合に限定されるとするGHQの指示に基づき、内閣不信任案の可決をまって「日本国憲法第六九条及び第七条により、衆議院を解散する」とする詔書によって解散されました。しかし、一九五二年の第二回解散以降は、「日本国憲法第七条により、衆議院を解散する」とする詔書になり、七条を根拠にして解散する先例が確立しました。

(4)　解散権行使の要件　衆議院の解散が六九条の場合に限定されず内閣が決定権をもつとしたとき、解散権の行使の要件は何か、角度を変えると解散権行使の限界はあるかが問題になります。憲法に関連条項がなく、また内閣の重要施策につき民意を問うべきか否かについて一律の要件をあらかじめ定めておくことは実質的に不可能なので、解散が必要か否か、あるいは妥当か否かについては政治的裁量に委ねられていると解するのが一般的です。

最高裁も一九五二年八月二八日の第三次吉田茂内閣によるいわゆる抜き打ち解散につき「極めて政治性の高い国家統治の基本に関する行為であつて、かくのごとき行為について、その法律上の有効無効を審査することは司法裁判所の権限の外にありと解すべき」としました（苫米地事件・最大判昭和三五年六月八日民集一四巻七号一二〇六頁）。

第七〇条　内閣総理大臣が欠けたとき、又は衆議院議員総選挙の後に初めて国会の召集があつたときは、内閣は、総辞職をしなければならない。

趣　旨　本条は議院内閣制の下で内閣が終焉を迎え総辞職すべき二つの場合を定めています。本条前段は首長がいない内閣は一体性・同質性がなくなるために、後段は内閣は最新の民意に対応しなければならないとする要請に応えるために設けられた規定です。

背　景　明治憲法の下では対等の国務大臣が天皇を個別に輔弼し責任を負う体制でした（明憲五五条）ので、内閣の一体性と議会に対する責任についての明文の定めはありませんでした。内閣官制（勅令）には内閣の首班が欠けたときも衆議院の構成が変わったときも総辞職すべき義務の規定はなく、合議制機関としての一体性は想定していませんでした。

その後大正デモクラシーの潮流の中で、天皇による国務大臣の任免について内閣総理大臣が「奏宣」する権能（内閣官制二条）を通じて内閣総理大臣は内閣総理大臣と進退を共にするようになり、政党内閣の時期になると総選挙で与党が敗れた場合に内閣は退陣する政治的慣行が確立していきました。昭和期になるとその慣行も無視されたのですが、本条は明治憲法下で確立した良き慣習を明文化しました。

内　容　⑴　**内閣総理大臣が欠けたとき**　「欠けたとき」とは、内閣総理大臣の死亡、辞職、失格、失踪・亡命、生死不明のときです。国会法六四条は、「内閣総理大臣が欠けたとき、又は辞表を提出したとき」と規定し、辞職を「欠けたとき」に含めない定め方になっていますが、内閣から内閣総理大臣が消えるので、憲法上は「欠けたとき」と解されています。失格は資格争訟により国会議員となる資格（被選挙権）を失ったとき、除名、選挙訴訟・当選訴訟によって国会議員の地位を失ったとき、比例代表議員の党籍移動があったときなどに生じます。

病気や負傷のときは原則として「欠けたとき」ではなく、暫定的な故障として「事故のあるとき」となり、内閣総理大臣のあらかじめ指定する国務大臣（いわゆる副総理）が臨時に内閣総理大臣の職務を行います（内閣九条）。

病気が重篤で意識不明となった場合は、回復可能か否かの医学的判断に基づき、回復不能のときは「欠けたとき」とすべきでしょう。

⑵　**衆議院議員総選挙後に初の国会が召集されたとき**　衆議院議員の総選挙は衆議院が解散されたときと衆議院議員の任期満了のときに実施されます。解散のときは選挙の日から三〇日以内に特別会が召集され（五四条）、任期満了のときは新議員の任期の始まる日から三〇日以内に臨時会が召集されます（国会二条の三）。いずれのときも国会が召集された日に内閣は総辞職します。与党が選挙で有権者の支持を得て衆議院の多数派を維持したとしても、その構成員も変わり、また連立を構成する政党も変わる可能性があるので、召集と同時に総辞職するとの定めには合理性があります。

第七一条　前二条の場合には、内閣は、あらたに内閣

総理大臣が任命されるまで引き続きその職務を行ふ。

趣　旨　六九条と七〇条は内閣が総辞職すべき場合を規定していますが、このような場合に内閣がただちに職務から離れると行政権を担当する組織が消滅して行政活動が遂行されず、統治活動が停滞します。そのような事態を避けるため、本条は新内閣が発足するまでの間、従前の内閣が暫定的に職務を行うこととしたのです。

背　景　明治憲法の下では天皇に内閣総理大臣その他の国務大臣の任免権があったので、これらの大臣が辞表を天皇に捧呈しても天皇の勅許が必要でした。そしてこのような事態が生じたとき政府の活動に空白を生じさせないために、新内閣を構成する内閣総理大臣その他の国務大臣を任命すると同時に辞表の勅許、つまり罷免を同時に行う慣行がありました。

現行憲法の下では天皇に内閣総理大臣の任命権はあるものの、それは国会の指名に基づく形式的なものとなったので、総辞職と国会の指名との間に時間を要し、その間の行政活動の空白に対応するため、なお前内閣に引き続き職務を遂行させることにしました。

内　容　⑴　**内閣の総辞職**　本条は、総辞職は①衆議院における不信任決議案の可決又は信任決議案の否決による場合（六九条）と、②内閣総理大臣が欠けた場合、または衆議院議員総選挙の後に初めて国会の召集があった場合（七〇条）と定めています。①の場合も内閣総理大臣の意思に基づく総辞職ですが、そのような議決のない場合にも③その意思に基づき自発的に総辞職する場合もあり、これは七〇条の「内閣の欠けたとき」に該当します。本条は、これら三つの場合の内閣総辞職の場合についての新たな内閣の成立までの職務の遂行について規定しています。

⑵　**新内閣の成立**　国会による①内閣総理大臣の指名（六七条）と天皇による任命（六条一項）、②内閣総理大臣による国務大臣の任命（六八条）と天皇による認証（七条五号）によって、新たな内閣は成立します。①と②の間に必然的にタイムラグがあるので、一九四七年に片山哲が、また一九四八年に吉田茂が内閣総理大臣にそれぞれ任命されたとき、国務大臣の任命までに数日を要したため、その間内閣総理大臣が臨時に各国務大臣の職務を行ったことがあります。内閣を一人の人間が構成したことになりました。これは内閣の合議制という憲法の原則に反するので、その後、内閣総理大臣と各国務大臣の任命が同日に行わるようにして、このような事態の発

生を避けるようにしています。

(3)　**総辞職内閣の職務の範囲**　総辞職した内閣の職務の範囲につき明文の規定はありません。そこで総辞職内閣も内閣に付与された権限をすべて行うことができるとする説もあります。しかし総辞職内閣はすぐに退任することが確定しているので、衆議院の解散のような内閣の国民の審判に問う性質の行為のように総辞職内閣の性質と矛盾する職務はできないと解され、さらに、重要な政策変更や新たな政策決定なども政治的見地からは回避すべきと解されています。

第七二条　内閣総理大臣は、内閣を代表して議案を国会に提出し、一般国務及び外交関係について国会に報告し、並びに行政各部を指揮監督する。

趣　旨　現行憲法の定める内閣制度の特徴の一つは内閣総理大臣に内閣の首長性を明文で認めたところにあります（六六条）。首長性は内閣内部においてその統一をはかる局面から、他の国務大臣の任免権（六八条）、欠けた場合の内閣の総辞職（七〇条）、国務大臣訴追の同意権（七五条）に具体的に例示されています。本条は、内閣外部、すなわち国会と行政各部に対して内閣総理大臣が合議体たる内閣を代表することを明確にしました。

背　景　明治憲法下の内閣官制（勅令）は「内閣総理大臣ハ各大臣ノ首班トシテ機務ヲ奏宣シ旨ヲ承ケテ行政各部ノ統一ヲ保持ス」（二条）とありましたが、「首班」とは「同輩中の首席」と解され、本条に規定された権限は保障されてはいませんでした。アジア太平洋戦争の遂行に際して、「戦時行政職権特例」が勅令として制定され（一九四三年）、内閣総理大臣の各大臣に対する指示権などが定められましたが、その合憲性に疑義が指摘されました。

現行憲法の下、このような疑義を取り除き、内閣総理大臣の首長性を確立するために本条が定められました。モデルとなったのはイギリスで憲法習律となっていた内閣の代表権と行政各省に対する監督権と考えられます。

内　容　内閣総理大臣の代表権は、その首長であるという地位から、本条の定める①国会に対する議案の提出、②国会に対する一般国務と外交関係の報告、③行政各部の指揮監督に限定されず、内閣の職務一般について及ぶと解されています。

(1)　**議案の提出**　「議案」とは国会の各議院の会議において議決されるべき原案として発案されたものの総称です。本条の議案には内閣のみに提出が認められた予算（修正を除く）（七三条五号・八六条）、条約（七三条三号）、皇室関係の財産の授受（八条）も含まれます。

この議案に法律案が含まれるか否かにつき否定説もありますが、内閣法五条は、「内閣総理大臣は、内閣を代表して内閣提出の法律案、予算その他の議案を国会に提出し」とし、法律案提出権があることを前提としています。内閣の職務の中心は国政の基本政策の決定でそれは法律にルールとして示されることが多く、内閣にも法律案提出権はあると考えるべきでしょう。憲法改正案の提出権についても議論があります。九六条が明文で国会に発議権を規定しており、また行政活動は現行憲法の枠内で行われるべきなので、憲法改正案の提出権は内閣にはないと考えるべきです。

(2)　一般国務と外交関係の報告　憲法六六条三項は「内閣は、行政権の行使について、国会に対し連帯して責任を負ふ」としますが、内閣がどのように行政権を行使したのかについて国会に報告しなければ、その責任を追及できません。そこで本条に「一般国務及び外交関係」についての国会への報告義務が規定されたのです。「一般国務及び外交関係」とは内閣に属するすべての職務、憲法六五条でいう「行政権」を指しています。外交関係の処理も内閣の職務に属します（七三条二号）が、あえてこれを明文化したのは外交関係処理の重要性に基づきます。

(3)　行政各部の監督　「行政各部」とは、明治憲法下の用例（明憲一〇条）を踏襲したもので、行政権の行使を担当する機関のうち内閣を除くものを指しています。具体的には国家行政組織法等の法律でその組織・権限等が定められています。内閣を構成する国務大臣が行政各部の長の多くを担当するのが通例（この側面の大臣を「主任の大臣」または「行政大臣」といいます）ですが、内閣と行政各部は組織上別個のものとして存在するので、行政活動の一体性を確保し、内閣と行政各部の意思に齟齬が生じないように、内閣を代表して内閣総理大臣が、行政各部の長を指揮監督するとしています。内閣法は「内閣総理大臣は、閣議にかけて決定した方針に基いて、行政各部を指揮監督する」（六条）とし、「主任の大臣の間における権限についての疑義」の裁定をなし（七条）、「行政各部の処分又は命令」（八条）の中止をさせる権限を内閣総理大臣に付与しています。なお、憲法上独立した行政組織として定められた会計検査院は、行政各部には含まれてはいません。

第七三条　内閣は、他の一般行政事務の外、左の事務

を行ふ。
一　法律を誠実に執行し、国務を総理すること。
二　外交関係を処理すること。
三　条約を締結すること。但し、事前に、時宜によつては事後に、国会の承認を経ることを必要とする。
四　法律の定める基準に従ひ、官吏に関する事務を掌理すること。
五　予算を作成して国会に提出すること。
六　この憲法及び法律の規定を実施するために、政令を制定すること。但し、政令には、特にその法律の委任がある場合を除いては、罰則を設けることができない。
七　大赦、特赦、減刑、刑の執行の免除及び復権を決定すること。

趣　旨　憲法六五条は内閣に行政権が属することを定めました。本条各号は他の条文で明示された権限（三条・七条・六条二項・五三条・五四条二項但書・六九条・七二条・七九条一項・八〇条一項、八七条）と並んで、内閣が有する具体的な権限の内容を明示することを目的としています。ただ、それはあくまで例示的なものであることを確認するため、本条柱書において、「他の一般行政事務」を行う権限があることを確認しています。

背　景　明治憲法の下、内閣は天皇に従属する天皇の機関であり、制度上は天皇のみがなしうる事項以外の天皇から委任された行政事務のみを行いました。現行憲法の下、天皇大権を現行憲法の他の機関に配分しなければならなくなり、その大半が本条各号によって内閣の手に移されました。

内　容　本条の七つの号は明治憲法下の天皇の大権に属していた権限を中心に、特に明記すべき内閣の権限を定めています。

(1)　法律の誠実な執行と国務の総理（一号）　法律の執行とは、古典的な権力分立思想における、君主の執行部としての位置づけを踏襲したものです。しかし議会が政策立案の主導権を握った一九世紀は過去のものとなり、君主の地位を継承した政府（行政府）の果たすべき役割の増加とともに、法律を具体的事案に当てはめるという法律の執行は行政各部の職務になっていきます。この規定は現在、内閣の法律に反する執行の禁止として「法律による行政の原理」つまり法治主義を明文化した意義があります。

この条項に関連して内閣が違憲と判断する法律の執行

義務もあるかという問題があります。法律の合憲性の最終的な判断権は最高裁判所にあります（八一条）。もっとも内閣を構成する国務大臣にも憲法遵守義務が課されている（九九条）ので、内閣が違憲と判断する法律の執行義務は原則としてないと考えるべきでしょう（↓九九条(2)）。

「国務」とは、立法と司法以外の国の基本的な政策決定と行政各部を指揮監督すること、つまり執政を、「総理」とは最高行政機関として統轄管理することを意味します。

(2)　外交関係の処理（二号）　明治憲法の下では条約締結を含む外交事務は天皇の大権事項でした（明憲一三条）。現行憲法は天皇の外交に関係する国事行為として「全権委任状及び大使及び公使の信任状を認証すること」（七条五号後段）、「批准書及び法律の定めるその他の外交文書を認証すること」（七条八号）、「外国の大使及び公使を接受すること」（七条九号）を定めていますが、いずれも「内閣の助言と承認」によるとするので、外交に関する実質的決定権は内閣がもつことを前提としています。本号はこれを改めて確認し、内閣がひろく外交関係を処理することにしたので、日本国を国際的に代表する機関は内閣となりました。

(3)　条約の締結（三号）　条約とは、国や国際組織など国際法上の法主体同士の間で締結された法的拘束力をもつ成文形式の合意を指します。前号は外交事務全般が内閣に帰属することを定めましたが、本条はそのうち最も重要な条約締結権も内閣にあることを改めて確認しました。条約は法律制定と同じく、国際的な法規範を創造するものです。そこで国内的法規範の制定を独占する国会に、原則として締結の事前に、また例外的に事後に、承認を必要とすることを定めています。

(4)　官吏に関する事務（四号）　「官吏」とは行政各部の職員たる国家公務員を意味します。明治憲法の下、官吏の任免権は天皇にありました（任免大権。明憲一〇条）が、これを内閣の手に移し、かつその基準を国会が定めることになりました。具体的には国家公務員法が制定され、採用・給与・分限・懲戒・服務などを定めています。

(5)　予算案作成事務（五号）　この事務は憲法八六条の「内閣は、毎会計年度の予算を作成し、国会に提出して、その審議を受け議決を経なければならない」に対応しています。

(6)　政令制定権（六号）　内閣の制定する命令を「政令」といい、行政機関の制定する命令の最高形式です。明治憲法下では天皇の制定する勅令が命令の最高形式でした。現行憲法の施行とともに旧来の勅令は原則として政令と読み替えることになりました。

憲法の規定を直接実施するための政令を制定できるか否かについては、憲法を実施する法規範の制定は唯一の立法機関である国会（→四一条）の制定する法律によることが憲法の要求と解され、憲法・法律・政令という段階構造の中間法形式である法律をとばして政令で直接憲法の規定を実施することはできないと考えられています。

政令の制定・改正・廃止は主任の大臣が案をそなえて内閣総理大臣に提出して閣議を求め（行組一一条、内閣四条三項）、閣議で決定した（内閣四条一項）のち、主任の大臣が署名し内閣総理大臣が連署して（憲七四条）、天皇が公布することになっています（同七条一号）。

(7)　恩赦の決定（七号）　恩赦は国会の定めた法律に基づき、裁判所が裁判によって確定した刑罰の効果を訴訟手続によらずに一部消滅させ、または特定の犯罪につき公訴権を消滅させる行為です（恩赦の種類については→七条六号）。明治憲法の下、恩赦は天皇の大権事項でした（明憲一六条）が、現行憲法は恩赦を天皇の国事行為としました（七条六号）。本号はその実質的決定権が内閣にあることを明示しました。

恩赦は、現在では主として行刑政策上の見地からその存在理由が認められています。恩赦は内閣の自由裁量事項ではなく合理的理由が提示されねばならないとされています。

(8)　他の一般行政事務（柱書）　内閣の処理すべき事務は多岐にわたり、本条各号が具体的に定めた事務から漏れるものもありうるので、本条柱書はそのような事務を「他の一般行政事務」と規定しています。

第七四条　法律及び政令には、すべて主任の国務大臣が署名し、内閣総理大臣が連署することを必要とする。

趣　旨　法律は国会の議決のみによって成立し（五九条一項）、政令は内閣の決定のみによって成立します（七三条六号）。そして、法律と政令は内閣と行政各部の活動の法的根拠となります。本条は法律の執行と政令の決定・執行に責任がある主任の国務大臣が署名し、内閣の首長たる内閣総理大臣が連署（＝並んで署名すること）すべきことを定めています。

背　景　明治憲法は法律の制定に天皇の裁可を必要

とし（六条）、「凡テ法律勅令其ノ他国務ニ関ル詔勅ハ国務大臣ノ副署ヲ要ス」としました（五五条二項）。現行憲法の下、天皇は法規範の定立に関して「公布」などの形式的行為はするものの実質的決定権を失い（四条一項）、その執行権も失い、内閣が天皇に代わってその執行責任を負うことになりました。内閣の内部で法律と政令の執行を担当する主任の大臣と、国会に対してその執行責任を負う内閣（七三条一号）の代表者である内閣総理大臣が執行責任を明らかにするため、それぞれに署名を義務づけたのです。

内　容　⑴　**署名の対象**　署名の対象は法律と政令のみで、明治憲法の下で「国務ニ関ル詔勅」としてその対象となっていた憲法改正・予算は対象外となりました。ただし、条約は実務上なおその対象となっています。署名の主体は「主任の国務大臣」で、誰が主任となるかは別に法律で定められています（内閣三条）。

⑵　**署名の法的性質**　署名と連署は法律と政令の成立要件でも有効要件でもありません。天皇の国事行為の「公布」が効力の発生要件となっているからです（七条一号）。その法的性格は法律または政令が制定されたことを公に証明する「公証」と位置づけられ、執行責任の所在を対外的に明らかにする規定と解されます。

第七五条　国務大臣は、その在任中、内閣総理大臣の同意がなければ、訴追されない。但し、これがため、訴追の権利は、害されない。

趣　旨　本条は内閣を構成する国務大臣の職務の重要性に照らして、その職務の遂行に支障をきたす訴追が慎重になされることを担保する趣旨で定められた規定です。行政権を行使する合議制の機関である内閣の一体性が検察当局の一方的判断によって損なわれることを回避する権限を、内閣の首長たる内閣総理大臣に与えました。権力分立原理から見ると、訴追後の刑事裁判手続をすすめる司法権を担当する裁判所と、行政権を担当する内閣、それぞれの権限行使の抑制均衡をはかることができるとしたのです。

背　景　明治憲法には本条に相当する規定はありませんでした。それは内閣が憲法上の組織ではなく、行政権を行使する天皇を国務各大臣が輔弼する構造をとり、内閣総理大臣も内閣の首長という法的地位ではなかったことに起因します。実際、明治憲法下で訴追された国務大臣はいませんでした。

類似の制度として皇室典範は、「摂政は、その在任中、訴追されない。但し、これがため、訴追の権利は、害されない」と定めています（二一条）。これは本条と同様に摂政の職務遂行に支障をきたさないための規定と解されています。

内　容　(1)　「訴追」の意味　本条にいう「訴追」とは検察官による公訴の提起（刑訴二五六条）をまずは意味します。訴追前の逮捕・勾留にも及ぶか否かの問題につき、一九四八年、芦田内閣の時に栗栖国務大臣が内閣総理大臣の同意を経ることなく逮捕された例があります。訴追は必ずしも身柄の拘束を伴わないのに同意を必要とし、職務遂行により大きな支障をきたす逮捕・勾留は同意不要とするのは矛盾します。本条の「訴追」には国務大臣の逮捕・勾留も含まれると解すべきでしょう。捜査に必要のある場合に出頭を求めて取り調べること（刑訴一九八条）はでき、また令状による差押・捜索・検証（同九九条～一四二条）もできます。

(2)　「同意」の法的効果　内閣総理大臣の同意は訴追の有効要件です。内閣総理大臣の同意なく公訴が提起された場合には、「公訴提起の手続がその規定に違反したため無効であるとき」に当たり、裁判所は公訴を棄却すべきことになります（刑訴三三八条）。同意の拒否に正当な理由が必要か否かについて本条の文言には同意の実体的要件は定められていないので、職務遂行に支障をきたすか否かの判断はもっぱら内閣総理大臣の政治的判断に委ねられていると解され、つまるところ「正当な理由」は不要と解されます。

(3)　「訴追の権利は、害されない」の意味　国務大臣の地位に本条が与えた特典はその在任中にのみ認められ、その犯罪に対する公訴の時効（刑訴二五〇～二五五条・三三七条四号）がその地位にある間、進行を停止します。

(4)　「国務大臣」に内閣総理大臣が含まれるか　本条の「国務大臣」に内閣総理大臣が含まれか否かの問題につき、まず自分の訴追につき自分が同意を与えるということは日本語の文章として論理的にありえません。訴追の事態を招くのは内閣総理大臣たるべき資質に欠ける烙印を押された恥ずべきことなので、常識的には辞任すべきです。

仮に別人格と擬制するとしても自分に対する訴追に同意することは内閣の首長としての自己の職務遂行に重大な支障が生じることを自ら招来することになり、その憲法上の地位と矛盾します。形式的行為のみを行う摂政には在職中訴追されないことを無条件に保障しているのに、実質的行為を行う内閣総理大臣にそれを保障しないとするのも矛盾します。本条の国務大臣には内閣総理大臣は含まれないと解すべきでしょう。

第六章　司　法

本章において統治活動のうち司法に分類される活動の担い手が裁判所であることを定めました。権力分立主義の下、立法権は国会に、行政権（執行権）は内閣に授けられ、法規範の適用・執行をめぐる紛争を裁定する権限、つまり司法権は裁判所に授けたのです。

(1)　司法の範囲　裁判所がどのような事件を扱うかは、その国における裁判の歴史、裁判をする組織に対する見方などさまざまな条件によって異なります。

フランス、ドイツなど大陸法系の諸国では刑事事件（＝犯罪者に刑罰を科す裁判）と民事事件（＝私人間の法的紛争を裁定する裁判）は司法裁判所（通常裁判所ともいいます）が扱いました。ところが行政事件（違法な行政活動をただす裁判）は、行政部に属する行政裁判所が扱い、司法の範囲には入っていませんでした。

他方、英米法系の諸国では法の支配の伝統の下にすべての者が同じ内容の法に服すべきとの考え方があり、行政事件を扱う特別の裁判所を設置する制度は法の下の平等に反するとして採用されませんでした。

明治憲法は大陸法系諸国の司法の考え方を採用して、その六一条に「行政官庁ノ違法処分ニ由リ権利ヲ傷害セラレタリトスルノ訴訟ニシテ別ニ法律ヲ以テ定メタル行政裁判所ノ裁判ニ属スヘキモノハ司法裁判所ニ於テ受理スルノ限ニ在ラス」と規定して行政事件は司法に含まれないことを明らかにしていました。

現行憲法はアメリカ合衆国の影響を受けて、英米法系諸国の司法の考え方の採用へと舵を切り、その趣旨は「すべて司法権は……」という言葉にまず反映され、さらに七六条二項は司法裁判所とは別系統の特別裁判所の設置を、また行政機関が終審として裁判を行うことをともに禁止して行政事件を司法の範囲に含まれるとしました。憲法八一条が最高裁判所は処分つまり法の執行・適用行為の合憲性を判断する終審裁判所であると定めたのも、このような司法の範囲の変更を前提としたものです。

(2)　司法の定義　司法は、具体的な争訟・事件につき法を適用し宣言することによってこれを裁定する統治作用と定義されます。具体的な争訟・事件とは何かはその判断が微妙な限界事例があります（→七六条一項）。司法の運営については明治憲法（五九条）と同様に裁判の公開規定が置かれています（八二条）。

(3)　司法の独立　明治憲法の下、司法権は統治権を総攬する天皇（明憲四条）に帰属し、裁判所は「天皇ノ名ニ於テ」司法権を行使し（明憲五七条一項）、厳格な意味での権力分立主義は採用されていませんでした。裁判官の人事権・懲戒権も行政部（政府）に属する司法省にありました。

　現行憲法は裁判官の職権行使の独立を定め（七六条三項）、下級裁判官の任命は最高裁判所の指名した者の名簿によるとします（八〇条一項）。裁判官の懲戒を行政機関はできず（七八条後段）、裁判官の罷免には分限裁判（七八条前段）か国会の弾劾裁判所の裁判（→六四条）を必要とし、報酬等の経済的保障も定めました（七九条六項・八〇条二項）。最高裁判所の裁判官は司法権行使の最終責任者なので内閣が任命する（七九条一項。長官は内閣が指名し天皇が任命。→六条二項）とし、主権者たる国民に罷免権を認める国民審査制度も設けました（七九条二項）。

　最高裁判所は裁判所の内部規律に関する事項について法規範たる規則を制定する権限をもちます（七七条一項）。

(4)　**違憲審査権**　明治憲法には立法活動や行政活動が違憲か否かの判断権に関する条文はありません。

　現行憲法はアメリカ合衆国最高裁判所の判例によって確立された「一切の法律、命令、規則又は処分」の合憲性を判断する違憲審査権を明文で規定しました（八一条）。

第七六条　① すべて司法権は、最高裁判所及び法律の定めるところにより設置する下級裁判所に属する。
② 特別裁判所は、これを設置することができない。行政機関は、終審として裁判を行ふことができない。
③ すべて裁判官は、その良心に従ひ独立してその職権を行ひ、この憲法及び法律にのみ拘束される。

趣　旨　本条一項は司法権を最高裁判所以下の裁判所、つまり司法裁判所が行使することを定めています。

　本条二項は裁判系統の一元化を明らかにします。その前段は司法裁判所以外の系統に属する紛争解決機関としての裁判所の設置を禁止し、後段は行政部に属する機関が紛争の裁定となる裁判を行うことは認めるとしてもそこで終結するのではなく司法裁判所への上訴の道を必ず設けなければならないことを定めました。

　権力分立原理は裁判所という組織全体の司法権行使に

ついての政治部門からの独立と、個々の裁判官の具体的事件における職権行使の独立を要請します。本条三項は後者の独立を明文で定めました。

背　景　明治憲法は文明開化政策の一環として近代西欧にならった裁判所制度を創設し、そのモデルとしてドイツを中心とする大陸法型の裁判制度を導入しました。

現行憲法は裁判所による救済をより徹底させるため、本条一項と二項は英米法型の一元化された裁判所制度を採用することを明確にするものです。下級裁判所の組織と権限については、裁判所法によって定められています。

明治憲法は、裁判官の職権行使の独立につき裁判官の免職手続の観点からその身分保障を規定しているだけでした（明憲五八条二項）。裁判官の身分保障は現行憲法七八条が、明治憲法よりも手厚いですが、本条三項は個別の事案における裁判官の職権行使の独立を新たに規定し、裁判官が司法部内外からの圧力に屈することなく独立して裁判手続を実行できることを保障しています。

内　容　(1)　司法の意味　七六条一項によって最高裁判所と下級裁判所の権限とされた「司法」の意味について、「具体的な争訟について、法を適用し、宣言することによって、これを裁定する国家の作用」とするのが一般的です。「具体的な争訟」が登場した背景には、アメリカ合衆国憲法の司法権の管轄の対象を定める条項（三条二節）の中に「事件（cases）」と「争訟（controversies）」の文言があり、これらの文言が合衆国裁判所の活動の対象を定めていたからです。

現行憲法と並行して制定された裁判所法三条一項も「裁判所は、日本国憲法に特別の定のある場合を除いて一切の法律上の争訟を裁判し、その他法律において特に定める権限を有する」と定めています。前記の定義にある「具体的な争訟」、アメリカ合衆国憲法にいう「事件・争訟性」、裁判所法にいう「法律上の争訟」はその内容が同じであると解されました。

最高裁は「法律上の争訟とは、当事者間の具体的な権利義務ないし法律関係の存否に関する紛争であつて、且つそれが法律の適用によつて終局的に解決し得べきものであることを要する」とします（教育勅語合憲確認等請求事件・最判昭和二八年一一月一七日行集四巻一一号二七六〇頁）。

(2)　司法の内的限界　「法律上の争訟」に該当しない紛争を裁判所は受理できません。司法の内的限界です。「法律上の争訟」の定義をめぐる具体的事例を見ましょう。

「当事者間の具体的な権利義務ないし法律関係の存否

に関する紛争」である必要があるので、紛争は①具体的なものでなければなりません。例えば法律が成立した段階でそれは違憲であるとして訴訟を起こすことはできません。一九五〇年に自衛隊の前身に当たる警察予備隊を設置する警察予備隊令が制定され、野党の代表がそれは違憲無効である旨の確認を求めた訴訟において、最高裁は「具体的な争訟事件が提起されないのに将来を予想して憲法及びその他の法律命令等の解釈に対し存在する疑義論争に関し抽象的な判断を下すごとき権限を行い得るものではない」として、訴えを不適法却下としました（最大判昭和二七年一〇月八日民集六巻九号七八三頁）。

②紛争は権利義務ないし法律関係の存否に関するものでなければなりません。例えば一九四八年六月一九日に両議院が行った教育勅語等の失効確認決議の取消しおよび陳謝決議を求める訴訟について、最高裁は、上告人が主張する具体的利益はその「主観的意見又は感情に基く精神的不満であつて」これらを「具体的な権利義務ないし法律関係の存否に関する紛争の存在を認めることはできない」（前出・教育勅語合憲確認等請求事件）としました。権利義務とか法律関係とはいえない単なる主観的感情の紛争を裁判所は解決しないとしたのです。

③紛争は「法律の適用によつて終局的に解決し得べきもの」でなければなりません。例えば、学説の当否（東京地判平成四年一二月一六日判時一四七二号一三〇頁）や国家試験の合否の判定（技術士国家試験合格判定訴訟・最判昭和四一年二月八日民集二〇巻二号一九六頁）は「法律上の争訟」には当たりません。宗教上の紛争も「信仰の対象の価値又は宗教上の教義に関する判断」が「訴訟の帰すうを左右する必要不可欠のもの」は実質的に法令の適用によって終局的な解決が不能とされました（「板まんだら」事件・最判昭和五六年四月七日民集三五巻三号四四三頁）。要するに紛争解決のための法的尺度がないものは「法律上の争訟」ではないとしたのです。

(3)　司法の外的限界　「法律上の争訟」に形式的に該当する紛争でも裁判所が処理すべきでないものもあります。

①憲法が明示的に例外とする議員の資格争訟の裁判（→五五条）と裁判官の弾劾裁判（→六四条）、国際法上の例外とされる外交官に認められる管轄権の免除や条約で認められた例外（いわゆる日米地位協定による米軍関連事件の日本の裁判管轄権の排除）などです。

②国会の各議院、内閣、最高裁判所の行為が最終的となり、裁判所の審査が及ばないことがあります。各議院の議員の懲罰（→五八条二項）がその例です。最高裁は

国会内部の議事手続の有効性の審査もできないとします（苫米地事件・最大判昭和三五年六月八日民集一四巻七号一二〇六頁）（→六九条・八一条）。

③自律的ルールをもつ社会あるいは団体内部の紛争についても、それが内部規律の問題にとどまる限りその自律的処理に委ね、裁判所は判断を差し控えるとする考え方（「部分社会論」）もあります。最高裁は地方議会の議員懲罰につき、戒告・陳謝・出席停止は「単なる内部規律の問題」であるから司法裁判権は及ばないが、除名は「議員の身分の喪失に関する重大事項」であるから及ぶとしました（最大判昭和三五年一〇月一九日民集一四巻一二号二六三三頁）。しかしこの判例は、出席停止の懲罰の違法性が争われた訴訟において、「［地方］議会に一定の裁量が認められるべきであるものの、裁判所は、常にその適否を判断することができるというべきである」として変更されました（最大判令和二年一一月二五日判例集未登載）。

また大学の単位認定をめぐる紛争について、より一般的なルールを示して、「それが一般市民法秩序と直接の関係を有しない内部的な問題にとどまる限り、その自主的、自律的な解決に委ねる」ことが適当で、司法審査の対象にならないとしました（富山大学事件・最判昭和五二年三月一五日民集三一巻二号二三四頁）。しかしその後最高裁は、高等専門学校における体育の授業における剣道受講拒否に基づく退学処分について、この判例に言及することなく裁量権の逸脱濫用に当たるとした（最判平成八年三月八日民集五〇巻三号四六九頁）ので、同種の紛争は教育上の裁量問題として扱う方向に進んでいくでしょう。

(4)　特別裁判所設置の禁止　本条二項前段の「特別裁判所」とは特定の地域・身分・事件等に関して、通常の裁判所の系列から独立した裁判機関をいいます。

明治憲法の下の行政裁判所（明憲六一条）のほか、外地の法院、軍法会議、皇室裁判所がこれに当たります。このような裁判所は法廷の平等という意味での裁判の公平の原則、司法の民主化、法解釈の統一の見地から禁止されました。家庭裁判所は最高裁の系列下にあるので特別裁判所ではなく（最大判昭和三一年五月三〇日刑集一〇巻五号七五六頁）、二〇〇五年に東京高等裁判所の特別支部として設けられた知的財産高等裁判所も同様です。

裁判官の弾劾裁判所は憲法が例外的に設けた特別裁判所です（→六四条）。

(5)　行政機関による終審裁判の禁止　本条二項後段は明治憲法下の行政裁判所を念頭に置いて、行政機関による終審裁判を禁止します。裁判系統の一元化を徹底するための規定です。ただし、前審として行政機関が裁判を行うことは禁止しておらず、行政不服審査法が制定されて行政機関の行政処分等に対する不服申立てに対する裁決・決定を行っています。

(6)　裁判官の職権行使の独立　本条三項は「独立してその職権を行ひ」として裁判官が自らの自律的判断に基づきその職権を行使し、他の誰のまたどの政府機関の指示・命令にも拘束されず「憲法及び法律」つまり現行憲法と憲法以外の法規範一般のみに拘束されることを保障します。憲法に違反する法規範はもちろん含まれません。裁判官は法規範が憲法に違反するか否かの判定権をもち（→八一条）、違反する法規範は無効となるからです（→九八条）。

(7)　裁判官の良心　本条三項の「良心」につき、一人の良心は一つだけのはずで、それは憲法一九条の「良心」と同じ主観的・個人的な良心とする主観的良心説もあります。

しかし本項の「良心」は裁判官が拠るべき行為規範として機能し、また司法権という公権力を行使する裁判官に憲法上の権利が保障されているというのは背理です。本項の「良心」とは個人に保障された主観的良心ではなく法律専門職としての職務上の良心、つまり客観的良心と解すべきでしょう。

第七七条　①　最高裁判所は、訴訟に関する手続、弁護士、裁判所の内部規律及び司法事務処理に関する事項について、規則を定める権限を有する。

②　検察官は、最高裁判所の定める規則に従はなければならない。

③　最高裁判所は、下級裁判所に関する規則を定める権限を、下級裁判所に委任することができる。

趣　旨　本条は最高裁判所に規則という法規範を制定する権限、つまり立法権を認めています。権力分立主義から国会の両議院に規則制定権という立法権を認めたのと同様、司法部の頂点に立つ最高裁判所に裁判所の事務処理などに関する立法権を与え、その独立性をより強く保障しました。

背　景　明治憲法には裁判所の規則制定権の規定はありません。当時の裁判所構成法は「裁判所……ノ標準ト為スヘキ規則ハ司法大臣之ヲ定ム」（一二五条一項）とし、また「大審院ハ自ラ其ノ事務章程ヲ定ム」としつつ「但シ之ヲ実施スル前司法大臣ノ認可ヲ受ク」（同条三項）とするなど、裁判所の事務処理についてほとんどが行政部に属する司法大臣の監督下にありました。

司法部の独立を確かなものにするためには裁判所の事務処理に関するルールの制定権を裁判所に確保し、行政部への従属的な司法部のあり方を改める必要がありました。裁判実務とその機微に精通する最高裁判所の専門的・実践的知識の蓄積を活かし、また司法部内の最高裁判所の統制・監督機能を強化する必要があったのです。

内　容　(1)　**規則の対象事項**　規則の対象は、①「訴訟に関する手続」、②「弁護士」、③「裁判所の内部規律」、④「司法事務処理」です。①の「訴訟に関する手続」には民事訴訟・刑事訴訟・行政訴訟のほか、非訟事件手続、家事事件手続、民事調停手続、少年保護処分手続、民事保全手続などが含まれています。②の「弁護士」とは、一定の資格を有し法律事務に従事することを業とする者を指しています。ただし弁護士の職務・資格・身分などを定めることは職業選択の自由の保障（二二条一項）との関係で法律で定めるべき事項（＝法律事項）と解され、弁護士法が定められています。③の「裁判所の内部規律」とは裁判所内部の管理・監督に関する事項、④の「司法事務処理」とは裁判事務に付随しまたはその前提となる事務処理のことです。

法律との棲み分けについて通説・判例（最判昭和三〇年四月二二日刑集九巻五号九一一頁等）は、四事項すべてにつき法律でも制定できるとしますが、③「裁判所の内部規律」、④「司法事務処理」は規則の専属事項とする説もあります。逆に法律の専属事項につき、裁判所の組織・構成・管轄などは、国の統治組織の基本構造にかかわるので法律事項と解されています。また三一条が刑事手続を法律事項とするので、手続の基本構造および被告人にとって重要な利益に関する事項は法律事項とされています。

(2)　**検察官の従属義務**　検察官は裁判所ではなく行政組織の法務省の「特別の機関」（行組八条の三）である検察庁に所属していますが、その職務権限の行使が司法に密接に関連するので、本条二項は、「最高裁判所の定める規則に従はなければならない」としました。

(3)　**下級裁判所への規則制定権の委任**　最高裁判所よりも下級裁判所の方が訴訟の実際、特に事実審理に関して通暁していることを考慮して、本条三項は下級裁判所への規則制定権の委任を可能としました。

第七八条　裁判官は、裁判により、心身の故障のために職務を執ることができないと決定された場合を除いては、公の弾劾によらなければ罷免されない。裁判官の懲戒処分は、行政機関がこれを行ふことはできない。

趣　旨　司法部の政治部門からの独立と、裁判官の職権行使の独立を実質的に保障するためには、裁判官の身分保障が必要です。本条は裁判官の罷免、つまりその意に反する免職の事由と方法を明文によって限定し、また免職以外の懲戒権限を行政機関はもたないことを定めて、間接的に最高裁判所および下級裁判所の裁判官の身分を保障しました。

背　景　明治憲法も制定時のドイツの制度にならって裁判官の身分保障の規定を置きました。罷免については「刑法ノ宣告又ハ懲戒ノ処分ニ由ルノ外其ノ職ヲ免セラルヽコトナシ」（明憲五八条二項）としました。しかし弾劾制度や執務不能の裁判による罷免を定める条項はなく、裁判所構成法七四条に控訴院または大審院の総会決議による退職制度を定めました。

懲戒については「懲戒ノ条規ハ法律ヲ以テ之ヲ定ム」（明憲五八条三項）としました。明治憲法の下、天皇に文武官の任免大権があり（明憲一〇条）一般の官吏の懲戒は勅令に定められましたが、明憲五八条一項はその例外を定め裁判官の身分保障の必要性は意識されていました。

明治憲法には行政機関が裁判官を懲戒できない趣旨の条項はありません。この点、司法権の独立の核心は行政権の干渉からの独立にあるとするドイツの制度をモデルとしたこともあって、当然できないと解されていました。実際に当時の判事懲戒法も、判事の懲戒は各控訴院（当時の地方裁判所の上位に置かれていた裁判所）と大審院に設置される懲戒裁判所による裁判で行われました。

内　容　(1)　**裁判官の罷免**　本条は裁判官の罷免、（＝その意に反する免職）は①裁判による執務不能の決定と、②公の弾劾によるものと規定しています。それ以外に③最高裁判所裁判官についての国民審査による罷免があります（→七九条二項・三項）。

裁判による罷免は心身の故障のために職務をとることができないと決定された場合に限定されます。「心身の故障」とは職務遂行のために必要な精神上の能力の喪失または出廷して裁判官の職務を行うことのできない程度の身体障害の存在のことです。失踪または行方不明などの場合も身体の故障として執務不能の裁判による罷免をなしうると解されます。裁判官分限法は心身の故障に「回復の困難な」という要件を付しています（一条一項）。罷免の裁判のあと、さらに任免権者の罷免の行為が必要です（同項）。

罷免の決定手続は裁判官分限法に規定され、地方裁判所・家庭裁判所・簡易裁判所の裁判官はそれを管轄する高等裁判所が、高等裁判所・最高裁判所の裁判官は最高裁判所がその裁判をなす権限をそれぞれもちます（三条）。裁判にはその原因たる事実と証拠によりこれを認めた理由を示してなされなければならず、また当該裁判官の陳述を聴くことが要求されています（七条）。高等裁判所の裁判には抗告の道が開かれています（八条）。

罷免の決定が確定したときは、さらに任免権者の罷免の行為が必要です（裁限一条一項）。罷免の裁判ではなく本人が免官を願い出た場合にも任免権者の罷免の行為によってその職を免じられます（同項）。

(2)　**公の弾劾による罷免**　憲法六四条は国会に罷免の訴追を受けた裁判官を裁判するため、両議院の議員で組織する弾劾裁判所を設けることを規定しています。本条は弾劾裁判所による罷免の裁判を、「公の弾劾」と呼びました。「公の」とは、何らかの意味で主権者たる国民の意思に基づく公開された手続によることを意味し、六四条はその趣旨を国会の両議院の議員から構成される、裁判官の弾劾のためにのみ設けられる裁判所において行われる裁判と定めています。

なお、弾劾についての一般的説明は前述（→六四条(1)）を、弾劾手続については前述（→六四条(3)）を参照してください。

(3)　**裁判官の懲戒処分**　本条は裁判官の懲戒処分を行政機関ができないことを定めました。その手続の詳細は、裁判官分限法に定められています。裁判官分限法は、職務執行不能の裁判と同じ管轄区分にしたがい、高等裁判所と最高裁判所が行うこととします（三条）。懲戒処分の種類には、戒告と一万円以下の過料があります（二条）。

第七九条　①　最高裁判所は、その長たる裁判官及び法律の定める員数のその他の裁判官でこれを構成し、その長たる裁判官以外の裁判官は、内閣でこれを任命する。
②　最高裁判所の裁判官の任命は、その任命後初めて行はれる衆議院議員総選挙の際国民の審査に付し、その後十年を経過した後初めて行はれる衆議院議員総選挙の際更に審査に付し、その後も同様とする。
③　前項の場合において、投票者の多数が裁判官の罷免を可とするときは、その裁判官は、罷免される。
④　審査に関する事項は、法律でこれを定める。
⑤　最高裁判所の裁判官は、法律の定める年齢に達し

た時に退官する。

⑥　最高裁判所の裁判官は、すべて定期に相当額の報酬を受ける。この報酬は、在任中、これを減額することができない。

趣　旨　本条は最高裁判所の構成、その裁判官の任命手続、退官についての定年制、国民審査による罷免手続、そして報酬のあり方を定めます。明治憲法下の裁判所は最上級審の大審院と下級裁判所の裁判官もともに終身制でしたが、それを改め定年制を導入しました。

国民審査による裁判官の罷免制度は諸国に類例をみません。現行憲法一五条一項は公務員の選定罷免権を国民に付与しました（→一五条）。この条項を受けて、司法権を行使する裁判所の頂点に立つ最高裁判所の裁判官の任命権は本条一項によって内閣に与えられました。本条二項ないし四項は最高裁判所裁判官の地位と権能の重要性からその地位の保持につき主権者たる国民の意思が及ぶように国民審査制度を創設したもので、その地位から排斥する権利、つまり罷免権を国民に与えその手続の枠組みを定めました。

背　景　明治憲法五七条二項は「裁判所ノ構成ハ法律ヲ以テ之ヲ定ム」とするのみで、司法裁判所の最上級審であった大審院の名称も明示せず大審院判事の地位に関する条項もありませんでした。大審院判事の任命は官吏一般と同様に天皇の大権事項（明憲一〇条）でしたが、司法大臣がその実質的決定権者でした。明治憲法は裁判官の資格要件として、「裁判官ハ法律ニ定メタル資格ヲ具フル者ヲ以テ之ニ任ス」（明憲五八条一項）と定め、当時の裁判所法四一条がこれを詳細に定めました。本条二項ないし四項に相当する規定も明治憲法にはありませんでした。

裁判官の国民審査の制度はアメリカ合衆国の多くの州で行われていた裁判官公選制における問題点を解消するために、アメリカ法曹協会（The American Bar Association）によって考案されたもので、裁判官の行政部による選任を認めるが、一定期間経過後に国民投票によって罷免できるという制度をモデルとしたものです。

内　容　(1)　**最高裁判所裁判官の構成と任命**　最高裁判所は現行憲法がその名称を示して設置を義務づけた唯一の裁判所です。裁判所が一元化され（→七六条）法律に基づき設置される下級裁判所の頂点に立つ最高裁判所の裁判官は中央政府の三種の統治活動うちの司法活動の要となるので、本条一項がその構成と任命方法を定めています。

本条一項は最高裁判所は「その長たる裁判官」とその他の裁判官から構成されるとし、その員数は法律の定めに委ねています。裁判所法は「長たる裁判官」を「最高裁判所長官」（以下「長官」）とし「その他の裁判官」を「最高裁判所判事」（以下「判事」）とした（五条一項）上で、判事の員数を一四名としました（同条三項）。

長官は内閣の指名に基づき天皇によって任命され（六条二項）、司法行政事務に関し裁判官会議を総括してその議長となり（裁一二条）、大法廷においてその議長となります（最高裁判所裁判事務処理規則八条）。判事は内閣によって任命され（本条一項）天皇がそれを認証します（七条五号、裁三九条三項）。その任命資格については裁判所法四一条が、「識見の高い、法律の素養のある年齢四十年以上」を絶対的要件として定める（一項）ほか、各種の経歴ごとに要件を詳細に定めています。

(2)　国民審査の法的性質　本条二項ないし四条は国民審査の枠組みを規定し、その詳細は法律で定めるとしています。この規定を受けて最高裁判所裁判官国民審査法（以下「国民審査法」）が制定されています。

国民審査の法的性質につき三説あります。①憲法七九条三項が法的効果として「罷免」を規定し、罷免の効果が将来にのみ効力を有することを根拠として国民解職ととらえるリコール説、②七九条二項の「審査」はあくまで「任命」にむけられた制度であることを根拠として任命行為を完成（追完）・確定または事後審査する任命確定行為ととらえる任命確定説、③法的効果としては国民解職制ととらえつつ他の側面も併有すると解する折衷説です。学説では③折衷説が多数ですが、最高裁は「実質において所謂解職の制度」として①リコール説をとりました（最大判昭和二七年二月二〇日民集六巻二号一二二頁）。

(3)　国民審査の実施　国民審査は、裁判官の任命後初めて行われる衆議院議員総選挙の際に行われます。投票方法は①リコール説をとると×印、②任命確定説をとると○印、③折衷説をとると二回目以降の審査は×印、一回目の審査は○印を書くことになるでしょう。国民審査法一五条は罷免を可とする裁判官に「×の記号を記載」し、可としない裁判官には何らの記載もしないとするので、①リコール説を前提としていることになります。棄権の自由は「投票しない人は投票用紙を受け取らない」とする選挙管理委員会の通知（昭和三〇年七月一七日付）によって認められています。

任命の審査を経た裁判官にはその後一〇年を経過した後初めて行われる衆議院議員総選挙の際にも繰り返して

国民審査が行われます。裁判官の任命後の活動状況をみて最高裁の長官や判事にふさわしい人物か否かを国民の再吟味に委ねるためです。この場合、各裁判官が在任中にどのような意見を述べたかが判断基準となります。裁判所法一一条が最高裁判所の裁判官に個別意見の表示を義務づけたのは、裁判官の職権行使の独立を保障する（→七六条三項）一方、国民審査のために各裁判官の意見を公表する意味もあります。

(4)　**国民審査による罷免**　国民審査の投票の結果、投票者の多数が罷免を可とするとき、つまり×印が多数のときは、その裁判官は罷免されます（本条三項）。ここでいう多数とは、過半数と解されています。なお、罷免の効果について、国民審査法は、罷免無効の訴訟の提起期間の経過した日、罷免無効の訴訟（同法三八条）の提起があった場合には、その訴訟が裁判所に係属しなくなった日またはその訴訟につき裁判の確定した日にその効果が発生するとしています（同法三五条）。

(5)　**最高裁判所裁判官の定年と報酬**　本条五項は最高裁判所の裁判官に定年制を導入しました。裁判所法は年齢七〇年に達した時に退官するとします（五〇条）。本条六項前段は「定期に相当額の報酬を受ける」としています。その額につき裁判所法五一条は「別に法律でこれを定める」とし「裁判官の報酬等に関する法律」（以下、「裁判官報酬法」）で定められています。権力分立主義から長官の報酬は内閣総理大臣の、判事の報酬はその他の国務大臣の俸給を基準として決定されるとします。「定期に」とは一定の時期が来れば定まった報酬が支払われることを意味し、事件ごとに、あるいは退官時に、という支払方法をとることはできません。

本条六項後段は在任中の減額を禁止します。減額禁止の趣旨は経済的観点から裁判官の身分保障を図り、報酬の減額により間接的に裁判活動に影響を及ぼすことを防止することにあります。二〇〇二年国家公務員の給与引下げの人事院勧告を受けて裁判官報酬法が改正され、現行憲法下で初めての報酬減額がなされました。本項後段の趣旨が個別の裁判官に対する報酬減額処分（国公八二条でいう「減給」に相当する処分）の禁止にあるとすればすべての公務員に対する給与の引下げの一環として裁判官の報酬基準を減額することは許されるとする説もあります。しかし裁判官は任官時の報酬を在任中保障される趣旨とすれば、たとえ全裁判官一律に減額される法改正がなされてもその裁判官にとっては報酬減額となるので、一般的減額も許されないと解すべきでしょう。身分保障が不十分であった明治憲法下でも当時の俸給令改正による減俸も同意した者にその適用は限定されました。

第八〇条　①　下級裁判所の裁判官は、最高裁判所の指名した者の名簿によつて、内閣でこれを任命する。その裁判官は、任期を十年とし、再任されることができる。但し、法律の定める年齢に達した時には退官する。
②　下級裁判所の裁判官は、すべて定期に相当額の報酬を受ける。この報酬は、在任中、これを減額することができない。

趣　旨　本条は前条に続いて最高裁判所以外の下級裁判所の裁判官の任命と身分保障について定めています。一項はその任命権者と任命手続および任期と定年を、二項はその報酬につき定めました。任命権が長官以外の最高裁判所裁判官と同じく内閣にあること、定年と報酬の定め方については前条と同じです。最高裁判所裁判官と異なるのは、①任期があること、②国民審査制度がないこと、③任命が最高裁判所指名の名簿に基づくこと、以上三点です。

①任期の趣旨は裁判官の身分保障が厳格であることとの関係で不適任者を排除する機会を定期的に設けることにあります。②国民審査をすべての裁判官に対して実施することが極めて難しいので、任期制は国民審査制度の代替制度の機能を実質的に果たしています。③裁判官候補者名簿の最高裁判所による作成は、政治部門に対して司法部の人事における自律と独立を確保する一方、間接選挙によって指名される内閣総理大臣とその任命による大臣によって構成される内閣に任命権を付与することによって、その民主的正統性を間接的に確保する機能をもたせる点にあります。

背　景　明治憲法には裁判官一般の任命資格に関する規定（五八条一項）のみがありました（→七九条）。任免権は一般官吏と同様に天皇にあり（一〇条）、実際は行政部に属する司法大臣が行使しました。任期制度はなく裁判官は終身官とされました（裁判所構成法六七条）。定年は裁判所構成法七四条ノ二が大審院長以外の判事は六三歳に達した時には退職するものとしました。終身と定年が混在することは一見矛盾するようにみえますが、裁判官という身分（＝官）と職務（＝職、例えばある地方裁判所の所長）を分けて処遇する制度をとったのです。官と職の分離は、現在の国家公務員法・地方法務員法ではなくなりましたが、裁判官・検察官・自衛官は今もこの区別を前提としています（裁四七条、検察一六条、自衛三一条一項参照)。

内　容　(1)　**下級裁判所裁判官の任命手続と任免権者**　本条一項前段は、下級裁判所裁判官は最高裁判所の指名した者の名簿により内閣が任命すると定めます。下級裁判所の裁判官とは裁判所法五条二項によれば高等裁判所長官、判事、判事補および簡易裁判所判事の四種からなります。このうち高等裁判所長官は天皇が認証します(裁四〇条二項、憲法七条五項)。その員数は別に法律で定めるとされ(裁五条三項)、裁判所職員定員法が制定されています。名簿の作成は司法行政事務なので最高裁判所の裁判官会議(裁一二条)によって行われます。名簿に登載される者の任命資格は裁判所法で定められ、高等裁判所長官および判事については四二条、判事補については四三条、簡易裁判所については四四条と四五条にそれぞれ定められています。内閣には名簿に登載された者すべてを任命する義務はありませんが、名簿に登載されていない者を任命することはできません。内閣の任命は裁判官という官について行われ、どのような職に補するかは最高裁判所が決定します(裁四七条)。

(2)　**下級裁判所裁判官の任期と定年**　八〇条一項後段と但書は裁判官の任期が一〇年であること、再任が可能であることを定めます。任期を一〇年としたのは最高裁判所裁判官について一〇年ごとに国民審査が行われることに対応しています。前記四種の官名が変更されれば一〇年の任期はその時点から起算されます。

「再任されることができる」という文言の意味につき①裁判官は再任される権利があるとする説(再任権利説)、②任免権者の自由裁量行為であるとする説(再任自由裁量説)。③再任が原則であるが例外的に弾劾事由に該当する場合、心身の故障による職務不能の場合、その他不適格者であることが明らかであることが客観的に明白である場合には再任は拒否できるとする①②両説の中間的な説(再任原則説)もあります。裁判官の身分を保障する憲法の趣旨、また裁判官としての熟練者の確保の見地から③再任原則説を妥当とすべきでしょう。

一九七一年、熊本地方裁判所の判事補が一〇年の任期を終了して再任を希望したにもかかわらず最高裁判所は再任指名簿への登載は自由裁量行為(上記②説)として再任を拒否し、人事の秘密として理由も明らかにしなかったことが問題となりました(宮本判事補事件)。その後司法制度改革審議会の意見を受けて、二〇〇三年五月、最高裁判所に法曹三者と学識経験者の委員から構成される下級裁判所裁判官指名諮問委員会が設置されました。この委員会は最高裁判所の諮問に応じて下級裁判所裁判官として任命されるべき者を指名することの適否や指名に関する事項を審議し、その結果に基づき意見を述べる任務を帯びるものです。

下級裁判所の裁判官にも最高裁判所裁判官と同様に定年退官の制度があります。裁判所法五〇条は、高等裁判所長官または地方裁判所の裁判官は満六五年、簡易裁判所判事は満七〇年に到達した時に退官すると定めています。

(3) **下級裁判所裁判官の報酬の保障と減額禁止**　最高裁判所裁判官と同様に、下級裁判所裁判官の身分を経済的観点から保障するために本条二項前段は定期・相当額の報酬を保障し、また後段は減額禁止を保障します。その意味と趣旨は最高裁判所裁判官の場合（→七九条）と同じです。

> 第八一条　最高裁判所は、一切の法律、命令、規則又は処分が憲法に適合するかしないかを決定する権限を有する終審裁判所である。

趣　旨　憲法の最高規範性（→九八条）をまもることを「憲法保障」といいます（→第一〇章(4)）。問題は日本の憲法保障を誰が担うかにあります。本条は最高裁判所が最終的にそれを担うと定めました。権力分立原理からすると、政治部門の活動を司法部が憲法に照らしてチェックすることは、政治部門の独走に歯止めをかけるために必要です。人権保障の観点からすると法律を根拠とする権利侵害が明治憲法下で現に発生したので、人権保障の担い手を政治的動機からもっとも遠い裁判所に求めました。

民主主義の観点からは、選挙によって選ばれた国民代表の集う国会が制定する法規範である法律や、その下で国民代表が集う国会が指名する内閣総理大臣を首長とする内閣や行政各部の制定する命令やその他の活動にも、原理的には民主的正統性があります。それを選挙によって選ばれていない裁判官が憲法に照らして合憲か否かを判定できる権限があることを根拠づけるために、本条が定められました。

背　景　明治憲法に本条に相当する条文はありませんでした。法律が適法な手続で制定されたか否かの審査権（＝形式的審査権）は裁判所にあるとされたのですが、法律の内容が憲法に違反するか否かの判定権（＝実質的審査権）は、立法権を行使する帝国議会さらにその裁可権をもつ天皇（明憲六条）にあり、裁判所にはないとされたのです。

本条のモデルはドイツ型の憲法裁判所ではなく、アメリカ型の司法裁判所でした。前者は主として憲法保障を担う裁判所ですが、後者は司法裁判所が憲法保障を担います。アメリカ合衆国憲法には、本条のように明文で違憲審査権を定める条項はなく、一八〇三年の判例（マーベリィ対マディスン事件）によってこの権限は樹立されました。いわく①成文憲法は法律よりも上位にある、②何が法であるかを述べることは司法部の職務の領域に属しまた義務である、③特定の事件にルールを適用するものがその内容を説明し解釈しなければならない、④二つのルールが衝突するとき裁判所がその効力を決しなければならない、⑤特定の事件に憲法上のルールと法律上のルールが当てはまるとき根拠①によって憲法を適用しなければならない、と判示したのです。

本条は以上のアメリカ合衆国で展開された判例理論を明文化しました。

内　容　(1)　**司法権との関係**　違憲審査権はどのような場合に行使されるのかがまず問題になります。憲法制定当時、この権限は（具体的な争訟について）司法権が行使される際、その前提として必要な場合にのみ行使できるとする付随的審査説と、司法権の行使とは独立して行使できるとする独立的審査説が唱えられました。一九五〇年、自衛隊の前身である警察予備隊が設置された際に、その根拠となる警察予備隊令が九条に反して違憲無効であることの確認を直接最高裁に対して求めた訴訟において、最高裁は「我が裁判所は具体的な争訟事件が提起されないのに将来を予想して憲法及びその他の法律命令等の解釈に対し存在する疑義論争に関し抽象的な判断を下すごとき権限を行い得るものではない」と判示し、違憲審査権は司法権に付随して行使されるとする付随的審査説をとりました（最大判昭和二七年一〇月八日民集六巻九号七八三頁）。

(2)　**違憲審査権の主体**　本条は違憲審査権を行使する裁判所として最高裁判所のみを記すので、それ以外の下級裁判所がこの権限を行使できるか否かが問題になります。制憲過程において政府の答弁は最高裁判所が独占するという考え方（最高裁判所独占説）と、下級裁判所ももつ（全裁判所保有説）という考え方との間で一転二転しました。最終的に法律は全裁判所保有説を前提とするものになりました（民訴三一二条・三二七条、刑訴四〇五条・四三三条等）。

最高裁はアメリカ合衆国のマーベリィ対マディスン判決（一八〇三年）を範として早くから全裁判所保有説をとりました（最大判昭和二五年二月一日刑集四巻二号七三

頁）。

全裁判所保有説の根拠を整理すると以下の四点です。①憲法は最高法規であり（九八条一項）、裁判官は憲法及び法律に拘束され（七六条三項）、また憲法尊重擁護義務があること（九九条）、②裁判官が具体的事件に法令を適用して裁判するに当たり、その法令が憲法に適合するか否かを判断することは憲法によって裁判官に課せられた職務と職権であり、そのことは最高裁判所の裁判官であると下級裁判所の裁判官であるとを問わないこと、③下級裁判所の違憲審査権を排除する文言はなく「終審」裁判所とは最高裁判所の前審たる裁判所も違憲審査を行う趣旨と解されること。

(3)　違憲審査権の対象

違憲審査権の対象は、「一切の法律、命令、規則又は処分」と規定されています。①「法律」②「命令」③「規則」は、厳密には①国会の制定する法規範（↓四一条）、②内閣および行政各部が制定する法規範（「政令」など。↓七条一号、七三条六号）、③国会両議院の制定する法規範（↓五八条二項）と最高裁判所の制定する裁判所規則（↓七七条）を指しています。しかし、憲法はその他にも「条例」という法形式も認めていて（↓九四条）、この法形式を違憲判断の対象から除外するのも不合理です。したがって明示された三種の法形式は一般的抽象的な国内的法規範の例示と解し、慣習法も含むその他のさまざまな法規範が対象となると解されています。条約（↓七三条三号・九八条二項）も国内法規範の側面は審査の対象です。最高裁も例えば日米安全保障条約が違憲審査の対象となることを認めています（砂川事件・最大判昭和三四年一二月一六日刑集一三巻一三号三二二五頁）。

④「処分」にはすべての政府機関（＝行政機関・立法機関・司法機関）による一般的抽象的法規範の個別的・具体的な事案への適用・執行行為、例えば行政庁による行政行為のほか裁判所による裁判（最大判昭和二三年七月七日刑集二巻八号八〇一頁）、さらに事実行為、例えば警察官の職務執行や神社への参拝（↓二〇条）なども含まれます。

法律の制定や改正をしないこと（＝立法不作為）が違憲審査の対象となるか否かの問題もあります。最高裁は①憲法上の権利を違法に侵害することが明白であるか、または②権利保障のために立法措置をとることが不可欠でそれが明白であり、かつ正当な理由なく長期にわたってそれを怠る場合という要件をみたす場合には国家賠償法一条一項の適用上「違法」と評価されるとしました（最大判平成一七年九月一四日民集五九巻七号二〇八七頁）。

(4)　**違憲判断の方法**　憲法が保障する権利の制約の合憲性が問題となった場合、裁判所は次のような観点から違憲判断をしています。

①権利を制限する目的がきちんと説明できるか（＝目的審査）、②その目的のために採用された手段が果たして妥当か（＝手段審査）、③①で示された目的と②で示された目的と手段との間に整合性があるか（＝目的と手段の関係審査）。

例えば公務員の政治的行為を制限する国家公務員法一〇二条の合憲性が争われた事案で最高裁は、「〔①〕禁止の目的、〔③〕この目的と禁止される政治的行為との関連性、〔②〕政治的行為を禁止することにより得られる利益と禁止することにより失われる利益との均衡の三点から検討することが必要である」としました（猿払事件・最大判昭和四九年一一月六日刑集二八巻九号三九三頁→一五条(2)）。また、持分価額が過半数に達しない場合に分割請求を認めない森林法旧一八六条が財産権の侵害に当たり違憲無効として争われた事案において、「〔①〕森林法一八六条……の立法目的は……森林の細分化を防止することによつて森林経営の安定を図り、ひいては森林の保続培養と森林の生産力の増進を図り、もつて国民経済の発展に資することにある」とした上で「〔③〕森林が共有であることと森林の共同経営とは直接関連するものとはいえない」としました（森林法事件・最大判昭和六二年四月二二日民集四一巻三号四〇八頁）。

法の下の平等に反するか否かの判断も①異なる扱いにする目的がきちんと説明できるか（＝目的審査）、②その目的に照らして具体的に設定された異なる扱いが妥当か（＝手段審査）、③①で示された目的と②で示された手段との間に整合性があるか（＝目的と手段の関係審査）をみるのが基本です。例えば尊属殺人罪を普通殺人罪から区別して前者を重罰（死刑または無期懲役）とした規定について、最高裁は、「〔①〕立法目的は、尊属を卑属またはその配偶者が殺害することをもつて一般に高度の社会的道義的非難に値するものとし、かかる所為を通常の殺人の場合より厳重に処罰し、もつて特に強くこれを禁圧しようとするにある……〔②③〕しかしながら、……加重の程度が極端であつて、……立法目的達成の手段として甚だしく均衡を失し、これを正当化しうべき根拠を見出しえないときは、その差別は著しく不合理なものといわなければならず、かかる規定は憲法一四条一項に違反して無効である……刑法二〇〇条は、……その立法目的達成のため必要な限度を遥かに超え、……無効である」としました（最大判昭和四八年四月四日刑集二七巻

第六章　司　法

三号二六五頁）。

これらの審査をする際にその権利がどの領域（↓二八頁分類図）に属するかによって裁判所の審査密度が異なります。違いの基本的考え方は二重の基準と呼ばれます。この基準はアメリカ合衆国の違憲審査の経験に基づき形成されてきたものです。結論だけ紹介すると「身体の所在」「精神生活」「共同生活」に属する自由の制限と「疑わしい区別」に基づく異なる扱いには合憲の推定は働かず、その制限が合憲か否かの審査は厳格に行われるのに対して、「経済生活」に属する自由の制限と「疑わしい区別」とならない事柄に基づく異なる扱いには合憲の推定が働き、その制限が合憲か否かの審査はゆるやかに行われるというのです。

(5)　違憲判決の効果　裁判所が法令など（＝係争行為）を違憲とした場合、その効力がどうなるのか問題になります。学説には①法令は客観的に無効になるとする一般的効力説、②法令は当該事件に限って無効になってその法令は適用されないとする個別的効力説、③法律の定めるところに委ねられるとする法律委任説などがあります。

違憲審査権が司法権の行使に付随して行われる点からすると、当該事件に限り無効とする個別的効力説が導き出されます。実務もこの説に立ち、前述の尊属殺重罰規定違憲判決のときも、最高検察庁が以後の尊属殺人事件は刑法一九九条の普通殺人罪規定に基づき公訴を提起すべき旨の通達を出して、将来の同様の事案に備えました。

個別的効力説をとると、当該訴訟の当事者となった政府機関のみが当該事件についてのみ拘束され、他の政府機関（行政庁・検察官など）は別の事案では法令違憲の判断に拘束されないことになります。しかしこのような事態を容認すると法的安定性と予見可能性を害し平等原則に反する事態を招くでしょう。この事態に対応するには、端的に八一条の「終審」という文言が、係争行為を違憲とした最高裁の判断はその判断より後のすべての裁判所以外の政府機関をその結論にしたがって処理すべきことを要求する効力をもつと考えればよいのです。

非嫡出子法定相続分規定を違憲とした最高裁の決定（↓一四条(6)）は「〔違憲とされた〕規定は、本決定により遅くとも〔本件相続が発生した〕当時において憲法一四条一項に違反していたと判断される以上、本決定の先例としての事実上の拘束性により、上記当時以降は無効であることとなり、また、本件規定〔民法九〇〇条旧四号但書〕に基づいてされた裁判や合意の効力等も否定される」（最大決平成二五年九月四日民集六七巻六号一三二

○頁）とし、事実上の拘束力を認めています。

第八二条　①　裁判の対審及び判決は、公開法廷でこれを行ふ。

②　裁判所が、裁判官の全員一致で、公の秩序又は善良の風俗を害する虞があると決した場合には、対審は、公開しないでこれを行ふことができる。但し、政治犯罪、出版に関する犯罪又はこの憲法第三章で保障する国民の権利が問題となつてゐる事件の対審は、常にこれを公開しなければならない。

趣　旨　本条は裁判の運営原則として公開を定めます。裁判の公開は三七条一項が刑事被告人に権利として保障しますが、本条一項は裁判手続の核心を構成する対審と判決の公開を裁判一般に義務づけました。

裁判の公開は裁判の公平と公正を確保するため必要です。裁判に関わる者のそれぞれの立場からみると、①裁判官を公衆の環視と注目の下に置き裁判官の不当または怠惰な行動を抑止し、②密室の中では制約されゆがめられるおそれのある攻撃・防御方法をその懸念なしに展開することを可能にし、③証人・鑑定人に真実と節度と注意を要求し、その結果、裁判内容を充実させ密室内での非公開裁判に比べてはるかに多くの信頼を獲得することができます。

背　景　明治憲法五九条は「裁判ノ対審判決ハ之ヲ公開ス但シ安寧秩序又ハ風俗ヲ害スルノ虞アルトキハ法律ニ依リ又ハ裁判所ノ決議ヲ以テ対審ノ公開ヲ停ムルコトヲ得」と裁判の公開原則を規定しました。

内　容　(1)　**裁判公開の法的性質**　刑事裁判は刑事被告人を弾劾する手続なので三七条一項は本条の特別法として裁判公開を主観的権利として保障するものです。

本条一項につき最高裁は「裁判を一般に公開して裁判が公正に行われることを制度として保障」するものとし「各人が裁判所に対して傍聴することを権利として要求できることまでを認めたものでない」としつつ、「法廷においてメモを取ることは、その見聞する裁判を認識、記憶するためになされるものである限り、尊重に値し、故なく妨げられてはならない」としました（レペタ法廷メモ訴訟・最大判平成元年三月八日民集四三巻二号八九頁）。裁判の公開は裁判の公正を客観的に担保するための制度的保障（→二九条）と考えたのです。

(2)　**公開の対象**　最高裁は、純然たる訴訟事件、つまり法律上の実体的権利義務自体に関する争いにつき公開が要請されるとし、家事審判（失踪宣告〔民法三〇条〕、未成年者の後見人の選任（民法八四〇条・八四一条）等）などの非訟事件については要請されないとしました（最大決昭和四〇年六月三〇日民集一九巻四号一〇八九頁。なお、非訟事件手続法三〇条参照）。

「対審」とは民事訴訟・行政訴訟の口頭弁論手続、刑事訴訟の公判手続のこと、「判決」とは訴訟当事者の申立てに対して実質的影響を及ぼすような本質的な判断のことです。

(3)　公開の内容　「公開」とは不特定かつ相当数の者が自由に傍聴できる状態に置くことで、例えば報道関係者や親族のみに傍聴を認めるのはこの原則に反します。空間的・設備的条件を理由に人数を制限し整理するための傍聴券発行は認められます（裁判所傍聴規則一条一項参照）。

公開には法廷内の者への直接公開にとどまらず、テレビ・ラジオ放送などを通じた法廷外の者への間接公開も含まれるでしょうか。アメリカ合衆国では世間の耳目をあつめた事件の審理をテレビでライブ中継することが知られます。日本では写真撮影の許可を裁判所の裁量に委ねています（刑事訴訟規則二一五条）が、最高裁はこれを合憲としました（最大決昭和三三年二月一七日刑集一二巻二号二五三頁）。

(4)　公開の例外　本条二項は非公開の手続的要件として「裁判官の全員一致で……決した場合」、実体的要件として「公の秩序又は善良の風俗を害する虞がある」場合としています。対審の公開が犯罪の実行をあおる場合やわいせつなどの理由で著しく不快を与える場合などです。

(5)　公開の義務づけ　「政治犯罪、出版に関する犯罪又はこの憲法第三章で保障する国民の権利が問題」となっている事件の場合には公開を原則として義務づけています。

「政治犯罪」とは時の政府を批判する表現や政府を転覆しようとする活動をまず想起します。刑法の内乱罪（七七条以下）や外患誘致罪（八一条以下）などです。その他、器物損壊罪（二六一条）などの行為者の意図が国家の基本秩序の転覆にある場合も含まれます。「出版に関する犯罪」とは出版その他の表現手段に関する犯罪です。

「憲法第三章で保障する国民の権利が問題となってゐる事件」の「問題となってゐる事件」の意味はあいまいです。この規定が「政治犯罪」と「出版に関する犯罪」と並列的に置かれているので、「人権を制限する法律・命令違反が問題となる刑事事件」と解すべきでしょう。

(6) 秘密を要する現代型裁判　現代社会では裁判の公開によって裁判の公平と公正が失われる裁判類型が意識されるようになりました。そのような裁判では事前に裁判所が関連する文書等を公開法廷への提示を命じるべきか否かを調べる審理をまず行う必要があります。文書等に登載された情報が法廷で公開された瞬間にその情報の秘密の必要性が台無しとなるかもしれないからです。このような事前の手続をインカメラ審理〔in camera review〕といいます。カメラ（camera）とは裁判官の執務室（chamber）のラテン語です。

　情報公開訴訟において原告が立会権を放棄する形で実質的にインカメラ審理を行うことを求めた事案で、最高裁はこのような審理は「民事訴訟の基本原則〔＝当事者主義・双方審尋主義〕に反するから、明文の規定がない限り、許されない」としました（最決平成二一年一月一五日民集六三巻一号四六頁）。このような訴訟は早急に法令を改正してインカメラ審理ができるようにすべきでしょう。裁判の公開は公平・公正な裁判をする目的のための手段であるのに、その手段を絶対視して公平・公正な裁判が損なわれるのであれば本末転倒であるからです。

第七章　財　政

本章は財政の基本原則を定めました。財政は、政府がその職務を遂行するために必要な財貨を獲得・調達し、管理し、使用・支出する活動です。

(1) 「会計」から「財政」へ　明治憲法も第六章に「会計」の章を置きました。「会計」は、本来は形式的な経理手続を意味しますが、その章には租税法律主義・国債・予算・決算も定められ（明憲六二条・六三条）、その内容が会計に限定されていませんでした。現行憲法はその柱の一つの民主主義の要請に基づく財政処理一般の原則を定める必要があったため、章名も会計から財政へと変更されました。

(2) 明治憲法の会計原則　明治憲法第六章「会計」の諸条項は、帝国議会の監督を受けない政府の財政活動領域を確保する意図の下に詳細に定められました。それは以下の帝国議会による監督の例外規定の中に見ることができます。

　①予算不成立の場合に政府は前年度予算の施行が可能であること（明憲七一条）、②皇室経費は増額の場合のほかは議会の協賛を必要としないこと（明憲六六条）、

③大権に基づく既定の歳出、法律の結果による歳出、法律上政府の義務に属する歳出の廃除または削減には政府の同意が必要であること（明憲六七条）、④継続費は年限を定めて帝国議会の協賛を政府が求めることができること（明憲六八条）、⑤不可避の予算不足を補うための支出または予算外に生じた必要費の支出にあてるための予備費を設定すること（明憲六九条）、⑥緊急の需用がある場合に緊急財政処分が可能であること（明憲七〇条。ただし次の会期に議会の承諾を求めなければなりませんでした）、⑦国庫剰余金を政府の責任において支出可能であること（解釈に基づく慣行とされました）。このような明治憲法のきわめて脆弱な民主的統制機能を改めるため、現行憲法の「財政」の章は明治憲法「会計」の章を全面的に改正しました。

(3)　財政民主主義　財政民主主義とは、国民代表の集う国会による財政監督を徹底的に行うという原則です。その趣旨は八三条に明示されました。唯一の例外は予備費ですが、それも事後の国会の承諾を必要とします（八七条）。

本章の各条項の趣旨を受けて、財政法、会計法、国有財産法、会計検査院法、国税通則法、国税徴収法のほか各種の税法などの関連法令がその詳細を定めています。

(4)　財政立憲主義　八九条は財政民主主義の規定ではなく、財政立憲主義の規定ととらえるべきです。この条文には、民主主義の基本原則である多数決原理によっても破ることのできない原則が規定されているからです。

第八三条　国の財政を処理する権限は、国会の議決に基いて、これを行使しなければならない。

趣　旨　本条は財政処理の基本原則、つまり中央政府の財政活動に関する権限行使を国民代表が集う国会の議決の下に置き、その民主化を図るとする基本原則を定めています。

必ずしも法律の根拠を必要としない財政活動について立法活動を独占する国会が統制を及ぼすことができるように、内閣の作成する予算案についての承認権を国会に与えるとともに、一般原則として本章冒頭の本条にすべての財政活動に国会の議決を必要とする旨の規定を置きました。

背　景　外国の憲法には本条に類似する規定はありません。明治憲法の第六章「会計」には、租税法律主義以外に帝国議会に政府の財政活動を監督できる条項がなかったのです。これとの対比で、現行憲法は財政活動の原則が根本的に変革したことを示す必要がありました。

内　容　(1)　**国会の議決の対象**　財政は①歳入つまり収入の局面、②管理の局面、③歳出つまり支出の局面に分かれます。

①歳入の局面で大きな割合を占めるのは租税です。租税の賦課、つまり課税については、八四条が租税法律主義を定めています。

②管理の局面については、例えば法律として国有財産法などが制定されています。

③歳出の局面については、予算の国会による承認があります。

(2)　**国会の議決の方法**　国会の議決方法は法規範である法律の制定の場合と、内閣の提出した予算案の承認による場合があります。予算は、部・款・項・目の単位で整理されていて、本条の趣旨からは議決は裁量の余地をできる限り残さない具体的なものでなければならず、「目」で示された各科目の金額が具体性の限度を示しています。

本条は個別的具体的な財政処理の議決も認めるように読めますが、国会の権限である立法は一般的抽象的な法規範の定立に限定されるという原則（→四一条）を前提とすると、国会は、憲法がその例外として明示する（→八五条）個別的具体的な債務負担行為の議決以外はできないと解すべきでしょう。

第八四条　あらたに租税を課し、又は現行の租税を変更するには、法律又は法律の定める条件によることを必要とする。

趣　旨　本条は財政一般の国会中心主義の原則（八三条）を歳入の面で具体化する租税法律主義の原則を定めています。租税は国民に金銭等の納付義務を課すので「法律による行政の原理」に含まれますが、あえて確認した規定です。近代憲法成立の推進力となった「代表なければ課税なし」というスローガンがこの原理に集約されています。

背　景　本条は、明治憲法六二条一項の「新ニ租税ヲ課シ及税率ヲ変更スルハ法律ヲ以テ之ヲ定ムヘシ」の規定を継承した規定です。もっとも、明治憲法六三条の「現行ノ租税ハ更ニ法律ヲ以テ之ヲ改メサル限ハ旧ニ依リ之ヲ徴収ス」と同旨の規定は現行憲法には置かれませんでした（→三〇条）。

明治憲法六二条二項は「但シ報償ニ属スル行政上ノ手数料及其ノ他ノ収納金ハ前項ノ限ニ在ラス」と規定して

いたので、その実質が租税と等しいものでもすべて法律によらずに徴収できるとされる傾向にありました。これについては、一九四七年四月に施行された財政法三条が「租税を除く外、国が国権に基いて収納する課徴金及び法律上又は事実上国の独占に属する事業における専売価格若しくは事業料金については、すべて法律又は国会の議決に基いて定めなければならない」として歯止めをかけています。

内　容　(1)　**租税とは何か**　「租税」とは、政府がその活動の経費に充当するため、その統治に服する私人等から強制的に徴収する金銭または財物（＝財貨）をいいます。税の種類として労役（夫役）の徴用（租庸調でいう庸）もありますが、これは憲法一八条によって禁止され、税は「租」と「調」（現物納税など）つまり財貨に限定されています。

(2)　**「租税」の範囲**　形式は租税ではないが、強制的に賦課される金銭も「租税」に含まれるか否かが問題となります。最高裁は、保険税としてではなく保険料として徴収する国民健康保険条例が問題となった事案において、「国又は地方公共団体が、課税権に基づき、その経費に充てるための資金を調達する目的をもって、特別の給付に対する反対給付としてでなく、一定の要件に該当するすべての者に対して課する金銭給付は、その形式のいかんにかかわらず、憲法八四条に規定する租税に当たるというべきである」としました（旭川市国民健康保険条例事件・最大判平成一八年三月一日民集六〇巻二号五八七頁）。

(3)　**法律で定めるべき事項**　法律によって定めなければならない事項は、租税の実体的要件（課税要件）、すなわち納税義務者、課税対象、課税基準となる課税標準、税額算出の割合・料率を示す税率と、租税の手続的要件、すなわち賦課・徴収手続です。

(4)　**「あらたに租税を課し」の意味**　通達による課税物件の変更が問題となった事案において、最高裁は、「課税がたまたま所論通達を機縁として行われたものであつても、通達の内容が法の正しい解釈に合致するものである以上、本件課税処分は法の根拠に基く処分と解するに妨げが」ないとしました（パチンコ球遊器通達課税事件・最判昭和三三年三月二八日民集一二巻四号六二四頁）。このような扱いは憲法八四条の「現行の租税を変更」して「あらたに租税を課」すことになるので法律改正によるのが筋でしょう。

(5)　**地方政府（地方公共団体）による課税**　憲法八四条の「法律」を国会が制定する形式的意味の法律と解

すると、地方政府の課税にも地方税法の根拠を必要とし、その委任の範囲内でのみ税条例を定めなければならないことになります。しかし課税権を地方政府の固有の権能と解すると、本条を準用して租税条例主義が地方政府による租税の賦課徴収についても当てはまることになります（→九四条(6)）。

第八五条　国費を支出し、又は国が債務を負担するには、国会の議決に基くことを必要とする。

趣　旨　憲法八三条が国会中心の財政処理を定めたので、本条がなくても国費の支出と債務負担行為も国会の議決を必要とします。本条を規定した趣旨は、八三条が抽象的な原則を示し八四条が歳入の中核をしめる租税法律主義を明文化したので、それとのバランスをとるために歳出の中核を占める国費の支出と債務負担行為の民主化を明文化したものと考えられます。歳出は次条の八六条が予算の国会による審議・議決を必要とし、国費の支出と債務負担行為は予算によってその具体的内容は示されるので、この点において本条は八六条とも重なります。八六条は財政民主主義を形式的手続面から規定し、本条はこれを実質的内容面から規定したと考えればいいでしょう。

背　景　明治憲法六四条一項は、「国家ノ歳出歳入ハ毎年予算ヲ以テ帝国議会ノ協賛ヲ経ヘシ」と規定していました。本条前半の「国費の支出」はこの規定を引き継いだものです。

債務負担行為について、明治憲法六二条三項は「国債ヲ起シ及予算ニ定メタルモノヲ除ク外国庫ノ負担トナルヘキ契約ヲ為スハ帝国議会ノ協賛ヲ経ヘシ」と規定していました。本条後半はこの規定を引き継いだものです。

内　容　(1)　国費の支出　「国費の支出」とは「国（＝中央政府）の各般の需要を充たすための現金の支払」をいいます（財二条一項）。その原因、つまり法令に基づくものか、契約に基づくものか、それ以外のものかを問わず、国庫に帰属する金銭の支払いすべてが含まれます。

国費の支出に対する国会の議決は、中央政府に特定の行為をなす権限を与え、または義務を課すものではなく、国費の支出権限を与えるにすぎません。したがって、法令または契約等によって法的支払義務が政府にあっても、さらに支払自体を承認する議決が必要です。この議決のない国費の支出は違法ですが、その効力とは無関係とされています。

国会の承認は、法律の形式ではなく予算の形式によって行われます。ただし、憲法八七条の予備費に関しては、その使途内容が確定していないので、予備費計上の議決は、例外的に本条の議決となりません。本条の趣旨は予備費については、八七条二項の国会の事後承諾に表れます。

(2) 国の債務負担行為　国の債務負担行為とは中央政府が各般の需要の経費を調達するために債務を負うことをいいます。典型は財政上必要な経費を調達するための国債（＝財政公債）の発行です。債務とは金銭債務を意味するので、このような直接の金銭支払義務でなくとも、債務支払保証、損失補償の承認なども最終的に国費の支出を伴う可能性があるので国の債務負担行為に当たります。

第八六条　内閣は、毎会計年度の予算を作成し、国会に提出して、その審議を受け議決を経なければならない。

趣　旨　本条は八三条の定めた財政民主主義の原則、そして八五条の歳出に対する国会の統制原則を受けて、その具体的な手段としての予算の制定手続を定めています。

背　景　明治憲法の下でも、「国家ノ歳出歳入ハ毎年予算ヲ以テ帝国議会ノ協賛ヲ経ヘシ」（明憲六四条一項）として、中央政府の財政処理については議会による予算制度を採用していました。

作成手続の面では、明治憲法も現行憲法と同様、衆議院に先議権は認めていました（明憲六五条）。ところが貴族院は衆議院が廃除削減した費目についても復活できるとする解釈の下に運用されていました。

内　容　(1) 予算の性質　明治憲法下では、予算は単に収支の見積りに過ぎず、政府を法的に拘束しないとする予算行政説のもとでの運用が行われました。

財政民主主義を徹底させた現行憲法の下で予算行政説をとることはできないので、この説に代わり多数説となったのは予算法形式説でした。この説は予算に政府の活動を規律する拘束力を認め、その特殊性から法律とは別の法形式ととらえます。その特殊性は①予算案の提出権が内閣にあること（憲法七三条五号・八六条）、②衆議院に先議権があること（同六〇条一項）、③衆議院の再議決がないこと（同六〇条二項）、④一会計年度のみ効力をもつこと（本条）、⑤公布を要しないこと（旧公式令九条は天皇の裁可を経て公布するとしていました）の四点に求めます。しかしこの説には、その拘束力の根拠をどこに求めるかに難点があります。

これに対して予算法律説が唱えられました。この説は①諸国では予算を法律ととらえるのが一般であること、②その拘束力の根拠は予算が法律であることに求められること、③予算法形式説の指摘する特殊性は憲法の明示する例外（憲法五九条一項）と理解されることを理由とします。この説のメリットは予算と法律の間の不一致の問題（↓後述⑸）を「後法は先法を廃する」という法原則にしたがい簡単に解決できる点にあります。

アメリカ合衆国の予算は法律（＝歳出法）として制定されますが、具体的支出にはさらに支出権限を与える作用法が必要とされ、両者がそろわないと実際に支出はできません。予算法形式説と予算法律説はその結論においては大きな違いはなく、歳出の権限を付与する予算（歳出法）と具体的な支出権限を与える法律（作用法）とは理論的にその領分が異なるものです。理論的に予算は議会の政府に対する一会計年度間の財政計画を承認する意思表示で、財政に関する行為の準則として機能する法規範（＝歳出法）という意味で国法の一形式といえます、その法的効力は国会と政府の間にのみ発生し、国と国民との間に効力を生じないので、公布も不要とされているとその特質も説明できます。

⑵　予算の作成手続　本条は「予算を作成し、国会に提出」としますが、正確には「予算案」とすべきでしょう。法律に「法律案」がある（例えば、五九条一項参照）ように予算には予算案があるはずなのに、現行憲法では内閣の提出する「予算」と国会承認後の「予算」と同じ文言を使っているので注意を要します。

本条により予算案の提出権は内閣に専属します。具体的作成は財務大臣が主管し、内閣がこれを決定します（財一七条二項・一八条）。その際内閣に対して独立の地位にある政府機関の予算については、内閣の決定に先立ち衆議院議長、参議院議長、最高裁判所長官および会計検査院長は、関係書類を作製して財務大臣ではなく内閣に送付することとされ（財一七条一項）、内閣は予算案の決定の際に国会・裁判所・会計検査院（↓九〇条）に対して意見を求めることが義務づけられ（同一八条二項）、これらの機関の歳出見積を減額した場合にはその歳出見積の詳細を歳入歳出予算に附記するとともに、国会がこれらの機関に関する予算案を修正する場合における必要な財源についても明記することが義務づけられています（同一九条）。国会は両者を対照してその自由な判断に基づき金額を決定できます。人事院は憲法上明記された組織ではないのですが、国家公務員法にほぼ同様の規定がおかれています（一三条三項・四項）。これを二重予算制度といいます。この制度はこれらの機関の内閣からの独立性を財政面から不当に侵害されないことを保障するためのもので、憲法の基本原理である権力分立主義の見地から正当化され、本条で定められた内閣の予算提出権をゆがめるものではありません。

(3)　予算の対象　明治憲法六四条一項は、「国家ノ歳出歳入ハ毎年予算ヲ以テ帝国議会ノ協賛ヲ経ヘシ」と定め、予算の対象を「歳出歳入」と明示していましたが、本条は明示していません。予算の対象は一会計年度ごとに議決する必要があり、かつ年度ごとに議決するに適した行為に限定されます。財政法二二条は「予算総則」として「歳入歳出予算、継続費、繰越明許費及び国庫債務負担行為に関する総括的規定」のほか、「公債又は借入金の限度額」（同条一号）などの規定を設けるものとしています。

(4)　国会の予算案修正権　国会の予算案の修正権の有無につき、修正は新たな予算案の作成・提出となり、内閣の予算作成権・提出権の侵害になるとも考えられます。明治憲法六七条は増額修正権を一切否定し、減額修正権も原則として否定していました。現行憲法八三条に表れた財政民主主義からして国会に予算案の修正権、とりわけ減額修正権があることは否定できません。問題は増額修正権の内容・限界にあります。予算案の審議権・議決権の中には予算案全体を否決する権限も含まれるので、少額の増額修正すらできないとするのは不合理であり、また増額の限界を明確に示せないことを理由として増額修正には限界はないとする考え方（増額修正無限界説）もあります。この説に依拠して、予算案の一部を排除削減する修正と、新たな款項を設け、または増額の修正ができると説くのが多数説です。

内閣は、「国会の予算修正は、内閣の予算提出権を損なわない範囲内において可能」とする考え方（内閣権限侵犯限界説）をとりますが、歳出予算の「項」の新設は可能としています。予算決定は内閣と国会の協働作用である執政作用と位置づけられ相互の交渉で柔軟に対応できるので、増額修正無限界説をとるべきでしょう。

(5)　予算と法律の不一致　国会審議が紛糾した場合、①予算は成立したのにその支出を命じ認める法律（作用法）が制定されない事態、②法律は制定されたのにその執行に必要な予算が成立しない事態、つまり予算と法律の不一致が発生する可能性があります。この事態を未然に防止するため、国会法は予算を伴う法律案の発議のとき、および予算の増額を伴う法律案の修正等のときに一定数の議員の賛成を要するとします（五六条一項但書・五七条但書）。また、これらのときには内閣に意見陳述の機会を与えるべきとします（五七条の三）。しかし予算案の作成権が内閣にあり、また議決の手続・要件が異なるので不一致が生じる場合があります。

このような場合①の事態のときには内閣は法律案を提出して国会の議決を求めることになりますが、国会には法律制定義務はありません。②の事態のときには内閣は法律を誠実に執行する義務を負っている（憲七三条一号）ので、補正予算案の作成（財二九条）、予算の流用（同三三条二項）、予備費の支出（憲八七条、財三五条）によるか法律の施行の延期によって対応せざるをえないでしょう。

なお、衆議院の予算先議権については前述（→六〇条(1)）を、予算議決における衆議院の優越性については前述（→六〇条(2)）を参照してください。

第八七条　① 予見し難い予算の不足に充てるため、国会の議決に基いて予備費を設け、内閣の責任でこれを支出することができる。

② すべて予備費の支出については、内閣は、事後に国会の承諾を得なければならない。

趣　旨　予算は一会計年度の間の会計経理の準則となる歳入と歳出を予測した見積りに過ぎないので、現実に必要とされる支出が予測した見積りと食い違うことは避けられません。予算不足に対処する方策をあらかじめ講じておかねばならないのです。しかしそうすると国会の事前の議決に基づく財政処理の原則（→八六条）と予算不足の現実の間を調整するルールが必要です。本条はこの調整ルールとして予備費制度を定めました。

本条一項は予算科目として一定額の使途が限定されない「予備費」の項を計上し、予見できなかった予算不足が生じたときに内閣の責任で予備費の範囲内で支出できるとします。しかし、予備費として予算に計上され議決された段階では具体的な使途目的は不明確なので、八六条の審議議決の要件をみたしていません。本条二項は事前の議決に代わって、事後の承諾が必要であると定めました。

背　景　本条は明治憲法六九条の「避クヘカラサル予算ノ不足ヲ補フ為ニ又ハ予算ノ外ニ生シタル必要ノ費用ニ充ツル為ニ予備費ヲ設クヘシ」とする規定を文言上引き継ぎました。もっとも明治憲法六四条二項は「予算ノ款項ニ超過シ又ハ予算ノ外ニ生シタル支出アルトキハ後日帝国議会ノ承諾ヲ求ムルヲ要ス」としたので政府は事後に議会の承諾を要件として一般的に予算超過支出および予算外支出の権限を認めました。本条は財政民主主義を貫徹させるためにこの権限を否定して、予備費が予算超過支出および予算外支出の唯一の財源であることを示したのです。

内　容　(1)　**予備費の議決**　予備費は毎会計年度の予算として定められ（財二四条）、国会の議決は本条一項の予算の議決としてなされます。しかし予備費の国会による議決は歳出予算の他の費目の議決とその性質は異なり、予備費を設けることの議決であり具体的な支出の承認を意味するものではありません。なお予備費を設けることは義務的ではなく、国会は予算の議決に当たり内閣提出の予算案の中の予備費を全部削除することも法的には可能です。

(2)　**予備費の支出**　国会の議決を受けた予備費は内閣の責任においてその管理と支出がなされます。予備費は財務大臣が管理し、各省各庁の長は、予備費の使用を必要と認めるときは理由、金額、積算の基礎を明らかにした調書を作製して財務大臣に送付します。財務大臣はこの要求を調査し、調整を加えて予備費使用書を作製し、閣議決定を受けます（財三五条）。

内閣の判断に制約があるか否かにつき考え方が分かれます。その一つは、予備費は不測の事態のために予算に不足が生じた場合の支出でなければならず、例えば、国会によって削減または削除された費目のための予備費支出は許されないとするものです。また国会開会中に不測の事態が生じた場合は補正予算の措置をとることが可能なので原則として予備費の支出は許されないとします（予備費限定説）。

これに対して、国会で削減または削除された費目のために予備費を使用し、あるいは国会開会中に予備費を支出することは、予備費設定の制度趣旨を逸脱し事後に国会で政治責任は追及されるが、法的に禁じられてはいないとします（予備費無限界説）。

財政民主主義を予備費にまで及ぼす本条の趣旨からすると、内閣の権限濫用を許容する予備費無限界説ではなく予備費限界説をとるべきでしょう。

(3)　**国会の事後承諾**　財政法は事後承諾の手続につき、「内閣は、予備費を以て支弁した総調書及び各省各庁の調書を次の常会において国会に提出して、その承諾を求めなければならない」（三六条三項）とします（常会・特別会・臨時会については四二条「内容」(3)参照）。

本条二項の国会の承諾は、予備費の支出が違法・不当ではなかったとする国会の判断を内容とする意思表示です。その支出が違法・不当であり承諾できない旨の決議も当然できます。しかし不承諾の決議は内閣の予備費支出についての責任を問う意思表示で、すでになされた支出行為の効力には影響を及ぼすものではありません。両院の意思が一致しないとしても、承諾・不承諾の意味が政治責任の解除・追及の効果しかない以上、両院の意思の一致が求められていると解することはできないでしょう。

第八八条 すべて皇室財産は、国に属する。すべて皇室の費用は、予算に計上して国会の議決を経なければならない。

趣　旨　本条は憲法八条と合わせて国民主権の下での皇室（＝天皇・皇族）財政のあり方の原則を示しました。本条前段は皇室財産の私有を廃止してすべて国有財産とすることを定めます。後段は皇室の経費は予算に計上して国会の議決を経て国費として支出すべきことを定めました。

背　景　明治維新を機に武家の資産の多くが皇室のものとなり、さらに資本主義の進展とともにその資産は着実に増加し、皇室は世界でも有数の資産家となりました。明治憲法六六条は、「皇室経費ハ現在ノ定額ニ依リ毎年国庫ヨリ之ヲ支出シ将来増額ヲ要スル場合ヲ除ク外帝国議会ノ協賛ヲ要セス」とし、皇室財政に対する議会の関与を限定する皇室財政自律主義をとりました。

アジア太平洋戦争後、このような皇室財政のあり方に抜本的な検討がなされ、皇室の資産に対して財産税を課して九〇％を国庫に物納させることになりました。本条前段はこのような皇室資産の国庫への移管を確認したものです。皇室が占用する資産は、国有財産法の下で改めて国有財産のうちの皇室用財産と位置づけられました（三条二項三号）。皇室の私有財産の移動を国会の議決の下に置いた憲法八条とともに皇室財政自律主義を否定したのです。

本条後段は、明治憲法六六条の議会の関与のあり方を改め、皇室財政に対して国会の議決による統制を及ぼそうとしたものです。

内　容　(1)　皇室財産の範囲　「皇室財産」とは天皇および皇族の所有する財産を意味します。本条は皇族および皇族の収入源となる財産やその使用が公的性質を帯びる財産は国庫に帰属すると定めます。ただし純然たる個人的な財産（＝私産）は天皇および皇族も「個人」であるので二九条の保障が及び、本条の対象にはなりません。

(2)　皇室の費用　皇室の費用とは天皇および皇族の生活費ならびに宮廷事務に関する費用のことです。この費用は、「内廷費」「宮廷費」「皇族費」に区分されます。

①内廷費は天皇とその家族、つまり内廷にある皇族の日常の費用（生活費）に充てるための支出（＝お手元金）で、宮内庁の経理に属する公金ではありません（皇経四条）。②宮廷費は天皇および皇族の公的活動の費用に充てるための支出で宮内庁の経理に属する公金です（同五条）。③皇族費は内廷にある皇族以外の皇族の生活費等に充てるための支出です（同六条）。これは各皇族の私産として内廷費に関する規定が準用されます。

(3)　国会の議決　予算に計上すべき皇室費用は皇室経済法と皇室経済法施行法に内廷費の定額、皇族費の年額または一時金額が定められていますが、その支出は改めて予算に計上して国会の議決を経ることを要します。

第八九条　公金その他の公の財産は、宗教上の組織若しくは団体の使用、便益若しくは維持のため、又は公の支配に属しない慈善、教育若しくは博愛の事業に対し、これを支出し、又はその利用に供してはならない。

趣　旨　本条前半は、宗教組織または宗教団体に対する政府の財政援助の禁止を定めます。これは政教分離原則を規定する二〇条一項後段と二〇条三項の趣旨を財政的側面に絞り込んでより具体化する規定です。

本条後半は、慈善・教育・博愛の事業に対する政府の財政援助の禁止を定めます。社会国家理念を採用した（→二五条）現行憲法の構造からするとこれらの事業に対する財政援助はむしろ奨励されると考えられるのに、逆に禁止するのはなぜかという疑問に対する説明には諸説あります。①私的な慈善または教育の事業に対し、公権力による干渉の危険を除くためとみる考え方（自主性確保説）、②公財産の濫費を防止し慈善事業等の営利的傾向または公権力に対する依存性を排除するためとみる考え方（公費濫用防止説）、③特定思想に基づく事業に対する政府の関与が価値相対主義と矛盾することを回避するためとみる考え方（中立性確保説）。

①事業の自主性の確保は自由主義経済体制の下では憲法の明示する事業に限らない当然の事理であり、②公費濫用の防止もすべての事業に妥当する要請です。この疑問を解く鍵は対象とされた事業の特殊性にあります。列挙された慈善・教育・博愛の各事業に共通する特色は、直接的な営利を求めない、公共的な社会奉仕事業である

点です。それゆえに、これらの事業は私人の強い宗教的信仰を含む独自の信念に基づいて営まれる傾向が強いといえます。この視点から見ると本条を特定の信条に基づく事業に対する援助・優遇となる政府行為の禁止、つまり政府の中立性を要請する規定と解する③中立性確保説をとるべきでしょう。

本章の他の条項が財政民主主義に立脚するものであるのに対して、本条は①名宛人に中央政府（国）のみならず地方政府（地方公共団体）も含むこと、②国会と内閣以下行政各部、地方公共団体の地方議会と首長などをも拘束するルールであり、多数決原理や代表原理によって正統性を与えられた政府機関にも破ることのできない領域を定めて遵守を求める財政立憲主義に立脚していることを指摘できます。

背　景　明治憲法には本条に相当する条項はありません。本条前半に関していえば、逆に神社神道に対して戦後「国家神道」の呼称が与えられたように、国家的保護を与え、神職には官公吏（公務員）の地位を与えました。本条後半の福祉政策に関しては明治憲法は禁止したわけではなく法律に基づく保育行政（＝積極目的の行政）として展開されました。例えば社会事業法は社会事業団体に公の補助金を交付できるとし、実業教育費国庫補助法が私立実業学校に対して財政的援助を与える目的で制定され、慈善事業や教育事業に対して中央政府が援助することを禁止しませんでした。

本条と同趣旨の条項はアメリカ合衆国のいくつかの州憲法にあり、また本条後半の原型はアメリカ合衆国の非政府組織・全国自治協議会（National Municipal League）が作ったモデル州憲法の中の規定にあるとされています。

内　容　⑴　**政教分離原則の財政的保障**　本条前半は、憲法二〇条一項後段と三項が定める政教分離原則の財政的側面からの保障です。本条に違反するか否かについて、最高裁は政教分離原則違反の問題として二〇条の規定と合わせて判断する傾向にあります。具体的な判例については前述（→二〇条⑶⑷）を参照してください。

⑵　**宗教上の組織と団体**　以下、本条固有の問題について記します。宗教上の「組織」と「団体」に本質的な区別はありません。最高裁は①「宗教上の組織若しくは団体」を「会の本来の目的として、特定の宗教の信仰、礼拝又は普及等の宗教的活動」を行うものと限定しました（特定宗教活動団体説、狭義説）（箕面忠魂碑訴訟・最判平成五年二月一六日民集四七巻三号一六八七頁）。これに対して②宗教上の事業ないし活動を行う組織もしくは団体と解する説（宗教活動目的団体説、広義説）も有力で

す。①特定宗教活動団体説は主体に、②宗教活動目的団体説は活動内容に注目します。本条の趣旨は特定の宗教活動に便宜をはかることを禁止するので②宗教活動目的団体説をとるべきです。久米至聖廟訴訟（最大判令和三年二月二四日裁判所時報一七六二号一頁↓二〇条⑷）は②の広義説をとったと解されます。

⑶　使用・便益・維持　「使用」とは、宗教上の組織・団体が公金その他の公の財産を使用することをいい、例えば国有地や公有地を特定の宗教団体や宗教活動のために使用させることです。「便益」とは、その利益になるように利用させせまたはその他の便宜をはかることをいい、例えば低利の融資を行うなどのほか情報の提供なども含まれます。「維持」とはその維持や宗教活動の継続のための支援をいい、例えば維持・活動に助成金を与えることです。

⑷　慈善・教育・博愛事業への公の財産の支出・利用の禁止　「慈善」とは身体的・経済的困窮者に対する、対価を求めない物質的・精神的支援、「教育」とは知識または技能の体系的伝授です。「博愛」と「慈善」の区別は困難で両者は同義と解すべきでしょう。

本条前半は政教分離原則の財政的側面を規定したものですが、宗教活動の基盤をなす信仰は信条のうちの宗教的なものであり、中立性確保説によれば本条後半は中立性を一般法的に定めたもので、政府と信条に基づく事業を分離する規定ということになります。

⑸　「公《おおやけ》の支配」　信条に基づく事業への政府の財政援助が「公の支配」に服さなければならない（服していれば合憲である）とすれば、それは憲法一九条違反ではないかという疑問が生じます。

ここでいう「公」とは何でしょうか。私学助成に関して教育基本法、学校教育法等によって法的規制を受けている私立学校は「公の支配」に属すると解する考え方もあります。さらにこれらの事業は法令に基づき憲法の理念に基づき行われるのであれば、公的事業として公の性質をもつから「公の支配」に属すると解する考え方もあります。しかし支配という以上、法令による統制だけでは足りず、法令を執行しまたは法令の遵守を監視する主体を想定すべきです。そうすると「公」とは政府機関となります。

「支配」については特に教育事業に関して議論がなされており、①私立学校法などによる資産・組織・管理等の規制に加えて助成を受けた学校法人に対する業務、会計の状況の報告聴取権などで足りるとゆるやかに解する考え方（緩和解釈説）と、②予算を定め、その執行を監督し、さらに人事に関与するなど、その事業の根本的な方向に重大な影響を及ぼすことのできる権力を有することと厳格に解する考え方（厳格解釈説）があります。ここでは何のための「支配」か、という視点が重要です。中立性確保説は当該事業の受益者の視点から考える点に特徴があります。教育事業を例にとると、事業者は自己の信条に基づく教育を実践しますが、受益者たる児童・生徒・学生には教育を受ける権利があり、後者の立場からすると事業者の信条を過度に強要されることなくその権利を享受する権利を保障しなければなりません。憲法の理念に沿って公共性のあるこれらの事業への政府の財政援助が正当化され、同時にその受益者の権利を守る目的のためのみに政府機関の介入は許容されると解すべきでしょう。

第九〇条　①　国の収入支出の決算は、すべて毎年会計検査院がこれを検査し、内閣は、次の年度に、その検査報告とともに、これを国会に提出しなければならない。
②　会計検査院の組織及び権限は、法律でこれを定める。

趣　旨　予算の大部分は内閣以下行政各部がその執行に当たり、最終的にその執行状況が決算として集約されます。本条は執行のあと始末、つまり決算の過程と監査機関である会計検査院の設置を定めています。

背　景　絶対君主政の下で財政民主主義が意識されたとき、まず議会が租税の賦課に協賛するというかたちから出発し、後に予算の承認権として租税の支出に議会の権限が及ぶようになり、最終的に決算の監査制度が構築されて財政民主主義の完結をみました。

明治憲法も会計監査制度を取り入れ、七二条に「①国家ノ歳出歳入ノ決算ハ会計検査院之ヲ検査確定シ政府ハ其ノ検査報告ト倶ニ之ヲ帝国議会ニ提出スヘシ　②会計検査院ノ組織及職権ハ法律ヲ以テ之ヲ定ム」と規定しました。本条はこの規定を基本的に継承したものです。

内　容　(1)　国の収入支出の決算　決算とは一会計年度における国の歳入歳出の実績を示す総合的・体系的な計数書です。予算が歳入歳出の予測を示す法規範であるのに対して、決算は予算の執行の結果を示す事実の報告書です。予算と実際に行われた歳入歳出が一致するとは限らないので、その適否を国会で総合的に審査することが財政民主主義から要請されるのです。

(2)　会計検査院の組織と検査　会計検査院は、「内閣に対し独立の地位を有する」（会計検査院法一条）行政機関で、三人の検査官をもって構成する検査官会議と事務総局で組織されています（同法二条）。検査官は両議院の同意を経て内閣が任命し（同法四条）、その任期は七年（再任は一度限り）、定年は六五歳です（同法五条）。その身分は保障され、原則としてその意に反してその官を失うことはありません（同法八条）。また、「会計検査院規則」を定めることができます（同法三八条）。

検査の対象が「すべて」とされたのは、明治憲法の下で政府の機密費に関する計算を検査の対象から除外し（旧会計検査法二三条）、臨時軍事費のように数会計年度にわたり検査が行われなかった例外事象を生じさせないためです。

(3)　**国会の審査**　国会に提出された決算は議案ではなく報告案件として扱われ、衆参両議院に同時に提出され、両議院の議決が異なっても調整はなされません。国会の審査は政治的見地から行われます。国会が決算を否認しても法的効果はなく、政治的効果が生じるにとどまります。

第九一条　内閣は、国会及び国民に対し、定期に、少くとも毎年一回、国の財政状況について報告しなければならない。

趣　旨　本章の最後にある本条は、財政活動の締め括りとして、この活動を担う内閣がその顚末を国会と国民に報告する義務があることを定め、財政民主主義がここに完結することを示しました。

民主主義に統治活動の公開と説明責任は不可欠の要素です。現行憲法は国会両議院に会議の公開と会議録作成を義務づけ（→五七条）、裁判所に裁判の公開を義務づけました（→八二条）。内閣の重要事項はその会議（＝閣議）で審議・決定されます（→七二条・七三条）が、閣議の公開と議事録の公表を義務づける規定はなく、国会に対する説明責任の規定があるだけです（→六三条）。本条は国の財政状況については定期に少なくとも毎年一回、内閣に対して国会に報告する義務を定め、さらに直接国民に対しても報告する義務（＝説明責任）を定めた憲法の唯一の規定です。なお、行政過程一般の公開については、一九九九年、「行政機関の保有する情報の公開に関する法律」（情報公開法）が制定されました。

背　景　明治憲法には本条に相当する規定はありません。当時は国の財政を担当する大蔵大臣が財政演説において財政状況について報告し、予算を官報に掲載して公布する（公式令九条）だけでした。

諸国の憲法に国会と国民に対する財政状況の報告義務を定めるものはほとんどありませんが、アメリカ合衆国憲法一条九節七項後段は「すべての公金の収支に関する正式の報告および決算は、随時これを公表しなければならない」と規定し、本条はそれをモデルとしたものと考えられます。

内　容　(1)　**報告義務者**　「内閣」が報告義務者とされますが、内閣総理大臣が内閣を代表して一般国務について国会に報告する権限がある（七二条）ので、財政状況の報告についても国会および国民に対して、内閣総理大臣が内閣を代表して報告する義務と権限をもつことになります（内閣五条参照）。財政を担当する財務大臣に対して報告させることも内閣の首長としてはありえます。

問題は国会または国民に、報告を求める権限・権利を本条が与えたか、です。この点につき国会には国政調査権（→六二条）や国務大臣の出席請求権（→六三条）があるので、国会にはこの権限があることになりますが、国民には直接に報告を求める権利はなく、報告を怠ったときには国会が内閣の責任を追及できるに過ぎないと考えられています。

(2)　**報告の対象と時期**　報告の対象は「国の財政状況」で、具体的には毎会計年度の予算と歳入歳出の決算のほかに、国有財産、国の債務の状況、予算の使用、国庫の状況などが含まれます。

その時期は、「定期に、少くとも毎年一回」で、実際には予算は通常毎年一回、決算は毎年一回で足りるのですが、その他は毎年一回以上報告すべきとされています。

(3)　**報告の方法**　国会に対しては、予算・決算はその審議の前提として、口頭または文書によって行われます。予算・決算・国有財産については、財政法（二八条・四〇条二項）、国有財産法（三四条二項・三七条二項）に、添付書類が定められています。

国民に対しては、官報によって公布されますが、財政法はさらに「印刷物、講演その他適当な方法」で報告するとしています（四六条一項）。昨今、各省各庁のホームページに多くの情報が公開されていますが、何よりも一般国民に分かりやすいかたちで公表されるべきです。

第八章　地方自治

本章は地方統治のあり方の諸原則を定めています。明治憲法に地方統治に関する規定はありませんでした。

地方統治を軽視したためではなく、明治維新政府の成り立ちによるものでした。江戸時代、中央政府に当たる徳川幕府のほかに約三〇〇藩が存在していました。このような幕藩体制を維新革命によって打ち倒し、一八六九年、諸藩の領主に領地（版）と領民の戸籍（籍）を天皇に返還させる版籍奉還を命じ、さらに一八七一年、全国を府県単位に統一して中央集権体制を打ち立てました。

その後議会の開設と明治憲法の制定（一八八九年）と併行して一八八八年に市制及町村制、一八九〇年に府県制と郡制を法律として制定し、またその直前の一八八六年に地方の行政事務と警察事務の執行のための地方官官制を勅令によって定めました。明治憲法下の地方統治は中央政府の政策を日本の隅々まで浸透させる中央集権的な地方行政として位置づけられたのです。

現行憲法は地方統治の局面においても民主主義の見地から大きな転換を図り、憲法に「地方自治」という独立の章を新たに設け、四カ条からなる基本的条項を置きました。地方統治は法律レベルから憲法レベルへと位置づけが変わり、中央政府も侵害できない諸原則を保障する地方分権体制が憲法上の基盤を獲得したのです。

(1) 地方自治制度の創設　地方自治の変革は敗戦直後から始まります。戦前の地方行政の根幹を法律で定めた市制、町村制、道府県制、戦時中に作られた東京都制も現行憲法制定審議と併行して民主的要素、例えば、リコール制の採用、知事・市町村長の直接公選制などの要素を先取りした改正が施されます。一九四七年五月三日の地方自治法施行後も、警察組織の改革にみられる数次の改革が施されました。

もっとも、戦後の地方行政の民主化後もなお、明治憲法下の地方統治の考えの影響が残っていました。典型例が機関委任事務の存在です。明治憲法下の府県は国の行政区画であると同時に地方公共団体であるという二重の性格をもちました。その長である知事は内務省の官僚から任命されその府県の長であると同時に国の地方行政機関でもありました。機関委任事務はそれを引き継ぎ、国の事務を府県という地方公共団体の長である知事に委任して行わせる制度でした。

一九九九年改正前の地方自治法は、地方公共団体の事務として①本来の公共事務（固有事務）と②法令によって地方公共団体に委任された事務（団体委任事務）のほかに③国などの事務で地方公共団体の長などその機関にその執行・管理を委ねる事務（機関委任事務）を定めていました。身近な例でいえば旅券の発給は外務大臣から知事に委任された事務、戸籍に関する事務は法務大臣から市町村長に委任された事務でした。機関委任事務の割合は都道府県の処理する事務の七割から八割に上りました。

(2) **地方分権改革**　一九九九年改正後の地方自治法は国と地方公共団体との役割分担の方針を明らかにしました。一番小規模な政府（統治団体）が担当する事務をまず決めて、残りの事務につき、より大規模な政府（統治団体）が担当する事務を決めていく補完性の原則（→九四条(1)）を定めました（自治一条の二第一項・二項）。機関委任事務制度は廃止され、事務自体を廃止するもの、国が直接行うものを除き、すべて地方公共団体の事務（自治事務）（同二条八項）と、国が法令で特に定める法定受託事務（同二条九項）に整理されました。

第九二条　地方公共団体の組織及び運営に関する事項は、地方自治の本旨に基いて、法律でこれを定める。

趣　旨　本条は地方自治を憲法上の保障として明文化し、地方自治を担当する地方公共団体の基本事項（＝組織と運営）は法律によって定めなければならないとしました。さらにその法律は「地方自治の本旨」に基づくものと定め、国会の立法裁量に限界を付しました。

背　景　明治憲法の下、地方行政の担い手は都道府県と市町村でした。現行憲法には地方自治を担う団体の名称がありません。マッカーサー草案は、地方政府の権限に差異を設け、完全自治体として都・市・町を想定し、道府県・村・下位の政治体を不完全自治体としました。しかし日本政府との折衝過程で、府県・市町というように団体の種類を具体的にあげて固定するのは窮屈すぎるとして「地方公共団体」という包括的表現に改められました。実際には戦前から存在する都道府県・市町村の体制が、現行憲法が定めた諸規定に適合するように改変されて存続することになりました。

内　容　(1)　**「地方自治の本旨」の意味**　「地方自治の本旨」は団体自治と住民自治の要素から構成されるとするのが定説です。団体自治とは地方統治が中央政府から独立した地方統治団体あるいは地方政府に委ねられ、地方統治団体あるいは地方政府の意思と責任の下で実行される自由主義的側面、住民自治とは地方統治がその地方の住民の意思に基づいて行われる民主主義的側面といわれます。

地方公共団体は国という統治団体の中に包摂される団体で、地方の統治権を行使するのが地方政府という位置づけから分析すると以下のようになるでしょう。地方政府も中央政府も統治権をもつ政府である点では同じで、明らかな相違は統治権の及ぶ範囲の広狭、つまり全国に及ぶかそれとも地方に限定されるか、の点にあります。団体自治は地方政府のもつ地方統治権に、住民自治は地域住民のもつ地方参政権に読み替え可能です。主権の概念（→第一章(2)）と類比させて、地方政府のもつ地方統治権の中央政府に対する独立性は、一国内における統治団体（政府）相互間の対等性・独立性と、統治地域内における最高性になぞらえることができます。このような分析からすると「地方自治の本旨」は①地方統治権、②地方参政権、③対中央政府独立性、④地域内最高性の四要素から把握できるでしょう。

(2)　**地方統治権の根拠**　地方政府の地方統治権の根拠は①全国を統治する中央政府の承認・許容・委任によって中央政府のもつ統治権から伝来・派生するとみる考え方（伝来説・承認説）、②地方統治団体と地方政府は国と中央政府に先行して存在し地方政府は固有の自然権的な地方統治権をもつとみる考え方（固有権説）、③地方政府の地方統治権は中央政府の統治権を前提とするが中央政府から侵害されない一定の統治権が憲法により保障されているとみる考え方（制度的保障説）が唱えられ、制度的保障説が有力です。

以上の三説はいずれも地方公共団体の地方統治権が中央政府に由来するか、本来自らにあるかという発想で理論を組み立てています。しかし中央政府に由来するとしてもそもそも中央政府の統治権はどのように正統化されるのか、地方政府が本来統治権をもつとしてもその統治権はどのように正統化されるのかという点の説明がありません。

中央政府の統治権の根拠は憲法前文の「そもそも国政は、国民の厳粛な信託によるもの」という文章に示された社会契約にあります（→前文(3)）。中央政府について憲法が社会契約説をとった以上、地方政府の統治権も憲法制定という契約締結（または合同行為）により直接その地域住民から信託されたと解すべきでしょう（社会契約説）。

(3)　**地方公共団体の定義**　最高裁は「地方公共団体といい得るためには、単に法律で地方公共団体として取り扱われているということだけでは足らず、事実上住民が経済的文化的に密接な共同生活を営み、共同体意識をもっているという社会的基盤が存在し、沿革的にみても、また現実の行政の上においても、相当程度の自主立法権、自主行政権、自主財政権等地方自治の基本的権能を附与された地域団体であることを必要とする」としました（特別区長間接選挙制事件・最大判昭和三八年三月二七日刑集一七巻二号一二一頁）。この判決の問題点は①社会的基盤としての共同体意識という実際には測定不能の事実を判定基準の一つとしたこと、②現に基本的権能として自主的諸権能を付与されていることを判定基準としたことです。現実の制度は伝来説もしくは制度的保障説に基づき組み立てられ地方公共団体に基本的権能の具体的内容を付与するのは法律なので、判例のあげる権能のうちの一つだけでも法律改正で剝奪すれば、その団体は「地方公共団体」ではなくなる、つまり中央政府の意思如何によって地方公共団体でなくなります。

以上の分析から定義すると以下のようになります。地方公共団体は、国の領域のうち一定の区域を空間的基礎とし、その区域内の住民を人間的基礎とし、その住民によって付与された地方統治権を行使する地方政府が、中央政府から憲法上一定の独立性を保障されて、住民の地方参政権の行使による民主的意思決定にしたがって、その区域内の地方的な公共的事務を処理することを目的とする統治団体。地方公共団体は憲法九四条の内容の統治権をもつ統治主体であり、地方政府はその機関なので、地方公共団体は当然に法人格をもちます（自治二条一項参照）。

(4)　**地方公共団体の種類**　地方自治法一条の三が普通地方公共団体とする都道府県および市町村は憲法でいう地方公共団体、他方、同条が特別地方公共団体とする特別区、地方公共団体の組合、財産区は憲法上の地方公共団体ではないとされています。

東京都の特別区が憲法上の地方公共団体か否かが争われました。特別区はその目的・組織・権能等において普通地方公共団体の市町村に類似する団体であるのに、憲法上の地方公共団体ではないとされ、憲法の規定の適用の有無、具体的には長・議会の議員等の直接選挙の必要性（九三条二項）が問題となりました。一九五二年の地方自治法改正によって区長の公選制（＝直接選挙制）が廃止され、都知事の同意により区議会が選任すること（間接選挙制）になり、その合憲性が争われたのです。最高裁は、特別区はいまだ市町村のような完全な自治体の地位を有しないとしました（前出・特別区長間接選挙制事件）。その後公選制は一九七四年の同法改正によって復活しました。特別区は一九九九年の地方自治法改正により「基礎的な地方公共団体」（同法二八一条の二第二項）とされ、市町村に極めて近い位置づけを与えられました。

第九三条　①　地方公共団体には、法律の定めるところにより、その議事機関として議会を設置する。
②　地方公共団体の長、その議会の議員及び法律の定めるその他の吏員は、その地方公共団体の住民が、直接これを選挙する。

趣　旨　本条は地方公共団体の組織の基本枠組みを示すとともに、地方参政権（住民自治）の内容を具体化し①議事機関としての議会の設置、②長、議会の議員その他の吏員の直接選挙（公選）を規定しました。

背　景　明治憲法の下では、議事機関として府県には府県会、市町村には市町村会が設けられました。府県の執行機関の知事は国の官吏として天皇が任命しました。市の執行機関は市長および市参事会（市長・助役・名誉参事会員で構成）で、市長は市会から推薦のあった者から内務大臣が天皇に上奏して裁可を得ることとされました。町村の執行機関は町長・村長で、町村会で選挙されました。その後普通選挙制の導入（一九二五年）と機を同じくして市長は市会により選任されることになりました。

内　容　(1)　地方公共団体の議会　「議会の議員」とは都道府県議会の議員、市町村議会の議員のことです。

本条は地方議会を「議事機関」とするのみで地方議会の具体的権限は規定していません。地方議会が必置機関か否かも明確でなく、地方自治法は「議会を置かず、選挙権を有する者の総会（＝「住民総会」）を設けることができる」とします（九四条）。ここにいう議事機関とは議決機関で、その主要な権限は法規範（＝条例）の定立です。その他、地方議会は重要事項に関して同意などをする参与機関としての権限を行使し（自治九六条）、首長の解散権に対抗する首長の不信任議決権をもちます（同一七八条）。

(2)　地方公共団体の長　「長」とは具体的には都道府県の知事、市町村の市町・町長・村長をいいます。「法律の定めるその他の吏員」の具体例として一九五六年に廃止される前の教育委員会委員がありました。

地方公共団体の長は地方公共団体を統轄・代表し（自治一四七条）またその事務を管理・執行します（同一四八条）。強大な権限が独任制の長に集中するので、その職務執行の公正をどう担保するかという問題があります。

(3)　住民の地位　ある地域に生活の本拠を有する人は国籍にかかわりなく、その地域を包摂する統治団体としての地方公共団体の構成員である住民（広義の住民）

です。実際に地方統治に参加するのは広義の住民のうち法律によって選挙権を認められた者（狭義の住民）です。

本条二項の「地方公共団体の住民」に日本国籍を要求するか否かの問題につき、最高裁は、「地方公共団体の区域内に住所を有する日本国民を意味する」としました（最判平成七年二月二八日民集四九巻二号六三九頁）。この判決は、外国人への法律による地方参政権の付与を憲法は禁止するとせず、許容するとの判断を示したものです。

(4)　**直接選挙**　本条は地方議会の議員と長およびその他の吏員の直接選挙を要求します（→四三条）。選挙に関する憲法の準則のうち普通選挙の原則（一五条三項）と自由投票・秘密投票の原則（一五条四項）は地方公共団体の選挙に適用され、（国会議員の選挙について定めた）平等選挙の原則（四四条）は準用されます。

(5)　**二元代表制**　地方議会の議員も長も直接選挙によって選ばれるので、双方が民意を直接代表していると主張して対立する可能性があります。議会の議決・決定事項につき長に専決処分が認められる事項がある（自治一七九条・一八〇条）ので、実際に長が議会を招集せず専決処分の濫用によって重要案件を処理する事態が生じました。このような事態に対処するため長と議会の関係を再調整する改正が、二〇一二年になされました（一〇一条五項・六項・一〇二条の二・一七六条・一七七条・一七九条四項）。国会には認められない自主解散制度（→六九条(2)）は、一九六五年に制定された「地方公共団体の議会の解散に関する特例法」によって認められました。

第九四条　地方公共団体は、その財産を管理し、事務を処理し、及び行政を執行する権能を有し、法律の範囲内で条例を制定することができる。

趣　旨　本条は地方公共団体の活動内容の基本枠組みを定めます。「財産の管理」と「事務の処理」は公共事業に関連する非権力的な活動、「行政の執行」は個別具体的な統治的権力的な活動をいい、「条例の制定」は条例と呼ぶ地方公共団体の法規範を作ること、つまり自治立法活動をいいます。しかし、その活動の具体的な内容について本条は明示していません。中央政府と地方政府の活動内容をどのように割り振り決めるかの問題は憲法九二条の「地方自治の本旨」に照らして確定していくことになります。

背　景　府県は一八九九年に明文で法人格が付与されたのですが、府県会の議決事項は限定的に列挙され条例制定権も一九二九年まで認められませんでした。

市制及町村制は市町村に独立の法人格を認め条例・規則の制定権を当初から認めました。市町村会の議決事項については条例・規則の制定・改廃、市町村費で支弁すべき事業、歳入歳出予算、市町村税・使用料・手数料・夫役の賦課徴収などが限定列挙されていました。

内容
(1) 自治事務の内容　一九九九年の地方自治法改正によって地方政府の処理すべき事務は自治事務と法定受託事務に再構成されました（二条）。

中央政府と地方政府、そして地方政府相互の役割分担は「地方公共団体は、住民の福祉の増進を図ることを基本として、地域における行政を自主的かつ総合的に実施する役割を広く担う」（一条の二第一項）としました。市町村と都道府県の役割分担について、都道府県は自治事務のうち「広域にわたるもの、市町村に関する連絡調整に関するもの及びその規模又は性質において一般の市町村が処理することが適当でないと認められるもの」を処理し（二条五項）、その他の自治事務は「基礎的な地方公共団体」である市町村が処理するとされました（同条三項）。

この役割分担の基礎となったのは『ヨーロッパ地方自治憲章』（ヨーロッパ評議会が一九八五年に採択、一九八八年施行）や『世界地方自治宣言』（国際地方自治体連合

が一九八五年、一九九三年に宣言）などにみられる補完性原理（principle of subsidiarity）（＝まず身近な地方政府から事務を配分する原理）と近接性原理（principle of accessibility）（＝住民からの距離感によって広狭諸政府の事務配分をきめる原理）です。

(2) 自主条例制定権　本条の主語は「地方公共団体」なので憲法上の条例は地方議会に限定されません。地方政府の長および委員会等も広義の条例を制定できます。地方自治法は地方議会以外が制定する法規範を規則または規程と呼びます（一五条・一三八条の四参照）。

「法律の範囲内で」とあるので法律から授権されて制定される条例（＝「法委任条例」）のほかに、法令（＝法律と命令）に違反しない限り自主条例を制定でき、地方自治法一四条一項はこれを確認しています。

(3) 条例制定権の範囲　地方統治権はその住民と地域にのみ及び、条例制定権にも対人的・地域的限界があります。

法律がない場合、その空白が条例による規制を禁止する趣旨かそれを許容する趣旨かを考えなければなりません。①従来もなく現在もない場合、条例制定は可能です。②法律はあったが廃止され現在はない場合、廃止の趣旨

が条例制定目的と異なるときは条例制定が可能ですが、廃止の趣旨が法律など法規範による国全体で規制を禁止したと解されるときは条例制定は原則として禁止され、地域の特殊事情から規制を許容する解されるとき例外的に可能となります。

③制定された条例が法律と競合し両者の間に矛盾抵触が生じたとき法律が優位するとするのが法律先占論です。

最高裁は「条例が国の法令に違反するかどうかは、両者の対象事項と規定文言を対比するのみでなく、それぞれの趣旨、目的、内容及び効果を比較し、両者の間に矛盾抵《てい》触があるかどうかによつてこれを決しなければならない」とし、規律の対象事項につき、法令と条例が競合する場合でも、規律の趣旨・目的等に矛盾抵触がないときには、当該条例は無効ではないとしました（徳島市公安条例事件・最大判昭和五〇年九月一〇日刑集二九巻八号四八九頁）。

条例制定の範囲は法律との関係だけではなく地方政府の条例として地方的利害に関わる事務を対象としなければならないという性質上の限界があります。

具体的に、性質上国の事務とされる事務、つまり①国の法令によって画一的制度にすることが望ましい事項（義務教育制度・社会保障制度など）、②自然犯（殺人・放火・強窃盗等反社会性・不法性が明白な犯罪）たる刑事犯の創設、③私法秩序の形成等に関する事項（物権の創設、債権の融通性の制限、取引の効力の否認、行為能力・権利能力に関する事項等）、④その他、対象たる事項が一地方の利害にとどまらず全国民の利害に関係するもの、または規制の影響の及ぶ範囲が一地方をこえて全国にわたるもの（経済統制の性質をもつ物資の移動統制・価格統制等）について条例制定はできません。

(4)　条例による財産権規制　憲法二九条二項は、「財産権の内容は……法律でこれを定める」とします。しかし最高裁は奈良県「ため池の保全に関する条例」について「ため池の堤とうを使用する財産上の権利を有する者は、〔ため池の破損、決かい等による災害を未然に防止するという目的のため〕その財産権の行使を殆んど全面的に禁止されることになるが、それは災害を未然に防止するという社会生活上の已むを得ない必要から来ることであつて、ため池の堤とうを使用する財産上の権利を有する者は何人も、公共の福祉のため、当然これを受忍しなければならない責務を負う」とし、条例による財産権の制限を認めました（奈良県ため池条例事件・最大判昭和三八年六月二六日刑集一七巻五号五二一頁）。

現在、地域の実情と特性に応じた財産権規制の必要性を否定することはできません。条例制定を可能とする根拠として①地域の事情に精通した地方政府の判断を優先すべきであること、②地方議会で民主的手続によって制定される法規範であることを指摘できます。

(5)　条例による犯罪類型の創出　地方自治法一四条三項は「普通地方公共団体は……その条例中に、条例に違反した者に対し、二年以下の懲役若しくは禁錮、百万円以下の罰金、拘留、科料若しくは没収の刑又は五万円以下の過料を科する旨の規定を設けることができる」とします。これは刑罰を個別の犯罪者に科す権限は中央政府の裁判所のみにあることを前提として、独自の刑罰を創設することを禁止するとともに、条例によって設けることのできる刑罰の範囲を定めたのです。地方政府はこの範囲内で自律的に刑罰を選択できるようになりました。

最高裁は大阪市売春取締条例（街路等における売春勧誘行為等の取締条例）について、「憲法三一条はかならずしも刑罰がすべて法律そのもので定められなければならないとするものでなく、法律の授権によつてそれ以下の法令によつて定めることもできると解すべき」として、本条例は憲法三一条に違反しないとしました（大阪市売春取締条例事件・最大判昭和三七年五月三〇日刑集一六巻五号五七七頁）。

条例による犯罪類型の創出の根拠は、憲法が地方公共団体は国と並ぶ統治団体であるとし、九四条が地方政府の職務を果たすための条例制定権を確認する点にあります。憲法が条例制定権を認めた以上、その実効性担保手段として犯罪類型を創出する権限をもつのは当然です。

(6)　条例による課税　憲法三〇条および八四条は租税法律主義を定めます。

自主条例による課税につき最高裁は、法人事業税の欠損金の繰越控除制度の適用を遮断するために制定された神奈川県臨時特例企業税条例の違法性と合憲性が争われた事案において「地方自治の本旨に従い、……〔憲法九四条所定の事務〕を行うためにはその財源を自ら調達する権能を有することが必要である」から、「地方公共団体は、地方自治の不可欠の要素として、その区域内における〔その〕役務の提供等を受ける個人又は法人に対して国とは別途に課税権の主体となることが憲法上予定されている」としました。しかし地方公共団体が課す「租税の税目、課税客体、課税標準、税率その他の事項」については「地方税法が……詳細かつ具体的な規定を設けている」から、同法の規定は「任意規定ではなく強行規定であると解され」、「地方税に関する条例の制定や改正に当たっては、〔地方税〕法の定める準則に拘束され、これに従わなければならない」としました（最判平成二五年三月二一日民集六七巻三号四三八頁）。

地方分権改革前の条例であればともかく、この改革以降の自主課税条例の解釈として地方政府の地方統治権の一端を構成する地方課税権の理解に疑問を残す判決でした。

第九五条　一の地方公共団体のみに適用される特別法は、法律の定めるところにより、その地方公共団体の住民の投票においてその過半数の同意を得なければ、国会は、これを制定することができない。

趣　旨　本条は特定の地方公共団体のみに適用される法律（＝地方特別法）を国会が制定する場合、その地方公共団体の住民の過半数の同意が必要であるとし、憲法四一条が規定する国会単独立法の原則に対する唯一の例外を定めました。この例外を認めた理由は各地方公共団体の平等権の保障といわれます。法律は全国の地方公共団体に一律に適用されるべきなのに、特定の地方公共団体のみに適用される法律を一方的に制定し適用するのは不平等というのです。

本条の趣旨は「地方自治の本旨」（→九二条）の要素から説明すべきでしょう。地方統治権および地方参政権の対中央政府独立性および地域内最高性からすると、中央政府の立法部である国会が国全体の意思として特定の地方公共団体のみに適用される地方特別法を制定して、その組織や運営について定めることは、多数決（全国の意思）によって少数者の意思（地方の意思）を抑圧・無視することになり地方参政権をないがしろにする危険性があります。そのため、住民の賛同の意思を獲得しないと法律にならないと定めたのです。

背　景　本条は英米法系、特にアメリカ合衆国の諸州の憲法と同様の規定といわれます。例えば一八九四年のニューヨーク州憲法は、特定の市に適用される法律については立法部の議決のあとにその市の市長または市会の承認を要するとしました。またアメリカ都市連盟の総会で一九四一年採択された州模範憲法三一〇条も「地方法は、それによって影響を受ける地域の有権者が投票して、その過半数の承認があるまでは、効力を有しない」とします。

地方特別法は英米法系特有の法律に対する考え方をベースにしています。それによれば、法律には適用対象が一般的・抽象的な法律（public law）と個別的・具体的な法律（private law）があるとされ、後者にはさらに特定の個人や団体を対象とする個別的対人法（private personal law）と特定の地域を対象とする個別的地域法（private local act）があるとされます。本条には個別的地域法の考え方が反映されました。

内　容　⑴　**地方特別法**　「一の」とは、一個のではなく、特定のという意味です。「特別法」、すなわち地方特別法とは「特定の地方公共団体の組織、運営、権能、権利、義務についての特例を定める法律」とするのが内閣法制局の見解です。ところがここでいう地方公共団体の意味が明らかではありません。それが地方政府を指すのか、住民も含む社会学的意味の地方公共団体を指すのかによって対象が違ってきます。

例えば、特定の地方公共団体の住民に対して特別に加重する国税を課し、あるいは逆にそれを特別に免除する法律はこれに該当するのでしょうか。本条が住民を対象とする法律を念頭に置くのであれば、それは住民投票の対象となり、逆に本条を地方政府の地方統治権・組織編制権などへの一方的介入を阻止する趣旨と解すれば、住民投票の対象にはなりません。

本条の趣旨が、地方特別法はその動機または過程において必ずしも常にその住民の意思を反映しているとはいえない場合があることを想定しているとすれば、住民投票の対象となる特別法は、地方政府の地方統治権の内容・運営・組織編制についての定めのほかに、地方参政権についての定めが含まれると解すべきです。さらにその趣旨から地方参政権には関係のない当該住民の権利義務にかかわる特別法も、広くここでいう特別法に含まれると解すべきでしょう。

⑵　**制度の実践**　これまで住民投票に付された特別法は、一九四九年からの三年間に一五件、対象となった地方公共団体は一八団体です。いずれも財政援助を目的とし、その組織・運営に関するものではなく、本条の趣旨に適合したものとはいえないものです。

なお、法律で一般的な制度を作り、その適用対象を政令等によって特定の地方政府または住民に限定するのは、法の適用の問題であって法制定（立法）の問題ではありません。

第九章　改　正

本章はこの憲法の改正手続を定めます。憲法の改正とは憲法典の一部を憲法の改正条項にのっとって修正・追加・削除することです。憲法は歴史の一時点で制定されたので、その瞬間から過去の文書となり刻々と変化していく政治社会現象との間にギャップが生じることがあります。現に今生起している現象に憲法規範を適合させる作業は憲法に規定された諸条項の解釈を通じて行われますが、解釈によって補えないときに、改正が政治課題として浮上します。それに備えて改正手続が用意されています。

⑴　憲法の規範構造　憲法典の各条項に定められたルールには優劣の序列があります。憲法は国の統治組織（＝政府）と統治のあり方に関する基本ルールなので、それを構成する各条項に定められたルールは中核的根本的ルール、そこから派生したルール、技術的ルールなど多種多様です。

現在の支配的な考え方は、憲法規範には基盤となる根本規範とその他の憲法律があるとします。根本規範の内容は主権の所在、統治の基本原則、基本価値です。現行憲法では個人主義の原理（一三条前段）を出発点とし、民主主義の原理（前文第一段）、国民主権の原理（前文、一条）、基本的人権の尊重（一一条・九七条）、平和主義（九条）が根本規範です。

問題は憲法改正規範の位置づけです。憲法改正条項は憲法改正権の具体的な行使方法を定めます。根本規範のうち主権の所在の規範は「憲法制定権力」（＝憲法外の事実の世界にある統治の実権を掌握した者がもつ統治の基本ルールを定める実力）が「主権」と名前を変えて憲法典という法規範の世界に取り込まれた「制度化された憲法制定権力」です。憲法改正権は統治の基本ルールを修正する権限なので、「主権」の不可欠な内容の一つです。憲法改正規範は主権を誰がもち、それをどのように行使するか、を定めたルールなので、根本規範に準ずるものと位置づけられ、根本規範より劣後しますが、憲法律には優先します。

⑵　改正の限界　憲法改正権は事実の世界に存在する憲法制定権力の、法規範の世界における姿なので、憲法改正権の行使は憲法制定権力によって拘束されます。したがって法規範の世界に規定された改正条項は根本規範と一体化して存在しており、これは憲法制定権力が事実の世界で行使されて革命が発生し、主権の所在とその在り方に関する根本規範が変わらない限り、改正できないのです。

⑶　硬性憲法と軟性憲法　ジェイムス・ブライスは憲法の改正が通常の法律よりも困難な憲法を硬性憲法、法律と同様の手続で改正できる憲法を軟性憲法と呼びました。

諸国の憲法はその改正に法律より厳しい要件を課すこ

とが大勢で、被治者に投票の機会を設けることもあります。現行憲法も、法律の制定・改廃よりも厳しい提案の要件と国民投票手続を課したので、硬性憲法です。

第九六条　① この憲法の改正は、各議院の総議員の三分の二以上の賛成で、国会が、これを発議し、国民に提案してその承認を経なければならない。この承認には、特別の国民投票又は国会の定める選挙の際行はれる投票において、その過半数の賛成を必要とする。
② 憲法改正について前項の承認を経たときは、天皇は、国民の名で、この憲法と一体を成すものとして、直ちにこれを公布する。

趣　旨　本条は憲法改正につき国会の総議員の三分の二以上の賛成による発議（提案）を要求し、さらに国民投票の過半数の賛成を必要とすると定めます。本条は、現行憲法の基盤にある憲法制定権力は国民にあり、法規範の世界では主権者と呼称される国民に憲法改正権があることを前提とする規定です。

背　景　明治憲法の改正の発案権は、主権をもつ天皇に留保され（明憲七三条一項）、帝国議会各議院の議事の定足数総員の三分の二以上、議決は出席議員の三分の二以上の多数を要しました（明憲七三条二項）（→「上諭」の「背景」）。「臣民」である国民は天皇の統治の対象に過ぎなかったので投票制度はありません。その特徴として改正案は枢密院の諮詢を経ること（明憲五六条）、憲法改正の請願は禁止されていること（請願令一一条）、摂政を置く間は改正はできないこと（明憲七五条）などがありました。

内　容　(1)　国会の発議　国会法は憲法改正案の原案を国会に発案するには衆議院では議員一〇〇人以上、参議院では議員五〇人以上の賛成を要するとします（六八条の二）。内閣に発案権があるか否かにつき学説は分かれています。本条は憲法改正の発議が国会のみに限定するように読めること、内閣法五条の内閣総理大臣の職務の中に憲法改正原案の提出がないことから否定説が有力です（→七二条(1)）。

改正原案は各議院の憲法審査会に付され（国会一〇二条の六）、修正等は自由にできます。衆議院の優越を認める文言はないので改正原案につき両院の意見が一致しないときの調整手続も国会法は定めます（八三条の四・八六条の二）。

本条一項前段は、国民に対する改正発議には衆議院ときでしょう。反対派を除名することを防ぐため、法定議員数をとるべき……

参議院のそれぞれの総議員の三分の二以上の賛成を必要としています。三分の二の母数は法定議員数説と現在議員数説が対立しています。出席議員の三分の二の賛成で反対派を除名することを防ぐため、法定議員数をとるべきでしょう。

⑵　国民の承認手続　「日本国憲法の改正手続に関する法律」（以下、「憲法改正手続法」とします）は一八歳以上の者に投票権を認め（三条）、憲法改正案の国会による発議から六〇日以降一八〇日以内に投票を実施するとします（二条）。また衆参両議院の各一〇名の議員から構成される「国民投票広報協議会」を国会に設置し、公報などの作成に当たります（一一条〜一五条）。投票方法は個別の改正案ごとに賛否につき丸印を記載して行われます（五六条・五七条）。

国民投票運動について、投票事務関係者、選挙管理会関係者、公務員および教育者の地位を利用した賛否の勧誘を禁止し（一〇〇条〜一〇三条）、投票一四日前からテレビ・ラジオによる広告も禁止します（一〇四条・一〇五条）。

この運動制限には問題があります。以上の制限規定は公職選挙法の各種の選挙運動の制限と国家公務員法、地方公務員法の政治的行為の制限規定をそのまま持ち込んだものです。以上の制限は政治活動の規制で、憲法二一条が保障する表現の自由への重大な制約です。憲法改正についての意見や考え方の提供とその受領を封じるので表現の自由に関する標準的な理論に照らせば違憲と判断されるでしょう。

⑶　成立要件　本条一項後段は改正の成立要件を「その過半数の賛成」とします。「その」が直前の「投票の」と解すれば過半数を算定する母数は有効投票数になります（有効投票説）。これに対して「その」が「国民」と解すれば母数は憲法改正投票権をもつ者（有権者）の数となります（有権者説）。憲法改正手続法九八条二項は有効投票説をとりました。

この問題は憲法改正投票の性質と効果によって判断されるべきです。憲法改正は主権者の意思の具体的発現という性質をもち、統治の組織と活動の基本ルールが変わるという効果に注目すべきです。このような性質と効果をもつ憲法改正の賛否の投票は主権の究極的行使となるので、有権者の絶対的過半数を憲法は要求していると解すべきでしょう。一九一九年のワイマール憲法も「国民投票によって憲法改正が決定される場合には有権者の過半数の同意を必要とする」（七六条一項）としました。憲法改正の本質を意識して定められた条項といえます。

(4)　公　布　本条二項は憲法改正の公布が天皇の国事行為とした七条一号と重複する規定です。「公布」はその内容を広く一般に周知させるために公示する行為に過ぎないので憲法改正の効力に影響はありません。「直ちに」とは可能な限りすみやかにという趣旨で憲法改正手続法もこれを確認しています（一二六条二項）。

「国民の名で」とは主権が国民にあり憲法改正行為が主権の行使の一局面であることを示すものです。憲法改正の公布文には「日本国民の名において、憲法改正を、ここに公布する」などの「国民の名」を記す必要があります。

「この憲法と一体を成すものとして」とは、アメリカ合衆国憲法五条にある「as Part of this Constitution」をモデルとしたものです。改正条項が日本国憲法の一部を構成し同じ形式的効力を有するという趣旨を表す確認規定と解されます。

第十章　最高法規

本章は立憲主義のエッセンスを三カ条に凝縮して規定しました。

(1)　「法の支配」と「人の支配」　統治活動を担う政府と法の位置関係について、立憲主義の形式的起源というべき思想は、法を政府の上位に置く「法の支配（rule of law）」でした。これに対置される思想は法を政府の下位に置き、政府は法を支配の道具としていかようにでも作ることができるとする「人の支配（rule of men）」です。

近代憲法の源泉は中世ヨーロッパのゲルマンに有力であった高次法（higher law）思想といわれます。これは王すら従わねばならない法があるとする思想で「法の支配」の一断面を描写した思想です。近世絶対主義の時代の王の暴政を抑止するための市民革命が勃発した時代、その後押しをした考え方が、「法の支配」の思想でした。

議会制度が発達して議会が法を作るようになると「法律による行政の原理」（＝法治主義）の下、議会の支配つまり「人の支配」が万能視される時代が到来します。当時もっとも民主的とされたワイマール憲法の下で議会による「総統」に対する授権立法によってナチスの独裁と跳梁を許した過去を決して忘れてはなりません。

(2)　支配すべき正義　「法の支配」の思想が立憲主義に到達するためにはその実質的起源が必要です。それは政府を支配する法の内容は正義にかなったものでなければならないという思想です。正義の内容は、時代によって変わっていきます。市民革命の時代、正義の内容を当時の有力思想の自然権思想が充塡していきます。市民革命後の憲法の内容に人権条項が書き込まれたのは、当時「人は生まれながら権利をもつ」という自然権思想が正義であったからです。

(3) **立憲主義**　本章は「法の支配」を母体とする立憲主義の内容を総括する条項から構成されています。①九七条は支配すべき「法」の内容が「基本的人権」であること、②九八条はそのような内容の憲法が実定法とその適用行為に対して優位に立つこと、言い換えれば統治活動を担当する政府諸機関が産み出すもの（products）を例示して憲法に違反する部分が無効となること、③九九条は憲法に登場する統治活動の担い手（persons）をほぼ網羅的に列挙してそれらすべての人に憲法遵守義務があることを定めています。

(4) **憲法保障**　憲法保障とは法律などの憲法より下位の法規範や政府機関のその他の活動によって国の最高法規である憲法の意味内容が変更され、あるいは侵害されることを事前に予防しまたは事後に是正して、憲法秩序の存続と安定を保つことをいいます。

問題は誰が憲法保障を担うかにあります。この問題は「憲法の番人は誰か」としてワイマール憲法下で論争が交わされました。当時のドイツで政治的権威のある大統領のみがこれを担うことができるとするカール・シュミットと、その職業倫理によって法に忠実な裁判官こそ憲法の最善の保障者であるとするハンス・ケルゼンとの論争が有名です。この論争も第二次世界大戦後の各国の憲法がその役割を裁判所に付与する制度を設けたという歴史的実践によって決着をみました。日本も憲法八一条が違憲審査権を明文化し裁判所による憲法保障制度を設けました（↓八一条）。

(5) **抵抗権**　裁判所による憲法保障は憲法が憲法の内部に設けた制度です。これに対して憲法には規定されない憲法保障として私人の抵抗権があります。抵抗権は政府が統治権を濫用する重大な不正・違法な行為を行い、人間の尊厳を侵すなど、憲法秩序を侵害または破壊した場合において、私人が、合法的な手段によっては憲法秩序の回復を図ることができないときに、暴力的手段または非暴力的手段（市民的不服従〔civil disobedience〕）によって抵抗行為をする権利です。

抵抗権の考えは、自然権思想と結合して、近代市民革命において重要な意味をもちました。現行憲法一二条前段の「国民の不断の努力によつて、これを保持しなければならない」の規定に抵抗権を読みとる考え方もあります。

(6) **国家緊急権**　国家緊急権とは、戦争・内乱・恐慌・大規模な自然災害など平時の統治機構をもっては対処できない非常事態において国家の存立を維持するために、政府が憲法をはじめとする法的制約、つまり立憲的な憲法秩序を一時停止して非常措置をとる権限をいいます。

この権限は、明治憲法には、緊急命令権（八条）・戒厳宣告権（一四条）・非常大権（三一条）・緊急財政処分（七〇条）として定められました。しかしワイマール憲法下におけるナチス台頭のように濫用の危険性が大きく、実質的に憲法破毀（＝特定の例外的事案における憲法の条項違反）さらには憲法廃棄（＝主権の所在の変更を伴う憲法の改変）の結果を招く危険性が大いにあります。

現行憲法の参議院の緊急集会の規定（五四条二項但書・三項）は、明治憲法八条の趣旨を継承した規定とも考えられます。しかし緊急権自体を定める規定はないので、現行憲法は国家緊急権を否定したと解されます。

> 第九七条　この憲法が日本国民に保障する基本的人権は、人類の多年にわたる自由獲得の努力の成果であつて、これらの権利は、過去幾多の試錬に堪へ、現在及び将来の国民に対し、侵すことのできない永久の権利として信託されたものである。

趣　旨　本条は、過去・現在・未来（将来）の基本的人権のありようを率直に語った規定で、日本がこれまで自らの手で獲得し公表できなかった『人権宣言』の冒頭に置かれるべき条項です。類似の条項が一一条にありながらあえて本条でも規定した理由は、立憲主義における人権の位置づけと性質をより鮮明に伝えるためと考えられます。

背　景　明治憲法に本条に相当する条項はありません。各国の憲法にもこのような条項はありませんが、アメリカ独立宣言（一七七六年）の「われわれは、自明の真理として、すべての人は平等に造られ、造物主によって、一定の奪うことのできない天賦の権利を付与され」とする一節、フランス人権宣言（一七八九年）の「人は、自由、かつ権利において平等なものとして生まれ、生存する」（一条前段）、「すべての政治的結合の目的は、人の、時効によって消滅することのない自然的な諸権利の保全にある」（二条前段）にその思想的淵源を求めることができるでしょう。

内　容　(1) **人権の根拠としての歴史主義**　人権

の根拠（＝人はなぜ人権をもつのか）については前に述べました（→第三章前注⑵）。確かに人権の思想史的淵源をたどり哲学的に人権の根拠を解明しようとする試みも大切です。

本条は狭く日本における人権抑圧の歴史にとどまらず「人類の多年にわたる自由獲得の努力の成果」と人類史全体に視野を広げて過去に生きた人の自由獲得の努力に言及し、人類の歴史と経験こそが現行憲法に規定された人権の根拠であることを示しました。過去幾多の試錬、例えば特別高等警察による思想犯に対する拷問虐殺などの悲惨な経験を経てようやく手に入れた宝物のような人権は、現在と将来に生きる人々に未来永劫保障されるべきであるという強い意志が読み取れるのです。

⑵　**人権の永久不可侵性**　本条は人権の性質として一一条後段とともに「侵すことのできない永久の権利」と記します。不可侵については先に述べました（→一一条⑷）ので、以下「永久」の意味につき考えてみましょう。

「永久」とは、フランス人権宣言二条にある「時効によって消滅することのない」という法的な表現をより一般化したものであり、人類が存続する限りという意味で人権理念の時間を超えた普遍性を示しています。他方、現行憲法は人間がそれを保持する努力を怠るとたちどころに消滅することを警告するために一二条前段で「国民の不断の努力によって、これを保持しなければならない」と規定しました（→一二条⑴）。

永久性が裁判で機能していない例があります。優生保護法（現母体保護法）によって生殖機能を奪われた人が損害賠償を求めた事案において、裁判所はその規定を違憲としつつ不法行為の損害賠償請求に適用される民法七二四条の除斥期間二〇年を適用して請求を退けています（仙台地判令和元年五月二八日判時二四一三＝二四一四号三頁等）。

生殖不能手術は人間の価値に優劣をつける点で平等権（一四条一項）を侵害し、かつ憲法で保障された生殖の自由（一三条または二四条二項）を確たる医学的知見に基づかず侵害することは明らかです。憲法上の権利侵害が現に続いている以上、当人が生存している限り本条の永久性が民法の時効または除斥期間の規定に優位し（九八条）、消滅していないとの判断をすべきでしょう。

第九八条　①　この憲法は、国の最高法規であつて、その条規に反する法律、命令、詔勅及び国務に関するその他の行為の全部又は一部は、その効力を有しない。
② 日本国が締結した条約及び確立された国際法規は、これを誠実に遵守することを必要とする。

趣　旨　本条一項は憲法の最高法規性を確認し、他の一切の法形式とその適用行為に優越する効力をもち、憲法の諸条項に違反する全部または一部が無効であることを定めています。本条二項は前文第二段、第三段に記された国際協調主義を具体化し、他国または国際組織と締結した条約および確立された国際法規を誠実に遵守すべきことを定めています。

背　景　明治憲法には本条一項に相当する条項はありませんでした。しかし憲法が他の法令に対して優越し、すべての法令その他の政府の行為は憲法に反しえないと理論的に考えられていました。

明治憲法には条約についても本条二項のような規定はありません。条約の国内法的効力につき、政府は立法事項を定めた条約は公布によって直ちに国内法的効力をもつとし、国法秩序における条約の地位も法律と同順位とする解釈をとりました。

本条のモデルはアメリカ合衆国憲法六条二項前段の「この憲法、これに準拠して制定される合衆国の法律、および合衆国の権限に基づいて締結されまた将来締結されるすべての条約は、国の最高法規である」と考えられます。

内　容　(1)　最高法規性の根拠　憲法が最高位にある理由は①憲法が統治機関に権限を授ける規範なので、例えば立法権を授けられた国会はその規範に反して活動できないこと、②憲法改正には法律改正よりも厳格な手続要件が課され、より困難とされている（↓九六条）ので、法律よりも強い形式的効力をもつこと、③立憲主義をとる憲法は法の支配の原理に基づき制定されたので、統治活動とその担い手を支配すること、④憲法の内容とりわけ人権保障条項は各統治機関が最も尊重すべき価値であること（↓九七条）、以上四点を指摘できます。

(2)　「法律、命令、詔勅及び国務に関するその他の行為」　「法律」は国会の制定する法規範、「命令」は内閣と行政各部の制定する法規範です。その他の法規範も憲法に違反してはならないことは本条の趣旨から導き出されます。本条にいう法律と命令は統治機関のつくる法規範さらには先例法や慣習法も含む法規範一般の例示と理解すべきです。

「詔勅」とは文書に示された天皇の意思（勅旨）で、詔書は公示を要する行為（例えば国会の召集、衆議院の解散、両議院の選挙の公示（七条二号・三号・四号））、勅書は個別具体的な行為（例えば内閣総理大臣や最高裁判所長官の任命の辞令書（六条一項・二項））です。

「国務に関するその他の行為」はその他の政府機関の処分（→八一条(3)）も含む個別具体的な行為すべてを表しています。最高裁はその対象について「公権力を行使して法規範を定立する国の行為」や「行政処分、裁判などの国の行為は、個別的・具体的ながらも公権力を行使して法規範を定立する国の行為」を含むが、「私人と対等の立場で行う国の行為」は含まないとしました（百里基地訴訟・最判平成元年六月二〇日民集四三巻六号三八五頁）。「法の支配」の原理は権力的か非権力的かを問わず政府の諸活動が「法」（＝実定化された憲法）に服すことを要求するので、このように限定する論理は誤りです。

(3)「条規に反する」の意味　条規とは「条文の規定」の省略形で、意味的には「憲法に適合しない」（八一条）と同じで、憲法が定めるルールに違反することです。

(4)「全部又は一部は、その効力を有しない」　法規範の序列の論理からして上位の法規範に抵触する下位の法規範はその抵触する範囲において「効力を有しない」（＝無効）ことになります。ところが公権的に最終的に無効と宣言できるのは違憲審査権をもつ最高裁判所以下の裁判所であるため、どのように無効となるかは裁判所の違憲判決の効力の問題になります（→八一条(5)）。

(5)条約と国際法規の遵守　「条約」とは実質的意味での国同士および国と国際組織との間（国際法主体間）における合意文書で、その名称は条約・協定・協約・取極・規約・憲章などさまざまです（→六一条(1)）。「確立された国際法規」とは、一般に承認され、実行された国際慣習法を意味します。

条約の遵守義務は、条約の国内法的効力と関係し、国際法理論においては、国際条約の国内適用可能性の有無、すなわち自動執行性（自己執行性、self-executing）の問題として扱われます。個別の条約がこのような効力をもつか否かの判定基準は以下のように考えられています。

国際条約は本条によって国内法的効力を与えられ直接適用可能であると推定されることを出発点とし、①主観的基準として条約締結者が国際条約の中で国内適用可能性を否定する意思を表示していないこと、②客観的基準として条約の内容が明確であること、③その執行に必要な機関や手続の定めがあることという基準を用いて判定されます。

(6)条約・国際法規と憲法との関係　憲法と条約の

関係につき憲法制定直後は条約優位説が有力でした。根拠として、①憲法九八条二項の条約遵守義務の存在、②憲法八一条が違憲審査の対象から条約を除外していること、③憲法全体に流れる国際協調主義の思想の三点が指摘されました。

憲法優位説の根拠としては、①憲法九九条が、条約締結権を有する内閣の構成員たる国務大臣と、条約を承認する国会の議員に憲法遵守義務を課していること、②憲法八一条が条約を除外するのは裁判が国内的効力をもつにとどまり条約の国際的効力まで否定できないからであること、③憲法改正には国民投票を必要とする（九六条）が条約は内閣の締結と国会の承認（七三条三号）だけで憲法を改変できるとするのは国民主権の原理に反すること、④国際協調主義からただちに条約優位を導き出すのは論理に飛躍があること、⑤憲法九八条一項は国内法秩序における憲法の最高性を規定したに過ぎないことなどの五点が指摘されました。

条約も多様で一概に憲法との優劣関係をいうことはできません。内閣法制局見解は憲法優位説と条約優位説を一元的にとらえることなく、通常の二国間の政治的経済的な条約は憲法が優位するが、外交官の治外法権のような確立された国際法規と降伏文書や平和条約のように一国の安危にかかわる条約は条約が優位するとします。最高裁判決に憲法優位説を前提として判断したものがあります（砂川事件・最大判昭和三四年一二月一六日刑集一三巻一三号三二二五頁）。

なお法律と条約との関係は、条約も法律と同様に国会の承認を必要とするので、国際社会における規律の遵守を定めた本条二項の趣旨から条約が法律に優位すると考えられています。

第九九条　天皇又は摂政及び国務大臣、国会議員、裁判官その他の公務員は、この憲法を尊重し擁護する義務を負ふ。

趣　旨　前条（九八条）は「法の支配」の原理を政府の統治活動を対象として「法」（＝憲法）に違反すれば無効になると定めた条項ですが、本条はこの原理を統治活動の担い手を名宛人として憲法尊重擁護義務を課すかたちで定めました。本条の名宛人は憲法に登場する役職名ですが国民は登場しません。国民が憲法の尊重擁護義務があるのは「理の当然」と説く者もいますがこれは誤りです。「法の支配」の原理の名宛人は統治される人（＝被治者）ではなく王などの統治する人（＝治者）であるからです。

背　景　明治憲法は上諭で「茲《ここ》ニ大憲ヲ制定シ朕カ率由《そつゆう》スル所ヲ示シ朕カ後嗣《こうし》及臣民及臣民ノ子孫タル者ヲシテ永遠ニ循行《じゅんこう》スル所ヲ知ラシム」と定めて天皇も国民も憲法を循行（遵守）すべきこととし、また上諭の末尾で「朕カ在廷ノ大臣ハ朕カ為ニ此ノ憲法ヲ施行スルノ責ニ任スヘク朕カ現在及将来ノ臣民ハ此ノ憲法ニ対シ永遠ニ従順ノ義務ヲ負フヘシ」と定めて大臣に憲法従順義務を課しました。

本条のモデルはアメリカ合衆国憲法六条三項前段の「上院議員および下院議員、州議会の議員ならびに合衆国および州のすべての行政官および司法官は、宣誓または確約によって、この憲法を支持する義務を負う」とする規定です。

内　容　(1)　**憲法遵守義務**　尊重と擁護はその語感からして政府機関の外からの侵害から憲法を守る義務を課している印象を受けるかもしれません。この条項は、法の支配の原理から統治権の担い手すべてに人的観点から憲法遵守義務を課したもので、この義務から具体的には、憲法違反の行為をしてはならないという消極的義務と、憲法違反に抵抗し憲法の実施に尽くす積極的義務が生じます。

(2)　**義務者**　憲法遵守義務者は「天皇又は摂政」と「国務大臣、国会議員、裁判官その他の公務員」です。天皇と摂政は「国政に関する権能」（＝統治権）を有しない（四条一項・五条）ので「公務員」というカテゴリーで括れず、現実に統治権を担う国務大臣以下の「公務員」と区別しています。内閣総理大臣もここでは「国務大臣」に含まれます。「公務員」には、「官吏」（七三条四号）のほかに地方公共団体の長・議員や「吏員」（九三条二項）、さらに広く統治権に関連する職務に従事する者すべてが含まれます。

(3)　**義務の性質**　本条の義務は倫理的道徳的なものとの見方もあります。確かにこの義務に違反した場合に本条が直接根拠となる法的制裁はありません。天皇と摂政の憲法遵守義務違反については政治的責任が生じ内閣がその責任を負います（三条）。国会議員が懲罰の対象となるのは院内の秩序を乱した場合に限定される（五八条二項）ので憲法遵守義務違反は懲罰事由にはなりませんが、政治的責任は負いそれは辞職等のかたちをとります。国務大臣も懲罰の対象とするのは困難ですが、内閣総理大臣による罷免事由となります（六八条二項）。

これに対して裁判官にとってこの義務は職務上の義務（七六条三項）となるので裁判官弾劾法二条一号違反と

して罷免事由となります。その他の公務員も裁判官と同様にこの義務に違反した場合、それぞれ「職務上の義務」違反として懲戒事由となります（国公八二条一項二号、地公二九条一項二号）。

第十一章　補　則

本章は現行憲法の施行に関する技術的な規定が置かれています。明治憲法の「補則」には憲法改正条項（七三条）、皇室典範改正条項（七四条）、憲法と皇室典範の摂政の置かれる間の改正禁止条項（七五条）、明治憲法施行前の法令の効力（七六条）が定められていました。

これらのうち憲法改正条項は現行憲法では本文九六条に置かれましたが、本来置かれるべき、現行憲法施行前の法令の効力については「日本国憲法施行の際現に効力を有する命令の規定の効力等に関する法律」（一九四七年四月一八日公布、同年五月三日施行）と「日本国憲法施行の際現に効力を有する勅令の規定の効力等に関する政令」（一九四七年五月三日公布、同日施行）に規定されました。

第一〇〇条　①　この憲法は、公布の日から起算して六箇月を経過した日から、これを施行する。

②　この憲法を施行するために必要な法律の制定、参議院議員の選挙及び国会召集の手続並びにこの憲法を施行するために必要な準備手続は、前項の期日よりも前に、これを行ふことができる。

趣旨　本条は、現行憲法の施行期日を定め、またその期日以前に施行に必要な準備手続を行うことができることを定めました。

背景　明治憲法は、一八八九（明治二二）年二月一一日に公布されました。上諭第四段に「帝国議会ハ明治二十三年ヲ以テ之ヲ召集シ議会開会ノ時ヲ以テ此ノ憲法ヲシテ有効ナラシムルノ期トスヘシ」としました。帝国議会は一八九〇（明治二三）年一一月二九日に開会されたので、公布から施行まで一年九カ月を要しました。準備手続についての規定はありませんでした。

内容　(1)　施行期日　本条一項は現行憲法が公布の日から起算して六箇月を経過した日から施行されるとします。民法一四〇条の初日不算入の原則をとらず、国会法一四条と同じく初日算入としました。公布日は一九四六年一一月三日なので一九四七年五月三日から施行されました。

(2)　**準備手続**　本条二項は現行憲法の施行のため必要な準備手続ができることを定めています。問題は、現行憲法施行前にはなお明治憲法が有効なので、それに矛盾抵触する可能性のある新たな法律の制定や既存の法律の改正が許されるか否かにあります。本条二項のみが公布と同時に施行されたと解することもできます。厳密にいうと明治憲法に反する準備手続は違憲と解すべきかもしれません。本項は新憲法施行のための準備であって効力を発するものではないとして有効としたのです。

(3)　**準備事項の例示**　準備手続の例として①「この憲法を施行するために必要な法律の制定」、②「参議院議員の選挙」、③「国会召集の手続」があげられています。

①は憲法付属法律として、例えば（新）皇室典範、国会法、裁判所法、検察庁法、内閣法、行政官庁法（現在は失効）、地方自治法、財政法、会計検査院法、（旧）教育基本法、学校教育法が憲法とほぼ同時に施行されました。

②現行憲法は明治憲法下の貴族院に替えて参議院を設けています。そうすると現行憲法が施行されると同時に参議院が構成されていることが望ましいのです。そこで参議院議員を新たに選挙する必要がありました。本条二項は明治憲法下で参議院議員を実施することを可能とする規定です。念のため次条（一〇一条）には参議院不成立に備える規定も置きました。実際には参議院議員選挙法が一九四七年二月二四日に公布、施行され、四月二〇日に選挙が実施されて五月三日に参議院は成立しました。

③現行憲法の下、帝国議会に替わる国会は、新憲法施行後ただちに開会して諸問題に取りかかる必要がありました。国会召集の詔書の発布などの手続は事前に行うことが望ましいのでその特例を本条二項は認めました。実際には一九四七年五月六日に召集の詔書が発布され五月二〇日に召集されています。

そのほか、現行憲法の内容を国民に周知するため、国は経費を支出して憲法普及会を設置し、講演会の実施や小冊子の配布などのさまざまな方法が試みられました。

第一〇一条　この憲法施行の際、参議院がまだ成立してゐないときは、その成立するまでの間、衆議院は、国会としての権限を行ふ。

趣　旨　現行憲法の施行後、衆議院は明治憲法下の衆議院と同じ議員がそのまま現行憲法の衆議院に移行することを一〇三条は定めています。貴族院は現行憲法施行と同時に消滅し、参議院がこれに代わって衆議院とともに国会を構成することになります。これに備えて一〇〇条は施行前に参議院議員選挙に必要な法制の制定と選挙を認めますが、憲法公布の段階ではその実施がなお未確定なので、仮に参議院が構成されない場合に備えて、衆議院のみで国会としての権限を行うことができるとしました。

　衆議院議員選挙は一九四七年四月二五日に実施されています。

背　景　明治憲法はその上諭において「帝国議会ハ明治二十三年ヲ以テ之ヲ召集シ議会開会ノ時ヲ以テ此ノ憲法ヲシテ有効ナラシムルノ期トスヘシ」（第四段）とし、議会が開会された時にそれを施行するとしたので、本条が想定する事態は生じることはなく、したがって本条に相当する規定は置かれていませんでした。

内　容　実際、参議院議員の選挙は、前条でみたように一九四七年四月二〇日に実施されて五月三日に参議院は成立したので、本条の適用はありませんでした。

第一〇二条　この憲法による第一期の参議院議員のうち、その半数の者の任期は、これを三年とする。その議員は、法律の定めるところにより、これを定める。

趣　旨　本条は参議院議員の任期に関する規定です。参議院議員の任期は六年としさらに三年ごとに議員の半数が改選されるとした（四六条）ので、第一期の議員の構成につき本条がその取扱いを定め、最初に限って六年任期の議員と三年任期の議員を区別する方法をとりました。

　一九四七年四月二〇日に第一回選挙が行われ、その際任期三年の議員とされた者については一九五〇年六月四日に改選されました。以後三年任期の議員はなくなって恒常的に四六条に定めるかたちで選挙が行われるようになり、過渡的状況を定める本条の使命は終わりました。

背　景　明治憲法下では、半数改選の議員が存在せず、本条に相当する条項はありませんでした。

　アメリカ合衆国憲法一条三節一項は、上院議員の任期を六年としつつ、同二項は、第一回選挙について、同数の三部に分けて、議員の三分の一が二年ごとに改選されるように、第一部の議員は二年目の終わりに、第二部の議員は四年目の終わりに、第三部の議員は六年目の終わりに、それぞれ議席を失うものとする、とする規定を置きました。本条は、この例をモデルとして規定されたと考えられます。

内　容　第一期の選挙で選ばれた議員のうち、いかなる者を任期三年とするかについては参議院議員選挙法（一九五〇年に公職選挙法に統合）が定めていました。参議院議員選挙法によると、第一期参議院議員通常選挙は任期六年の議員の選挙と任期三年の議員の選挙を一つの選挙によって合併して行い（附則一〇条）、選出された地方選出議員と全国選出議員のそれぞれについて得票数の多い半数の者を任期六年の議員とし、残りの半数を任期三年の議員とするとされました（五六条二項・六九条）。

補欠議員は前任者の残任期間在任するので（同法七二条、現公職選挙法二六〇条一項）、それぞれ六年議員または三年議員の地位を継承することになります。

第一〇三条　この憲法施行の際現に在職する国務大臣、衆議院議員及び裁判官並びにその他の公務員で、その地位に相応する地位がこの憲法で認められてゐる者は、法律で特別の定をした場合を除いては、この憲法施行のため、当然にはその地位を失ふことはない。但し、この憲法によつて、後任者が選挙又は任命されたときは、当然その地位を失ふ。

趣　旨　本条は現行憲法が施行された後においても明治憲法に引き続いてそれに相当する国家組織において認められる地位にある者の経過的処遇を定めた規定です。厳密にいえば、明治憲法の下での、例えば内閣総理大臣をはじめ国務大臣は現行憲法の定める要件（六七条一項・六八条）をみたさない場合が多いのですが、これらの者がすべて現行憲法施行と同時に退任するとすれば新たにすべての者を同時に任命する必要が生じて統治活動が一時的に停止状態に追い込まれます。この事態を回避して円滑にその職務を引き継ぐために、本条に列挙された現行憲法施行の際現に在職している者に限定して当然にはその地位を失わせることなく、後任者の任命を待って交代をはかることにしたのでした。

背　景　明治維新後、当初は太政官制度が敷かれ、内閣制度に切り替えられたのは一八八五年、裁判所の官制が整備されたのは一八八六年、枢密院が創設されたのは一八八八年で、これらが準備された後、明治憲法が制定発布され帝国議会開会の期日に施行されたので、その施行に際してこれらの組織に地位をもつ者が明治憲法下の組織にその地位を維持することが当然の前提となっていました。そこで、本条に相当する条項は、明治憲法には置かれませんでした。

アジア太平洋戦争での敗北によって、日本は戦時国際法によって認められた、勝者である連合国軍の戦時行政権の下に服することになりました。現行憲法が公布される以前においても、日本が国として受諾したポツダム宣言にある日本の非軍事化（六項・七項・九項）と民主主義化（一〇項）の条項にしたがい、各種の国家組織の改編・廃止が行われました。陸海軍の解体（一九四五年九月）、内大臣府の廃止（一九四五年一一月）などがその例です。これらの組織に所属する者はその地位を失いました。

また現行憲法の施行とともに、明治憲法下に存在した枢密院（明憲五六条）、貴族院（明憲三三条・三四条）、行政裁判所（明憲六一条）は廃止され、これらの組織に所属する者も、その地位を失いました。本条は、現行憲法施行後も同名の組織が存続する部署に地位をもつものの処遇を定めたものです。

諸外国の同種の変革に対する対応は各国各様といってもよいでしょう。憲法に現行憲法に類似の経過条項を置くものとして、ワイマール憲法（一七九条・一八〇条）、一九四六年のフランス第四共和国憲法があります。

内　容　⑴　**「その地位に相応する地位」**　明治憲法下において、「官吏」はすべて天皇に任免権があり、「天皇の官吏」であったのです（明憲一〇条）が、現行憲法では、公務員の選定罷免権は「国民固有の権利」となり（一五条一項）、「全体の奉仕者であって、一部の奉仕者ではない」（同条二項）と、その地位の根拠と基本的な性格が大きく変わりました。にもかかわらず、現行憲法の地位に相応する地位というものが果たして存在するのか、これは難問です。ただ、統治活動を継続する要請のために、その職務と地位の類似性によって、継続するにふさわしいものが選択されていきました。明治憲法下で選挙された衆議院議員は、第四回国会（一九四八年一二月一日召集、同年一二月二三日衆議院解散）までその職を行い、現行憲法施行当時の吉田内閣の国務大臣（現行憲法の上諭の次に氏名を連ねた大臣）は憲法施行後片山内閣の成立（一九四七年五月二四日）とともにその地位を失いました。

「相応する地位」が認定困難なものについては、個別に「法律で特別の定」をして明らかにしました。

⑵　**天皇の地位**　天皇は明治憲法の下では主権者であり、かつ統治権の総覧者でした（→第一章）。現行憲法施行によって天皇は「国政に関する権能」を有しない、日本と日本国民統合の象徴となりました。両憲法の間で天皇の地位は異質なものとなって「その地位に相応する

地位」は消滅したと解されるにもかかわらず、なおその地位にとどまりました。それは、その地位の世襲制（明憲二条、憲二条）という共通点を通して本条を準用すると「この憲法施行の際現に〔在位する天皇は、〕その地位に相応する〔天皇の〕地位がこの憲法で認められてゐる者」に該当したから、と説明することになるでしょう。

事項索引

た　行

ま　行

や　行

ら　行

わ　行

判例索引

憲法を読み解く
Compact Commentary on the Constitution of Japan

2021年 5月31日　初版第1刷発行

著　者　渋　谷　秀　樹

発行者　江　草　貞　治

発行所　株式会社　有　斐　閣
〔101-0051〕東京都千代田区神田神保町 2-17
電話(03) 3264-1314〔編集〕
(03) 3265-6811〔営業〕
http://www.yuhikaku.co.jp/

印刷・大日本法令印刷株式会社／製本・大口製本印刷株式会社

ISBN 978-4-641-22810-8